Baden-Württemberg

Deutschbuch

Differenzierende Ausgabe

Arbeitsheft
Lösungen

4

Baden-Württemberg

Cornelsen

Ein Kurzreferat vorbereiten und halten

Seite 4 + 5

1 Die Überschrift informiert darüber, dass Jane Goodall für eine bessere Welt kämpft. Vielleicht hast du in einer Zeitung/ Zeitschrift oder im Fernsehen schon einmal etwas über Jane Goodall erfahren? Seit 1960 erforscht sie das Verhalten von Schimpansen im „Gombe Stream National Park" in Tansania, Afrika. Goodall ist neben Dian Fossey (Gorillas) und Birutė Galdikas (Orang-Utans) eine von drei Frauen, die Langzeitstudien über Menschenaffen (Primaten) durchgeführt haben.

2 Mögliche weitere Fragen: Was macht Jane Goodall heute? − Was ist das Besondere an ihrer Arbeit? − Welche Auszeichnungen hat sie für ihre Leistungen erhalten? − Wie setzt sie sich für die Umwelt ein?

3 a Die Suche, z. B. bei „Google", ergibt ca. 4 580 000 Treffer (aufgerufen am 2. 9. 2013).

b Aktuelles (Home), Jane Goodall Institut Deutschland (Über uns), Biografie (Jane Goodall), Jugend-Gruppen (Roots & Shoots), Projekte des Instituts (Projekte), Schimpansen, Neuigkeiten (News), Möglichkeiten, diese zu unterstützen (Helfen)

4 a + b Mögliche Markierungen:

„Eine Affenliebe", S. 5: Schimpansen blieben fern, frei lebende Affen, Werkzeuge, alles falsch gemacht hätte, keine Namen geben dürfen, interessierten sich für jedes einzelne Tier, Kannibalen (Oberbegriff: Forschung, ggf. auch Leben)

„Jane Goodalls Biografie", S. 6: 3. April, Vater Ingenieur, Mutter Schriftstellerin, Sekretärin und Assistentin, Kenia, Louis Leakey, Verhalten von Schimpansen (Oberbegriff: Leben), Promotion (Oberbegriff: Forschung bzw. Biografie), Jane Goodall Institute for Wildlife Research, Education and Conservation (Oberbegriff: Jane Goodall Institut), Forschung einzustellen, Tierschutz- und Umweltaktivistin, Kyoto-Preis (Oberbegriff: Leben), Roots & Shoots, 10 000 Gruppen, 100 Ländern, Umwelt- und Sozial-Projekten (Oberbegriff: aktuelle Projekte/Roots & Shoots), Global 500 Award, Friedensbotschafterin der UN, Prinz-von-Asturien-Preis (Oberbegriff: Leben)

„Roots & Shoots", S. 6: Wurzeln und Sprösslinge, globales, ökologisches und humanitäres Jugendprogramm, Jugendliche, brennenden Herausforderungen, Lösung, eigene Projekte, positive Veränderungen, zehntausend Mitgliedern, fast 120 Ländern, aller Altersgruppen, bessere Welt (Oberbegriff: aktuelle Projekte / Roots & Shoots)

Seite 6 + 7

5 a + b Geeignete Websites sind z. B.:

http://de.wikipedia.org/wiki/Jane-Goodall: Informationen zu Leben und Leistungen, Literatur, Filmen, Weblinks, Interviews

http://www.spiegel.de/wissenschaft/natur/jane-goodall-mit-30-nackt-durch-den-urwald-mit-67-auf-spendentrip-durch-die-welt-a-152022.html: Informationen zu Goodalls aktuellem Einsatz für den Umweltschutz

http://www.janes-journey-film.de/: Informationen zum Film über Jane Goodall (2011), über ihre Biografie, Roots & Shootsa

6 a Mögliche Reihenfolge: 1 = C − 2 = D − 3 = B − 4 = A

b **Leben/Auszeichnungen:** Leben vor Beginn der Forschung, Forschungsaufenthalte, weiteres Engagement, Auszeichnungen

Forschung: Arbeitsbedingungen, Besonderheiten im Vorgehen, Forschungsergebnisse, Haltung anderer Forscher Jane

Goodall Institut: Gründung, Verbreitung, Zielsetzungen

Aktuelle Projekte/Roots & Shoots: Gründung, Mitglieder, Zielsetzungen

c Mögliche Begründungen: Die gewählte Reihenfolge ist sinnvoll, weil

… sie die zeitliche Abfolge von Jane Goodalls Leben spiegelt. (Reihenfolge wie in 6 a vorgeschlagen: C − D − B − A)

… sie das Interesse der Zuhörenden zuerst auf das Jugendprojekt lenkt. (Reihenfolge: A − B − C − D)

… sie die äußerst spannende Forschungsarbeit in den Mittelpunkt stellt. (Reihenfolge: D − C − B − A)

7 A: 3 − B: 1 − C: 2

8 Mögliche weitere Einleitung: Auf diesem Foto seht ihr, wie die Primatenforscherin Jane Goodall sich als Friedensbotschafterin der Vereinten Nationen für den Tier- und Umweltschutz einsetzt. Wie es dazu gekommen ist, dass sie eine so wichtige Rolle hat, möchte ich euch in meinem Referat berichten.

9 Möglicher Schluss: Jane Goodall hat zwei wichtige Institutionen für den Tier- und Umweltschutz gegründet. Roots & Shoots hat dabei eine besondere Bedeutung, weil sie junge Leute für das Thema begeistert. Es ist wichtig, dass viele Jugendliche sich in den Roots-&-Shoots-Gruppen engagieren, damit das Projekt weiterhin so erfolgreich bleibt.

Seite 8

10 a + b Mögliche Stichwortkarten:

Karte 1: Jane Goodalls Leben 1935 in London geboren − Ausbildung als Sekretärin − 1957 erste Reise nach Kenia − Erforschung des Verhaltens von Schimpansen − 1965 Promotion mit Ausnahmegenehmigung !!! (nie studiert) − 1977 Gründung des Jane Goodall Instituts − ab 1986 Tierschutz- und Umweltaktivistin − 1991 Gründung von Roots & Shoots

Mögliche weitere Karte zu 1: Auszeichnungen Kyoto-Preis für herausragende wissenschaftliche Leistungen − Global 500 Award: Umweltpreis, gestiftet bis 2004 von der UNEP (United Nations Environment Program) − Friedensbotschafterin der UN, ernannt von UNO-Generalsekretär Kofi Annan − Prinz-von-Asturien-Preis, wichtiger spanischer Staatspreis (Sparte Wissenschaft und technische Forschung), ähnlich wichtig wie der Nobelpreis

Karte 2: Forschung Arbeitsbedingungen: sehr hart (schlechtes Fernglas, altes Zelt) − anfangs wenig erfolgreich − trotz Bananen − gibt den Schimpansen Namen − Wichtigste Forschungsergebnisse: − Schimpansen verwenden wie Menschen Werkzeuge − Zitat Goodall: „Werkzeuggebrauch galt als das, was uns von allen anderen Tieren unterscheidet." → Fotos (...) Schimpansen sind „Kannibalen" und kämpfen in „Kriegen" gegeneinander. Zitat Goodall: (...)
Mögliche weitere Karte zu 2: Haltung anderer Forscher: Goodall habe „unwissenschaftlich" gearbeitet. − Vorwürfe: Sie hätte den Schimpansen keine Namen geben dürfen. − Zitat Goodall: „Damals gehörte es sich, dass Verhaltensforscher die Tiere durchnummerierten." − zu großes Interesse für individuellen Besonderheiten / die Persönlichkeit der Tiere
Jane Goodall Institut: Jane Goodall Institute for Wildlife Research, Education and Conservation − gegründet 1977 − Büros in 22 Ländern − Zielsetzung: Förderung des respektvollen Umgangs mit Menschen, Tieren und der Natur
Roots & Shoots Übersetzung: Wurzeln und Sprösslinge − gegründet 1991 − Zielsetzung: Jugendliche !!! zum Umweltschutz motivieren − zehntausende Mitglieder in fast 120 Ländern − Zitat Website: „globales, ökologisches und humanitäres Jugendprogramm"

11 a + b Mögliche Entscheidungen und Begründungen:
Ein **Handout** ist besonders geeignet, weil die Zuhörer dann nichts mitschreiben müssen und die wichtigsten Informationen mit nach Hause nehmen können. − Eine **Power-Point-Präsentation** ist besonders geeignet, weil ich damit leicht nacheinander verschiedene Folien mit wichtigen Stichpunkten und interessanten Bildern zeigen kann.

12 Kleine Auswahl möglicher Heldinnen/Vorbilder:
Rosa Parks, Sophie Scholl, Marie Curie, Bertha von Suttner, Dian Fossey, Gerlinde Kaltenbrunner.

Eine Stellungnahme überzeugend formulieren

Seite 9

1 b **Standpunkt** − Begründungen (Argumente) − *Beispiele*
Luna2000 (7. 9. 16:47 Uhr)
Ich fände es klasse, wenn jeder einen solchen Führerschein machen müsste. (...) Dann wüsste jeder endlich genau, was im Netz erlaubt ist und was nicht. *Niemand könnte sich mehr herausreden, wenn er Fotos von anderen unerlaubt online stellt.* Außerdem würde man etwas über Netiquette lernen, sodass die Leute höflicher miteinander umgehen würden. *Das ist z. B. für Chats wichtig.* Wer sich nicht an die Regeln hält, verliert dann einfach seinen Führerschein. Allerdings ...
Fred777 (7. 9. 16:58 Uhr)
Eine Pflicht zum Internet-Führerschein halte ich für völlig übertrieben, weil das Internet ja nicht so gefährlich ist wie ein Auto. Wenn man vernünftig surft, gefährdet man ja niemanden anderen. *Wenn ich etwa einen Virus auf meinem Computer habe, ist das nur mein Problem.* ...
Xerx (7. 9. 17:13 Uhr)
Für mich wäre ein Internet-Führerschein sehr sinnvoll. *Zum Beispiel würde ich dann nicht mehr so viel Zeit mit sinnlosem Herumsurfen verschwenden.* Denn man müsste für den Führerschein lernen, wie man im Internet gezielt recherchiert. Außerdem wüsste man dann genau, welchen Websites und Informationen man vertrauen kann. (...)
Sol99 (7. 9. 17:20 Uhr)
Der Medienforscher Prof. Perke rät von einem verpflichtenden Internet-Führerschein ab. Er hat herausgefunden, dass Kinder sehr motiviert sind, Medienkompetenz von sich aus zu erwerben. Ein wichtiger Einwand gegen einen Internet-Führerschein ist also, dass er Jugendlichen den Spaß am selbstständigen Entdecken im Netz verderben könnte. **Meiner Meinung nach ist ein verpflichtender Führerschein deshalb nicht zu empfehlen.** (...)

2 a Sollte ein Internet-Führerschein für Jugendliche unter 14 Jahren eingeführt werden? −
Ist ein Internet-Führerschein für junge Menschen unter 14 Jahren sinnvoll?
b Ich bin für/gegen einen Internet-Führerschein für Jugendliche unter 14 Jahren. −
Ich bin der Auffassung, dass es einen/keinen Internet-Führerschein ab 14 Jahren geben sollte. −
Dass man mit 14 Jahren einen Internet-Führerschein machen muss, lehne ich ab/befürworte ich.

Stärken stärken: In einem Blog-Beitrag begründet Stellung nehmen
Seite 10

○○○ 1 Stichworte zu Begründungen für die Mindmap: **Suchstrategien:** gezielte Recherche, Informationsquellen; **Medienkompetenz:** Entdeckerfreude, Motivation, Spaß; **Netiquette:** Chats, Regeln; **Vergleich Auto:** Gefahr, Sicherheit; **Aufwand:** Kosten, Zeit; **Verantwortung:** Datenschutz für eigene und fremde Daten, Respekt; **Urheberrecht:** Erlaubnis für Fotos, Videos, Musik einholen

○○○ 2 Mögliche Ideen für Anlass oder Absicht des Blog-Beitrags in der Einleitung: Vergleich mit Fahren ohne Führerschein im Auto − Hinweis auf bereits gegebene breite Nutzung des Internets durch Jugendliche − eigenes Beispiel für mangelnde Medienkompetenz

○○○ 3 Möglicher Blog-Beitrag mit **Pro-Argumentation:** Ich finde einen Internet-Führerschein sehr sinnvoll. Ein wichtiges Argument ist für mich, dass dann jeder wichtige Grundkenntnisse im Urheberrecht und in Sicherheitsmaßnahmen erwerben würde. Dies würde sich sehr positiv auswirken, weil jeder wüsste, welche Konsequenzen drohen, wenn man Fotos von anderen unerlaubt online stellt, und wie man sich zum Beispiel gegen Computerviren schützt.

Möglicher Blog-Beitrag mit **Kontra-Argumentation:**
Ich bin total gegen eine Verpflichtung zu einem Internet-Führerschein. Denn meine Freunde und ich informieren uns seit Jahren gegenseitig über Regeln, Gefahren und Tricks im Internet. Auch in der Schule lernen wir richtiges Recherchieren und Surfen. Deshalb glaube ich nicht, dass wir in einem Kurs für einen Internet-Führerschein viel Neues erfahren würden. Und was wäre mit denen, die den Internet-Führerschein nicht bestehen? Dürften die dann nicht mehr im Internet surfen?

Stärken stärken: Die Stellungnahme schriftlich ausformulieren
Seite 11

 1 b Mögliche Lösung:
Pro: Ich bin für einen Internet-Führerschein
- Jeder endlich wüsste genau, was im Netz erlaubt ist und was nicht.
- Man wüsste dann genau, welchen Websites und Informationen man vertrauen kann.

Kontra: Ich bin gegen einen Internet-Führerschein
- Das Internet ist nicht so gefährlich wie ein Auto.
- Ein Internet-Führerschein könnte Jugendlichen den Spaß am selbstständigen Entdecken im Netz verderben.

2 a Beleg für Pro-Argument: B, C, D – Beleg für Kontra-Argument: A
b A eigene Erfahrungen – B ein Beleg aus der Zeitung – D ein Zitat von einer Expertin / einem Experten

 3 Stellungnahme mit möglicher **Pro-Argumentation:**
Mit großem Interesse las ich die Kommentare zum Thema „Sollte ein Internet-Führerschein für Jugendliche unter 14 Jahren eingeführt werden?" Stellt euch einmal vor, jeder könnte ohne Führerschein durch die Gegend fahren. Was könnte alles passieren? Wenn es eine Führerscheinpflicht für das Surfen im Internet gäbe, hätten wir auch in der virtuellen Welt mehr Sicherheit. Deshalb bin ich für einen Internet-Führerschein für Jugendliche unter 14 Jahren.
Aus guten Gründen, die ich im Folgenden darlegen werde, denke ich, dass ein verpflichtender Führerschein für das Surfen im Internet ebenso sinnvoll wäre wie es die Erlaubnis zum Führen eines Fahrzeugs ist.
Das aus meiner Sicht wichtigste Argument, das für einen Internet-Führerschein spricht, sind die Urheberrechte. Man würde lernen, die Rechte anderer im Netz besser zu beachten. Unser Nachbar bekam z. B. im vergangenen Jahr überraschend ein Schreiben von einem Rechtsanwalt, weil er ein Video mit fremder Musik unterlegt und hochgeladen hatte. Mit einem Internet-Führerschein wäre ihm das sicher nicht passiert.
Zudem würde man lernen, wie man auch mit eigenen Daten verantwortungsvoll umgeht. So habe ich z. B. neulich aus Versehen meine private E-Mail-Adresse ins Netz gestellt und serienweise unerwünschte Mails und Werbung bekommen. Hätte ich gewusst, welche Folgen dieses unbedachte Handeln hat, wäre ich aufmerksamer und vorsichtiger gewesen.
So kann ich zuletzt noch das Argument anführen, dass sich Eltern weniger Sorgen machen müssten, was ihre Kinder im Internet tun, wenn sie einen Internet-Führerschein haben. Meine Mutter fragt mich z. B. alle zwei Minuten, was ich im Netz tue. Sie wäre endlich beruhigt.
Den Einwand, dass Jugendliche oft schon viel besser über das Internet Bescheid wissen als ihre Eltern, kann ich nicht gelten lassen, denn das heißt ja nicht automatisch, dass sie vor Gefahren im Netz und Computerviren gefeit sind.
Aus den dargelegten Gründen bin ich der Meinung, dass ein Internet-Führerschein sinnvoll ist. Die Führerscheinpflicht sorgt nämlich, wie gezeigt, nicht nur auf unseren Straßen für Sicherheit. Unter der Bedingung, dass das Alter für einen solchen Führerschein deutlich gesenkt würde, könnte ich mir vorstellen, dass er große Unterstützung fände.

Stellungnahme mit möglicher **Kontra-Argumentation:**
Mit großem Interesse verfolge ich die Beiträge zum Thema „Sollte ein Internet-Führerschein für Jugendliche unter 14 Jahren eingeführt werden?" Mein Vater bittet mich und meinen Bruder jedes Mal um Hilfe, wenn er Probleme mit seinem Computer hat. Warum können wir ihm überhaupt helfen? Weil wir schon als Grundschüler gelernt haben, selbstständig am Rechner zu arbeiten – und das ganz ohne Führerschein. Deshalb bin ich der Meinung, dass ein Internet-Führerschein für Jugendliche überflüssig ist.
Weil ich selbst schon seit Jahren selbstständig im Internet surfe, frage ich mich, warum es nun plötzlich einen verpflichtenden Internet-Führerschein für 14-Jährige geben soll. Es spricht einiges dagegen.
Zwar sind viele Eltern besorgt, wenn ihre Kinder unbeaufsichtigt im Internet surfen, aber ihre Sorge ist dennoch unbegründet, denn spätestens in der Schule lernen Kinder und Jugendliche, sich im Internet sicher zu bewegen. Richtiges Recherchieren und Surfen steht auf vielen Stundenplänen. Meine Geschwister und ich wissen schon jetzt viel besser über das Internet Bescheid als unsere Eltern.
Müssten Jugendliche erst auf einen Internet-Führerschein warten, wären sie nicht motiviert, frühzeitig ohne Hilfe im Internet zurechtzukommen. Gerade weil meine Geschwister und ich ohne die Aufsicht Erwachsener gelernt haben, uns selbstständig im Internet zu bewegen, konnten wir viel entdecken und lernen.
Mein wichtigstes Argument ist aber, dass ein nicht erteilter Internet-Führerschein den Zugang zu wichtigen Informationen verhindern würde. Viele Informationen, die wir zum Beispiel für die Schule brauchen, findet man nur im Internet.
Ich kann zwar verstehen, dass ein Internet-Führerschein in manchen Fällen sinnvoll sein kann, aber jeder, der die Führerscheinprüfung nicht besteht, wäre aus seinem Freundeskreis ausgeschlossen. Denn die sozialen Netzwerke haben eine wichtige Bedeutung für unsere alltägliche Kommunikation und die Pflege von Freundschaften.
Aus diesen Gründen bin ich der Auffassung, dass es keinen verpflichtenden Internet-Führerschein geben sollte. Er wäre zudem sinnlos, weil viele Jugendliche sich schon seit ihrer Kindheit im Internet bewegen. Falls es dennoch einen Internet-Führerschein geben sollte, fände ich es sinnvoll, ihn schon in der Grundschule einzuführen.

Stärken stärken: Überzeugend argumentieren, Gegenargumente entkräften
Seite 12

1 Stellungnahme mit möglicher **Pro-Argumentation:**
(Einleitung mit Überleitung zum Hauptteil) Mit großem Interesse las ich die Kommentare zum Thema „Sollte ein Internet-Führerschein für Jugendliche unter 14 Jahren eingeführt werden?" Stellt euch einmal vor, jeder könnte ohne Führerschein durch die Gegend fahren. Was könnte alles passieren? Wenn es eine Führerscheinpflicht für das Surfen im Internet gäbe, hätten wir auch in der virtuellen Welt mehr Sicherheit. Deshalb bin ich für einen Internet-Führerschein für Jugendliche unter 14 Jahren.
(Meinung) Aus guten Gründen, die ich im Folgenden darlegen werde, denke ich, dass ein verpflichtender Führerschein für das Surfen im Internet ebenso sinnvoll wäre wie es die Erlaubnis zum Führen eines Fahrzeugs ist.
(Begründung/Argument 1) Das aus meiner Sicht wichtigste Argument, das für einen Internet-Führerschein spricht, sind die Urheberrechte. Man würde lernen, die Rechte anderer im Netz besser zu beachten. *(Beispiel)* Unser Nachbar bekam z. B. im vergangenen Jahr überraschend ein Schreiben von einem Rechtsanwalt, weil er ein Video mit fremder Musik unterlegt und hochgeladen hatte. Mit einem Internet-Führerschein wäre ihm das sicher nicht passiert.
(Begründung/Argument 2) Zudem würde man lernen, wie man auch mit eigenen Daten verantwortungsvoll umgeht.
(Beispiel) So habe ich z. B. neulich aus Versehen meine private E-Mail-Adresse ins Netz gestellt und serienweise unerwünschte Mails und Werbung bekommen. Hätte ich gewusst, welche Folgen dieses unbedachte Handeln hat, wäre ich aufmerksamer und vorsichtiger gewesen.
(Begründung/Argument 3) So kann ich zuletzt noch das Argument anführen, dass sich Eltern weniger Sorgen machen müssten, was ihre Kinder im Internet tun, wenn sie einen Internet-Führerschein haben. *(Beispiel)* Meine Mutter fragt mich z. B. alle zwei Minuten, was ich im Netz tue. Sie wäre endlich beruhigt.
(Gegenargument entkräften) Den Einwand, dass Jugendliche oft schon viel besser über das Internet Bescheid wissen als ihre Eltern, kann ich nicht gelten lassen, denn das heißt ja nicht automatisch, dass sie vor Gefahren im Netz und Computerviren gefeit sind.
(Schluss) Aus den dargelegten Gründen bin ich der Meinung, dass ein Internet-Führerschein sinnvoll ist. Die Führerscheinpflicht sorgt nämlich, wie gezeigt, nicht nur auf unseren Straßen für Sicherheit. Unter der Bedingung, dass das Alter für einen solchen Führerschein deutlich gesenkt würde, könnte ich mir vorstellen, dass er große Unterstützung fände.

Stellungnahme mit möglicher **Kontra-Argumentation:**
(Einleitung mit Überleitung zum Hauptteil) Mit großem Interesse verfolge ich die Beiträge zum Thema „Sollte ein Internet-Führerschein für Jugendliche unter 14 Jahren eingeführt werden?" Mein Vater bittet mich und meinen Bruder jedes Mal um Hilfe, wenn er Probleme mit seinem Computer hat. Warum können wir ihm überhaupt helfen? Weil wir schon als Grundschüler gelernt haben, selbstständig am Rechner zu arbeiten – und das ganz ohne Führerschein. Deshalb bin ich der Meinung, dass ein Internet-Führerschein für Jugendliche überflüssig ist.
(Meinung) Weil ich selbst schon seit Jahren selbstständig im Internet surfe, frage ich mich, warum es nun plötzlich einen verpflichtenden Internet-Führerschein für 14-Jährige geben soll. Es spricht einiges dagegen.
(Begründung/Argument 1) Zwar sind viele Eltern besorgt, wenn ihre Kinder unbeaufsichtigt im Internet surfen, aber ihre Sorge ist dennoch unbegründet, denn spätestens in der Schule lernen Kinder und Jugendliche, sich im Internet sicher zu bewegen. Richtiges Recherchieren und Surfen steht auf vielen Stundenplänen. *(Beispiel)* Meine Geschwister und ich wissen schon jetzt viel besser über das Internet Bescheid als unsere Eltern.
(Begründung/Argument 2) Müssten Jugendliche erst auf einen Internet-Führerschein warten, wären sie nicht motiviert, frühzeitig ohne Hilfe im Internet zurechtzukommen. *(Beispiel)* Gerade weil meine Geschwister und ich ohne die Aufsicht Erwachsener gelernt haben, uns selbstständig im Internet zu bewegen, konnten wir viel entdecken und lernen.
(Begründung/Argument 3) Mein wichtigstes Argument ist aber, dass ein nicht erteilter Internet-Führerschein den Zugang zu wichtigen Informationen verhindern würde. *(Beispiel)* Viele Informationen, die wir zum Beispiel für die Schule brauchen, findet man nur im Internet.
(Gegenargument entkräften) Ich kann zwar verstehen, dass ein Internet-Führerschein in manchen Fällen sinnvoll sein kann, aber jeder, der die Führerscheinprüfung nicht besteht, wäre aus seinem Freundeskreis ausgeschlossen. Denn die sozialen Netzwerke haben eine wichtige Bedeutung für unsere alltägliche Kommunikation und die Pflege von Freundschaften.
(Schluss) Aus diesen Gründen bin ich der Auffassung, dass es keinen verpflichtenden Internet-Führerschein geben sollte. Er wäre zudem sinnlos, weil viele Jugendliche sich schon seit ihrer Kindheit im Internet bewegen. Falls es dennoch einen Internet-Führerschein geben sollte, fände ich es sinnvoll, ihn schon in der Grundschule einzuführen.

3 a A Auch wenn ein Internet-Führerschein einen verantwortungsvollen Umgang mit Daten verspricht, so würden sich viele trotz Führerschein nicht an Regeln halten.
   B Ich kann nachvollziehen, dass ein Internet-Führerschein sinnvoll sein kann. Aber ich möchte dagegen halten, dass jeder, der die Führerscheinprüfung nicht besteht, aus seinem Freundeskreis ausgeschlossen wäre.
   C Sicherlich kann man einwenden, dass viele Eltern besorgt sind, wenn ihre Kinder unbeaufsichtigt im Internet surfen. Dennoch denke ich, dass diese Sorge unbegründet ist, denn in den meisten Schulen lernen Kinder und Jugendliche, sich im Internet sicher zu bewegen.
 b Siehe Aufgabe 1, „ *Gegenargument entkräften"*

Teste dich! Eine Stellungnahme überzeugend formulieren
Seite 13

1 a Folgende Zuordnung ist sinnvoll: 9 Punkte
1 Bg − 2 Bg − 3 Bsp − 4 Bsp − 5 Bg − 6 Bg − 7 Bsp − 8 Bh − 9 Bsp
b Mögliche Zuordnungen sind: 1, 3 − 2, 4 − 5, 7 − 6, 9 4 Punkte

2 Ein Argument, das dagegen spricht, ist, dass eine Altersgrenze in sozialen Netzwerken bereits existiert, diese 4 Punkte
aber in der Praxis nichts bringt, denn Jugendliche umgehen diese, indem sie sich älter machen als sie sind.
Außerdem sollte man bedenken, dass Cybermobbing auch durch eine Altersgrenze nicht vermeidbar ist.
Dies zeigt sich deutlich darin, dass Mobbing auch über WhatsApp möglich ist.

3 Mögliche Stellungnahme: 5 Punkte
(Einleitung) Derzeit wird häufig über eine Altersbeschränkung in sozialen Netzwerken diskutiert. Ich halte eine
Altersbeschränkung nicht für sinnvoll. Es gibt viele Gründe, die dagegensprechen.
(Hauptteil) Zunächst einmal lässt sich Cybermobbing auch durch eine Altersgrenze in sozialen Netzwerken nicht
vermeiden. Cybermobbing findet nicht nur bei Facebook oder Instagram statt, sondern auch über WhatsApp. Be-
leidigungen und Demütigungen erreichen auch über diesen Messenger schnell eine große Anzahl von Mitschü-
lern oder Freunde.
Darüber hinaus lauern in jedem Alter Gefahren in sozialen Netzwerken. Auch Erwachsene sind davor nicht sicher.
Sinnvoller als eine Altersbegrenzung ist z. B. die Aufklärung über Risiken und Gefahren auch schon in der Schule.
Weiterhin wäre eine Altersbeschränkung nicht wirksam, da Altersangaben nicht überprüfbar sind.
Kinder und Jugendliche umgehen die Altersgrenze dadurch, dass sie sich älter machen, als sie sind. Und zu guter
Letzt sollten auch Kinder unter 14 die Möglichkeit haben, in sozialen Netzwerken Freunde zu treffen. Bei einem
Umzug beispielsweise können sie so den Kontakt zu Freunden halten.
(Schluss) Meiner Meinung nach sind Aufklärung über Risiken und Gespräche zwischen Kindern und ihren Eltern
(oder Lehrern) immer sinnvoller als Verbote. Es ist wünschenswert, dass hierzu in den Schulen und in den Eltern-
häusern mehr passiert. Unsere Schule könnte beispielsweise einen Tag zur Sicherheit im Internet durchführen,
ich würde mich an der Planung beteiligen.

Insgesamt zu erreichende Punktzahl: 22 Punkte

Beschreiben

Stärken stärken: Einen Arbeitsablauf genau wiedergeben
Seite 15

●○○ 1 1 zwei Mechaniker (einer vorn, einer hinten), feuerfeste Schutzkleidung, heben mit Wagenheber Heck und Bug an −
2 je Reifen ein Team von drei Mechanikern: erster Mechaniker löst Radmuttern mit Druckluft-Schlagschrauber, Druckluft
über Schläuche mittels des Galgenbaums zugeleitet − 3 zweiter Mechaniker, Reifen abnehmen − 4 dritter Mechaniker,
Reifen aufsetzen − 5 erster Mechaniker, neuen Reifen mit Druckluft-Schlagschrauber festschrauben − 6 zwei Mechaniker
(einer vorn, einer hinten), setzen Heck und Bug wieder ab

Seite 16

●○○ 2 Mögliche Einleitung:
Damit ein Boxenstopp reibungslos erledigt werden kann, muss alles bereits vor Beginn des Rennens perfekt vorbereitet sein.
Das Werkzeug wird überprüft und bereitgehalten. Kurz vor dem Boxenstopp nehmen alle Mechaniker auf ein Zeichen des Boxenchefs ihre Plätze ein, das ist genau geregelt. Wenn das Auto einfährt, ist jeder vorbereitet. Die einzelnen Handgriffe hat
das Mechanikerteam oft geübt, sodass ein schneller Ablauf garantiert ist.

●○○ 3 Möglicher Schluss:
Ein sekundenschneller Reifenwechsel während eines Boxenstopps kann aber nur dann problemlos ablaufen, wenn alle Mechaniker ein absolut eingespieltes Team sind. Dennoch ist für das gesamte Team intensives Training notwendig, um den Boxenstopp so schnell abwickeln zu können. Alle sind am rechten Ort. Die Werkzeuge werden rechtzeitig bereitgehalten. Jeder
Handgriff beim Reifenwechsel wird in den Tagen vor dem Rennen immer wieder geübt. So müssen die Mechaniker im Ernstfall nicht mehr über ihre Aufgabe nachdenken.

●○○ 4 Mögliche Wörter zur Bestimmung der Reihenfolge der Arbeitsschritte:
zu Beginn − zuerst − sofort − im Anschluss − nun − jetzt − danach − als Nächstes − kurz vor dem Start −
zum Schluss − schließlich

●○○ 5 Abfolge der Arbeitsschritte:
1 Anheben des Wagens − 2 alte Reifen lösen − 3 Abnehmen der alten Reifen − 4 neue Reifen aufsetzen −
5 Festschrauben der Reifen − 6 Absetzen des Wagens

Mögliche Vorgangsbeschreibung:

(Einleitung) Damit ein Boxenstopp reibungslos abläuft, muss alles bereits vor Beginn des Rennens perfekt vorbereitet sein. Das Werkzeug wird überprüft und bereitgehalten. Kurz vor dem Boxenstopp nehmen alle Mechaniker auf ein Zeichen des Boxenchefs ihre Plätze ein. Das ist genau geregelt. Wenn das Auto einfährt ist jeder vorbereitet. Die einzelnen Handgriffe hat das Mechanikerteam oft geübt, sodass ein schneller Ablauf garantiert ist.

(Hauptteil) Wenn der Wagen in die Boxengasse einfährt, eilt je ein Mechaniker hinten ans Heck und vorn an den Bug des Wagens. Sie heben das Rennauto mit dem Wagenheber an. Alle 14 Mechaniker tragen feuerfeste Schutzkleidung, die in der Regel Stiefel, Overall, Helm, Brille und Handschuhe umfasst. An jedem Reifen steht blitzschnell ein Team von drei Mechanikern. Ein Mechaniker löst mit dem Druckluft-Schlagschrauber die Radmuttern. Ein Schlagschrauber wird als Werkzeug eingesetzt, weil er die Radmuttern mit großer Geschwindigkeit und Kraft lösen oder festschrauben kann. Ein zweiter Mechaniker nimmt die Reifen ab und macht sofort für seinen Kollegen Platz, der mit dem neuen Reifen schon bereitsteht. Der dritte Mechaniker setzt den Reifen auf die Radnabe auf und achtet darauf, dass alles richtig sitzt. Nun kann der erste Mechaniker, der den Radwechsel beobachtet hat, den neuen Reifen mit Hilfe des Druckluft-Schlagschraubers festschrauben. Sobald die Reifen sitzen, gibt jedes Reifenteam ein Signal. Die beiden Mechaniker am Bug und Heck setzen den Rennwagen daraufhin wieder ab. Der Fahrer kann losfahren und sein Rennen fortsetzen.

(Schluss) Für das gesamte Team ist intensives Training notwendig, um den Boxenstopp so schnell wie möglich abwickeln zu können. Die Mechaniker sind dabei ein eingespieltes Team, alle sind am rechten Ort. Die Werkzeuge werden rechtzeitig bereitgehalten. Jeder Handgriff beim Reifenwechsel wird in den Tagen vor dem Rennen immer wieder geübt. So müssen die Mechaniker im Ernstfall nicht mehr über ihre Aufgabe nachdenken.

Stärken stärken: Mit Fachbegriffen einen Vorgang beschreiben

Seite 17

1 1 zwei Mechaniker (einer vorn, einer hinten), feuerfeste Schutzkleidung, heben mit Wagenheber Heck und Bug an – 2 je Reifen ein Team von drei Mechanikern: erster Mechaniker löst Radmuttern mit Druckluft-Schlagschrauber, Druckluft über Schläuche mittels des Galgenbaums zugeleitet – 3 zweiter Mechaniker, Reifen abnehmen – 4 dritter Mechaniker, Reifen aufsetzen – 5 erster Mechaniker, neuen Reifen mit Druckluft-Schlagschrauber festschrauben – 6 zwei Mechaniker (einer vorn, einer hinten), setzen Heck und Bug wieder ab

2 a Erklärung der Fachbegriffe:

Druckluft ist in einem Kompressor verdichtete Luft, sie liefert zum Beispiel Energie für den Schlagschrauber.

Als Arbeitskleidung tragen Mechaniker feuerfeste **Schutzkleidung,** die in der Regel Stiefel, Overall, Helm, Brille und Handschuhe umfasst.

Unter einem **Galgenbaum** versteht man eine Art Ständer, den man in Werkstätten verwendet, um Schläuche zu bündeln und vom Boden fernzuhalten.

b Siehe Aufgabe 5, Seite 18.

Seite 18

3 Mögliche Einleitung:

Damit ein Boxenstopp reibungslos erledigt werden kann, muss alles bereits vor Beginn des Rennens perfekt vorbereitet sein. Das Werkzeug wird überprüft und bereitgehalten. Kurz vor dem Boxenstopp nehmen alle Mechaniker auf ein Zeichen des Boxenchefs ihre Plätze ein, das ist genau geregelt. Wenn das Auto einfährt, ist jeder vorbereitet. Die einzelnen Handgriffe hat das Mechanikerteam oft geübt, sodass ein schneller Ablauf garantiert ist.

4 Möglicher Schluss:

Ein sekundenschneller Reifenwechsel während eines Boxenstopps kann aber nur dann problemlos ablaufen, wenn alle Mechaniker ein absolut eingespieltes Team sind. Dennoch ist für das gesamte Team intensives Training notwendig, um den Boxenstopp so schnell abwickeln zu können. Alle sind am rechten Ort. Die Werkzeuge werden rechtzeitig bereitgehalten. Jeder Handgriff beim Reifenwechsel wird in den Tagen vor dem Rennen immer wieder geübt. So müssen die Mechaniker im Ernstfall nicht mehr über ihre Aufgabe nachdenken.

5 Abfolge der Arbeitsschritte:

1 Anheben des Wagens – 2 alte Reifen lösen – 3 Abnehmen der alten Reifen – 4 neue Reifen aufsetzen – 5 Festschrauben der Reifen – 6 Absetzen des Wagens

Mögliche Vorgangsbeschreibung:

(Einleitung) Damit ein Boxenstopp reibungslos abläuft, muss alles bereits vor Beginn des Rennens perfekt vorbereitet sein. Das Werkzeug wird überprüft und bereitgehalten. Kurz vor dem Boxenstopp nehmen alle Mechaniker auf ein Zeichen des Boxenchefs ihre Plätze ein. Das ist genau geregelt. Wenn das Auto einfährt ist jeder vorbereitet. Die einzelnen Handgriffe hat das Mechanikerteam oft geübt, sodass ein schneller Ablauf garantiert ist.

(Hauptteil) Wenn der Wagen in die Boxengasse einfährt, eilt je ein Mechaniker hinten ans Heck und vorn an den Bug des Wagens. Sie heben das Rennauto mit dem Wagenheber an. Alle 14 Mechaniker tragen feuerfeste Schutzkleidung, die in der Regel Stiefel, Overall, Helm, Brille und Handschuhe umfasst. An jedem Reifen steht blitzschnell ein Team von drei Mechanikern. Ein Mechaniker löst mit dem Druckluft-Schlagschrauber die Radmuttern. Ein Schlagschrauber wird als Werkzeug eingesetzt, weil er die Radmuttern mit großer Geschwindigkeit und Kraft lösen oder festschrauben kann. Ein zweiter Mechaniker nimmt die Reifen ab und macht sofort für seinen Kollegen Platz, der mit dem neuen Reifen schon bereitsteht. Der dritte Mechaniker

setzt den Reifen auf die Radnabe auf und achtet darauf, dass alles richtig sitzt. Nun kann der erste Mechaniker, der den Rad-wechsel beobachtet hat, den neuen Reifen mit Hilfe des Druckluft-Schlagschraubers festschrauben. Sobald die Reifen sitzen, gibt jedes Reifenteam ein Signal. Die beiden Mechaniker am Bug und Heck setzen den Rennwagen daraufhin wieder ab. Der Fahrer kann losfahren und sein Rennen fortsetzen.

(Schluss) Für das gesamte Team ist intensives Training notwendig, um den Boxenstopp so schnell wie möglich abwickeln zu können. Die Mechaniker sind dabei ein eingespieltes Team, alle sind am rechten Ort. Die Werkzeuge werden rechtzeitig bereitgehalten. Jeder Handgriff beim Reifenwechsel wird in den Tagen vor dem Rennen immer wieder geübt. So müssen die Mechaniker im Ernstfall nicht mehr über ihre Aufgabe nachdenken.

Stärken stärken: Eine Vorgangsbeschreibung anschaulich und abwechslungsreich formulieren

Seite 19

 1

Arbeitsschritte	benötigte Materialien
Anheben des Wagens	feuerfeste Schutzkleidung, Wagenheber
alte Reifen lösen	Druckluft-Schlagschrauber, Druckluft über Schläuche mittels Galgenbaum
Abnehmen der alten Reifen	–
neue Reifen aufsetzen	–
Festschrauben der Reifen	Druckluft-Schlagschrauber
Absetzen des Wagens	Wagenheber

 2 Erklärung der Fachbegriffe:
Als Arbeitskleidung tragen Mechaniker feuerfeste **Schutzkleidung,** die in der Regel Stiefel, Overall, Helm, Brille und Hand-schuhe umfasst.
Druckluft ist in einem Kompressor verdichtete Luft, sie liefert zum Beispiel Energie für den Schlagschrauber.
Unter einem **Galgenbaum** versteht man eine Art Ständer, den man in Werkstätten verwendet, um Schläuche zu bündeln und vom Boden fernzuhalten.

 3 a Als Nächstes greift an jedem Reifen sofort ein weiterer Mechaniker ein. Der nun lose Reifen wird (von ihm) abgenommen. Anschließend rollt ein dritter Mechaniker den neuen Reifen blitzschnell in die richtige Position. Sobald die Nabe vom Mechaniker erreicht wird, wird der Reifen von ihm aufgesetzt.

b Mögliche Beschreibung der Arbeitsschritte 5 und 6 (Wörter für die Reihenfolge): Sobald jeder der vier Reifen aufsitzt, drehen die Mechaniker, die die Druckluft-Schlagschrauber bedienen, alle gleichzeitig die Radmuttern wieder fest. Danach werden beide Wagenheber blitzschnell heruntergelassen und der Rennwagen ist jetzt wieder startbereit.

4 A 8 – B 2 – C 9 – D 1 – E 7 – F 5 – G 3 – H 6 – I 4
(Einleitung) Für ein Autorennen müssen Fahrer und Auto in den letzten Momenten vor dem Startsignal auf das Rennen vorbereitet werden.
(Hauptteil) Der Rennfahrer zieht zuerst seine feuerfeste Schutzkleidung an, die meist aus Stiefeln, Overall, Helm, Brille und Handschuhen besteht. Im Falle eines Unfalls kann sie ihm das Leben retten. Als Letztes setzt er den Helm auf. Anschließend kann er in sein Fahrzeug einsteigen, welches so eng ist, dass das Lenkrad erst montiert werden kann, wenn er bereits sitzt. Nun muss der Fahrer seinen Rennwagen auf die Extrembedingungen eines Rennens vorbereiten. Er startet mit seinem Wagen zu einer Einführungsrunde: Als Erstes führt er einen Kupplungscheck direkt am Ende der Boxengasse durch. Im Anschluss fährt er auf der Strecke Schlangenlinien, um die Reifen warmzuhalten und schließlich führt er einige Brem-sungen aus, sodass auch das Bremssystem auf die richtige Temperatur für das Rennen gebracht wird. Wieder zurück an der Startlinie, konzentriert sich der Fahrer nun ganz auf das Rennen, das in wenigen Minuten beginnen wird. Mit Hilfe von mentalem Training kann er seinen Puls senken und so seine Nervosität unter Kontrolle bekommen.
(Schluss) Nun sind alle Vorbereitungen getroffen, der Fahrer wartet jetzt hoch konzentriert auf das Startsignal.

Teste dich! Einen Arbeitsablauf beschreiben

Seite 20

 1 2 – 7 – 4 – 1   8 Punkte
6 – 5 – 8 – 3

2 a Richtige Reihenfolge und Zuordnung der Stichwörter: 4 Punkte
1 Fahrrad auf Sattel stellen, Radmuttern mit Schraubenschlüssel lösen
2 Rad auf Boden legen, mit Montierhebel Mantelrand abheben
3 Schlauch mit Luftpumpe aufpumpen
4 Schlauch ins Wasser tauchen (Luftblasen)
5 abgetrockneten Schlauch rund ums Loch mit Sandpapier abschmirgeln
6 Gummikleber ums Loch streichen
7 Gummiflicken aufs Loch drücken
8 Mantel mit geflicktem Schlauch auf Felge heben

b Mögliche Vorgangsbeschreibung: 8 Punkte

(Einleitung) Die Reparatur eines platten Fahrradreifens kann man mit etwas Geschick selbst erledigen. Man benötigt dafür lediglich eine Luftpumpe, ein Reifenflickset, einen Schraubenschlüssel und eine mit Wasser gefüllte Schüssel.

(Hauptteil) Zuerst muss die Felge mit dem platten Reifen vom Fahrrad abmontiert werden. Dazu stellt man das Rad auf Sattel und Lenker, damit die Räder in der Luft stehen. Mit einem Schraubenschlüssel löst man die Radmuttern und hebt die Felge von der Fahrradgabel. Nun kann man den Mantel mit einem Schraubenschlüssel rundherum abheben, sodass man den Schlauch aus der Felge nehmen kann. Um die schadhafte Stelle herauszufinden, muss der Schlauch mit einer Luftpumpe aufgepumpt werden. Wenn man den Schlauch Stück für Stück ins Wasser taucht, steigen dort, wo sich das Loch befindet, Luftblasen auf. Nun kommt das Flickset zum Einsatz. Den abgetrockneten Schlauch schmirgelt man vorsichtig rund um das Loch mit Sandpapier ab. Danach streicht man den Gummikleber aus der Tube um das Loch herum und drückt einen passenden Gummiflicken genau auf das Loch. Nach kurzer Wartezeit kann man den Schlauch wieder in die Felge legen und vorsichtig den Mantel aufziehen. Abschließend wird der Reifen wieder auf das Fahrrad montiert und mit der Luftpumpe aufgepumpt: Fertig ist die Reparatur.

(Schluss) Beim Flicken eines Fahrradreifens sollte man vorsichtig und sorgfältig vorgehen, damit man beispielsweise mit dem Schraubenschlüssel der Montage keine weiteren Schäden am Schlauch verursacht. Da die Bauteile oft verschmutzt sind, sollte man auf passende Kleidung achten. Und noch ein Tipp: Die Hände lassen sich nach der Reparatur besser reinigen, wenn man sie vorab leicht eingecremt hat. Dann steht mit geflicktem Reifen einer Fahrradtour nichts mehr im Wege.

Insgesamt zu erreichende Punktzahl: 20 Punkte

Berichte schreiben und überarbeiten

Seite 21

1 b + c Auf dem ersten Hof habe ich gemeinsam mit dem Tierarzt mit einem Mikroskop die Kotprobe eines Pferdes auf Würmer untersucht und ihm bei der Impfung von drei anderen Pferden zugesehen. Dann machte der Tierarzt einem Pferd einen neuen Verband. Ich hielt das Tier währenddessen am Halfter fest. Das war voll toll, weil ich es während der Behandlung gut beruhigen konnte. Als Nächstes mussten auf einem anderen Hof drei Kühe mit einem Antibiotikum behandelt werden, da sie eine Infektion hatten. Ich durfte mit einem Stethoskop Lunge und Herz abchecken und der Tierarzt erklärte mir, dass die Tiere eine krass hohe Herz- und Atemfrequenz hatten. Auf dem letzten Hof musste der Tierarzt total süßen Schafen Blut abnehmen. Ich habe für ihn die Blutprobenröhrchen mit den Ohrmarkennummern beschriftet, damit man später weiß, welches Blut zu welchem Schaf gehört.

Am Nachmittag wurden in der Praxis mehrere Kleintiere behandelt. Ich durfte bei einer Operation zusehen, in der einer Hündin ein Tumor entfernt wurde. Sie wurde in die Narkose gelegt und weiträumig rasiert und desinfiziert. Ihr wurde ein Tubus in die Luftröhre geschoben und an das Inhalationsnarkosegerät angeschlossen. Der Tumor wurde herausgeschnitten, die Blutgefäße abgebunden und die Haut wieder zugenäht. Nach der OP putzte ich den Behandlungsraum. Ich zog Handschuhe an, reinigte die Instrumente, indem ich sie zunächst in Wasser, dann in ein Desinfektionsbad und schließlich in einen Dampfsterilisator legte. Ich schnitt für den nächsten Tag Tücher für den Instrumententisch zu.

Danach durfte ich dem Tierarzt noch bei weiteren kleineren Behandlungen zusehen. Dazu gehörte das Impfen von drei Katzenbabys. Sie sollen keine lebensbedrohlichen Krankheiten bekommen. Außerdem versorgte er kleinere Wunden bei einem Meerschweinchen und kastrierte einen Kater. Ich redete vor der Narkose beruhigend auf ihn ein. Er war trotzdem sehr ängstlich. Als Letztes hat der Tierarzt noch die Besitzerin eines Hundes beraten. Er war übergewichtig.

Stärken stärken: Einen Tagesbericht überarbeiten

Seite 22

1 Möglicher Einleitungssatz mit Arbeitsschwerpunkten:
Heute lernte ich am Vormittag die Tätigkeiten des Tierarztes auf verschiedenen Höfen kennen, wo Großtiere behandelt werden, und am Nachmittag konnte ich dem Tierarzt bei den Kleintierbehandlungen in der Praxis zusehen und helfen.

2 a habe ich untersucht (Z. 1–2) → untersuchte; habe zugesehen (Z. 1–4) → sah zu; habe beschriftet (Z. 10–11) → beschriftete
b machte (Z. 3) → legte an; Das war voll toll (Z. 4–5) → Das machte mir großen Spaß!; abchecken (Z. 8) → abhören; krass (Z. 8) → sehr; total süßen (Z. 9) → mehreren/einigen

3 Antwort D ist richtig.

4 a + b Mögliche Satzgefüge und Verknüpfungswörter:
A Dazu gehörte das Impfen von drei Katzenbabys, damit sie keine lebensbedrohlichen Krankheiten bekommen.
B Als Letztes beriet der Tierarzt noch die Besitzerin eines Hundes, weil das Tier übergewichtig war.

5 Mögliche Erklärungen:
Stethoskop: Abhörgerät – **Tubus:** dünner Schlauch – **Inhalationsgerät:** Gerät mit Atemmaske – **Desinfektionsbad:** Bad zum Abtöten von Bakterien – **Dampfsterilisator:** Gerät, das Krankheitserreger abtötet

6 Verbesserter Text:

Auf dem ersten Hof untersuchte ich gemeinsam mit dem Tierarzt mit einem Mikroskop die Kotprobe eines Pferdes auf Würmer und sah ihm bei der Impfung von drei anderen Pferden zu. Dann legte der Tierarzt einem Pferd einen neuen Verband an. Ich hielt das Tier währenddessen am Halfter fest. Das machte mir großen Spaß, weil ich es während der Behandlung gut beruhigen konnte. Als Nächstes mussten auf einem anderen Hof drei Kühe mit einem Antibiotikum behandelt werden, da sie eine Infektion hatten. Ich durfte mit einem Stethoskop Lunge und Herz abhören und der Tierarzt erklärte mir, dass die Tiere eine sehr hohe Herz- und Atemfrequenz hatten. Auf dem letzten Hof musste der Tierarzt mehreren Schafen Blut abnehmen. Ich beschriftete für ihn die Blutprobenröhrchen mit den Ohrmarkennummern, damit man später weiß, welches Blut zu welchem Schaf gehört.

Am Nachmittag wurden in der Praxis mehrere Kleintiere behandelt. Ich durfte bei einer Operation zusehen, in der einer Hündin ein Tumor entfernt wurde. Zuerst wurde sie in die Narkose gelegt und weiträumig rasiert und desinfiziert. Als Nächstes wurde ihr ein Tubus, das ist ein dünner Schlauch, in die Luftröhre geschoben und an das Inhalationsnarkosegerät angeschlossen. Anschließend wurden der Tumor herausgeschnitten, die Blutgefäße abgebunden und die Haut wieder zugenäht. Nach der OP putzte ich den Behandlungsraum. Ich zog Handschuhe an. Dann reinigte ich die Instrumente, indem ich sie zunächst in Wasser, dann in ein Desinfektionsbad und schließlich in einen Dampfautosterilisator legte, der die Krankheitserreger abtötet. Anschließend schnitt ich für den nächsten Tag Tücher für den Instrumententisch zu.

Danach durfte ich dem Tierarzt noch bei weiteren kleineren Behandlungen zusehen. Dazu gehörte das Impfen von drei Katzenbabys, damit sie keine lebensbedrohlichen Krankheiten bekommen. Außerdem versorgte er kleinere Wunden bei einem Meerschweinchen und kastrierte einen Kater. Obwohl ich vor der Narkose beruhigend auf ihn einredete, war er sehr ängstlich. Als Letztes beriet der Tierarzt noch die Besitzerin eines Hundes, weil das Tier übergewichtig war.

Stärken stärken: Einen Bericht schreiben

Seite 23

1

1 **Informationen zum Sport:**
   – Trendsportart Bouldern = Klettern ohne Berge
   – Ausdauer, Kraft und Technik benötigen
   – maximale Kletterhöhe: 4,50 Meter – kein hohes Risiko
   – kein Seil, kein Gurt
   – dynamisch bewegen: seitlich springen, schwingen
   – Routen = Rätsel lösen oder Aufgaben bewältigen
   – manche allein, manche in der Gruppe
   – sich mit anderen über Lösungen austauschen

2 **Beobachtungen in der Halle:**
   – alte Lagerhalle, Hip-Hop erklingt
   – Hallenboden mit Matten ausgelegt
   – Kletterrouten mit verschiedenen Schwierigkeitsgrade: erkennbar an verschiedenen Farben
   – schon am Vormittag viele Besucher

3 **Aufgaben für den Praktikanten oder die Praktikantin:**
   – Kletterhalle besichtigen
   – Kletterschuhe nach Größen sortieren und in Regale stellen
   – auf Sicherheit achten
   – Getränke verkaufen, Müll beseitigen
   – Kreide für die Hände bereitstellen
   – die Anfängerroute ausprobiert
   – Umkleideräume, Matten reinigen
   – Besucher begrüßen und einweisen, Regeln erklären

2 **zuerst:**
   – Kletterhalle besichtigen
   – Kreide für die Hände bereitstellen
   – die Anfängerroute ausprobiert

am Vormittag:
   – Besucher begrüßen und einweisen, Regeln erklären
   – auf Sicherheit achten

am Nachmittag
   – Getränke verkaufen, Müll beseitigen

zum Schluss:
   – Kletterschuhe nach Größen sortieren und in Regale stellen
   – Umkleideräume, Matten reinigen

3 Möglicher Tagesbericht:

Am Montag war mein 1. Praktikumstag in der Kletterhalle, in der Bouldern ausgeübt wird. Bouldern ist eine Sportart, der Name ist abgeleitet von englisch *boulder*, was „Fels" heißt. Man hangelt sich ohne Sicherung knapp über dem Boden eine Wand entlang. Das ist anstrengend und eine richtige Sportart. Anders als beim Klettern sind beim Bouldern Fantasie und Koordination der Bewegungen sehr wichtig. Beim Erarbeiten der Routen stehen daher Absprachen und der Austausch mit anderen im Vordergrund. Die Trainer, die die Kommandos geben, sind erfahrene und bekannte Extremkletterer.

Zuerst durfte ich die Kletterhalle besichtigen, dann sollte ich Kreide für die Hände bereitstellen. Bevor die Halle geöffnet wurde, durfte ich die Anfängerroute einmal ausprobieren.

Den Vormittag über begrüßte ich die Besucher, wies sie in die Anlage ein und erklärte die Regeln. Während die Besucher sich dann an der Felswand vorsichtig vorwärtstasteten, achtete ich auf die Sicherheit.

Am Nachmittag verkaufte ich dann Getränke und beseitigte den anfallenden Müll.

Zum Schluss, nachdem die Kletterhalle geschlossen hatte, musste ich noch die Kletterschuhe nach Größen sortieren und in die Regale stellen und danach die Umkleideräume und Matten reinigen.

Dieser sehr interessante Tag in der Kletterhalle hat mir gezeigt, dass man beim Bouldern einiges fürs Leben lernen kann, zum Beispiel das Gemeinschaftsgefühl zu stärken oder Angst zu überwinden.

Stärken stärken: Einen Zeitungsbericht schreiben
Seite 24

1

Zeitungsbericht	Reportage
– sachliche Information über Ereignisse und Vorgänge	– anschaulich und lebendig
– das Wichtigste am Anfang, dann Ablauf der Ereignisse	– szenischer Einstieg
– Antworten auf die W-Fragen	– sachliche Informationen, auch Hintergrundinformationen
– sachlich	– vermittelt persönliche Eindrücke
– Keine Gefühle und Wertungen	– Atmosphäre und Stimmung werden geschildert
– genaue Beschreibungen	– anschaulich und ausdrucksvoll
– Präteritum	– wechselnde Zeitformen, um den Eindruck zu vermitteln, direkt vor Ort zu sein

2 Möglicher Zeitungsbericht:
„Christoph 6" ist einer von zwei Rettungshubschraubern für den Großraum Bremen.
Immer wieder ist die Besatzung aus Notarzt, Rettungsassistent und Pilot unterwegs, um Menschenleben zu retten.
Zu etwa fünf Einsätzen startet der Hubschrauber täglich vom „Klinikum Links der Weser".
Während der Pilot Rüdiger Engler den Hubschrauber steuert, funkt Rettungsassistent Jochen Bokemeyer mit der Polizei, um einen Treffpunkt auf Sportplätzen, Grünanlagen oder ähnlichen Plätzen zu vereinbaren, von denen aus dann eine Polizeistreife die Ärzte zu den Patienten fährt, denn bei Einsätzen in Wohngebieten wäre eine Landung vor Ort zu riskant.
Deshalb transportiert der Helikopter auf dem Rückweg nur selten Patienten, obwohl sein Inneres einer fliegenden Intensivstation gleicht. Es geht vor allem darum, dass die fliegenden Notärzte schneller bei den Patienten sind als die Rettungsärzte am Boden. Ins nächste Krankenhaus werden die Patienten dann von einem von der Rettungsleitstelle gleichzeitig alarmierten Krankenwagen transportiert.

Sachtexte und Schaubilder erschließen

Seite 26

1 B kalifornische Wasserknappheit

Seite 28

2 Der Text handelt von einer anhaltenden Dürre in Kalifornien. Am Beispiel des Farmers Mark Borba informiert er über die Situation und Not der Einwohner.

4 a Mögliche Schlüsselwörter:
Dürre in Kalifornien, Experten warnen, besonderer Stolz: Mandelbäume, Tröpfchenbewässerungsanlage, Dilemma: gutes Ackerland, aber nicht genug Wasser, Reservoirs auf niedrigstem Stand, Auswirkungen auf das ganze Land, Pleasanton, nur 75 % des Wassers, Wasserverbrauch in Kalifornien: 450 Liter pro Kopf und Tag, Bußgeld, Wasserverbrauch, Los Angeles Aquädukt, Schmelzwasser fehlt, Umweltschützer „TreePeople", neue Regulierungen, mehr Auffangmöglichkeiten für Regenwasser
b + c
Vorspann (Z. x–x): Stand der Wasserreservoirs rekordverdächtig niedrig
Sinnabschnitt 1 (Z. x–x): Farmer Borba steht vor einem Dilemma
Sinnabschnitt 2 (Z. x–x): Ganz Amerika ist abhängig von Kalifornien
Sinnabschnitt 3 (Z. x–x): Pleasanton geht mit gutem Beispiel voran
Sinnabschnitt 4 (Z. x–x): Trotz Sparprogramm kein Rückgang des Gesamtverbrauchs
Sinnabschnitt 5 (Z. x–x): Der Los Angeles Aquädukt
Sinnabschnitt 6 (Z. x–x): TreePeople geben Unterricht im Wassersparen
Sinnabschnitt 7 (Z. x–x): Farmer Borba hält fest: Nun ist es unser aller Problem!

Stärken stärken: Sachtext und Grafik verstehen
Seite 29

1 a Autoren: Wolfgang Stuflesser und Nicole Markwald
Textsorte: Reportage
Titel: Der Fluch des ewigen Sonnenscheins
b Mögliche Einleitung:
In der Reportage „Der Fluch des ewigen Sonnenscheins" berichten die Autoren Wolfgang Stuflesser und Nicole Markwald über die anhaltende Dürre und damit einhergehende Sparmaßnahmen in Kalifornien.

2 Mögliche Zusammenfassung der Sinnabschnitte mit eigenen Worten:
1: Die Farmer in Kalifornien sind in Not. Es fehlt Wasser, um ihre Pflanzen zu bewässern.
2: Kalifornien versorgt fast ganz Amerika mit seiner Obst- und Gemüseprodukten.
3: Die Stadt Pleasanton will ihren Wasserverbrauch um 20 % verringern.
4: Trotz der Appelle steigt der Wasserverbrauch in Kalifornien um 1 %. Staatsregierung verbietet Abspritzen von Gehwegen und Einfahrten mit dem Gartenschlauch.
5: Der Los Angeles Aquädukt führt Regen- und Schmelzwasser über 670 km von den Bergen der Sierra Nevada in die Stadt Los Angeles. Doch bleibt der Schnee aus, gibt es kein Schmelzwasser
6: Umweltschützer wie z. B. die „TreePeople" informieren die Bevölkerung über Wasserwiederverwendung und sinnvolle Gartengestaltung.
7: Farmer Borba glaubt an neue Vorschriften und ist davon überzeugt, dass sein Problem nun alle angeht.

3 In der Reportage werden ebenso wie in der Grafik die Städte Sacramento, Los Angeles, Pleasanton, San Francisco erwähnt.

Stärken stärken: Den Text und ein Diagramm auswerten
Seite 30

1 Richtige Aussagen, wie sie im Text vorkommen, sind:
In Kalifornien fielen ein Jahr zuvor 188 Liter Regen pro Quadratmeter.
In Deutschland sind es 750 Liter pro Quadratmeter im Jahr.
Der Wasserverbrauch der durchschnittlichen Deutschen liegt bei 120 Liter pro Kopf und Jahr.
Der Wasserverbrauch in Kalifornien liegt bei 450 Liter pro Kopf und Jahr.

2 Mögliche Zusammenfassung:
In der Reportage „Der Fluch des ewigen Sonnenscheins" berichten die Autoren Wolfgang Stuflesser und Nicole Markwald über die anhaltende Dürre und damit einhergehende Sparmaßnahmen in Kalifornien.
Farmer Mark Borba hat es schwer. Seine Familie baut seit 42 Jahren Gemüse und Obst an und er ist stolz auf seine Mandelbäume. Wenn es nicht regnet und er die Pflanzen nicht bewässern kann, dann vertrocknen die teuren Bäume schnell. Aufgrund der Wasserknappheit kann der Farmer einen Teil seines Bodens nicht mehr bepflanzen. Daher hat Präsident Obama den betroffenen Gebieten einen Besuch abgestattet und versprochen, Kalifornien mit 140 Millionen Euro zu unterstützen. In Pleasanton müssen alle Haushalte und Geschäfte 20 Prozent weniger Wasser verbrauchen. Das ist für Pleasanton eine völlig neue Situation. Festzustellen ist, dass den Einwohnern im Jahr 2014 nur 75 Prozent des Wassers zur Verfügung steht, das sie normalerweise im Sommer verbrauchen.
Trotz der Appelle – selbst des Gouverneurs von Kalifornien – steigt der Wasserverbrauch um 1 Prozent. Mit Bußgeldern werden Verstöße gegen die neuen Regeln geahndet, wie z. B. das Abspritzen von Gehwegen und Einfahrten mit dem Gartenschlauch. Der mehr als hundert Jahre alte Los Angeles Aquädukt führt Regen- und Schmelzwasser über 670 km von den Bergen der Sierra Nevada in die Stadt Los Angeles. Doch bleibt der Schnee aus, gibt es auch kein Schmelzwasser. Umweltschützer wie z. B. die „TreePeople" informieren die Bevölkerung über Wasserwiederverwendung und sinnvolle Gartengestaltung. Leider lässt sich dadurch das Dürreproblem nicht gänzlich lösen. Der Farmer Mark Borba glaubt an neue Maßnahmen und ist davon überzeugt, dass sein Problem nun alle angeht.
Mit der Aussage „It's now everyone's problem, it's not just a few farmers problem (Z. 87–88), was in der Übersetzung so viel bedeutet wie: „Das ist nun unser aller Problem und nicht nur das Problem von einigen wenigen Farmern", drückt Mark Borba seine Erleichterung aus, dass sich nun alle der Problematik bewusst sind. Daraus schöpft er die Hoffnung, dass nun tiefgreifende Maßnahmen getroffen werden, die auch eine Lösung nach sich ziehen. Konkret würde das für ihn bedeuten, dass er wieder seine gesamte Ackerfläche anbauen und auch bewässern kann.

3 a Aus dem Schaubild lässt sich die durchschnittliche monatliche Temperatur, gemessen in Grad Celcius, in Los Angeles ablesen und wie hoch dort der monatliche Niederschlag, gemessen in mm, ist.
b Im Monat Februar fällt in Los Angeles am meisten Regen, nämlich 64 mm. Im Monat Juli liegt der Niederschlag nur bei 0,3 mm. Die Differenz zwischen höchster und niedrigster Niederschlagsmenge beträgt somit 63,7 mm.
c Im Januar und im Dezember gibt es die größten Temperaturschwankungen (jeweils 10 Grad Celsius).

4 Richtig sind die Antworten C und D; auch B lässt sich ermitteln, indem man die Niederschlagsmengen aller Monate zusammenzählt.

Stärken stärken: Den Text zusammenfassen und bewerten
Seite 31

1 Mögliche Textverbesserung:
Farmer Mark Borba hat es schwer. Seine Familie baut seit 42 Jahren Gemüse und Obst an und er ist stolz auf seine Mandelbäume. Wenn es nicht regnet und er die Pflanzen nicht bewässern kann, dann vertrocknen die teuren Bäume schnell. Aufgrund der Wasserknappheit kann der Farmer einen Teil seines Bodens nicht mehr bepflanzen. Daher hat Präsident Obama den betroffenen Gebieten einen Besuch abgestattet und versprochen, Kalifornien mit 140 Millionen Euro zu unterstützen.

2 Mögliche Textverbesserung:

In Pleasanton müssen alle Haushalte und Geschäfte 20 Prozent weniger Wasser verbrauchen. Das ist für Pleasanton eine völlig neue Situation. Festzustellen ist, dass den Einwohnern im Jahr 2014 nur 75 Prozent des Wassers zur Verfügung steht, das sie normalerweise im Sommer verbrauchen.

3 Mögliche Zusammenfassung:

Trotz der Appelle – selbst des Gouverneurs von Kalifornien – steigt der Wasserverbrauch um 1 Prozent. Mit Bußgeldern werden Verstöße gegen die neuen Regeln geahndet, wie z. B. das Abspritzen von Gehwegen und Einfahrten mit dem Gartenschlauch. Der mehr als hundert Jahre alte Los Angeles Aquädukt führt Regen- und Schmelzwasser über 670 km von den Bergen der Sierra Nevada in die Stadt Los Angeles. Doch bleibt der Schnee aus, gibt es auch kein Schmelzwasser. Umweltschützer wie z. B. die „TreePeople" informieren die Bevölkerung über Wasserwiederverwendung und sinnvolle Gartengestaltung. Leider lässt sich dadurch das Dürreproblem nicht gänzlich lösen. Der Farmer Mark Borba glaubt an neue Maßnahmen und ist davon überzeugt, dass sein Problem nun alle angeht.

5 Mit der Aussage „It's now everyone's problem, it's not just a few farmers problem (Z. 84–85), was in der Übersetzung so viel bedeutet wie: „Das ist nun unser aller Problem und nicht nur das Problem von einigen wenigen Farmern", drückt Mark Borba seine Erleichterung aus, dass sich nun alle der Problematik bewusst sind. Daraus schöpft er die Hoffnung, dass nun tiefgreifende Maßnahmen getroffen werden, die auch eine Lösung nach sich ziehen. Konkret würde das für ihn bedeuten, dass er wieder seine gesamte Ackerfläche anbauen und auch bewässern kann.

Teste dich! Einen Sachtext und ein Schaubild auswerten
Seite 32

1	Thema des Textes ist der Wassermangel in der australischen Stadt Melbourne und welche Maßnahmen dagegen getroffen werden.	3 Punkte
2	Richtig sind die Aussagen A und C.	4 Punkte
3	a Aus dem Kreisdiagramm lässt sich ablesen, in welchen Bereichen im Haushalt das meiste Wasser verbraucht wird. Allein für die Körperpflege fließen pro Person täglich 47 Liter, die WC-Spülung verbraucht 42 Liter. Diese Angaben unterstützen die Aussage im Text: Durch Drosselung des durchfließenden Wassers werden die Wassermengen für WC-Spülung, Duschköpfe und Wasserhähne reduziert.	1 Punkt
	b Das Diagramm zum täglichen Wasserverbrauch zeigt hohe Werte in den Bereichen „Wäschewaschen", „Körperpflege" und „WC-Spülung". Hier kann den Melbournern empfohlen werden zu sparen.	2 Punkte

Insgesamt zu erreichende Punktzahl: 10 Punkte

Eine Kurzgeschichte zusammenfassen und deuten

Stärken stärken: Die Kurzgeschichte verstehen und zusammenfassen
Seite 35

1 Die Geschichte irritiert, weil man zunächst die Sorge des Jungen nicht versteht. Das macht sie zugleich aber auch spannend, da sich das Missverständnis erst am Ende aufklärt.

2 Ein Junge ist krank und denkt, er muss sterben.

3 Der Junge liegt krank in seinem Bett. Der Vater verbringt anfangs viel Zeit mit ihm.

4

Teilüberschrift	Wichtige Stichworte
Ein Gespräch zu Tagesbeginn	Krank, Fieber
Der Doktor ist da	Grippebazillen, Temperatur auf hundertvier, verschiedene Medikamente
Vorlesen ist keine Hilfe	reglos, gleichgültig, Piratenbuch, seltsamer Ausdruck im Gesicht, lieber wach bleiben
Spaziergang mit Hund	klarer, kalter Tag, Hühnerhund, Wachteln jagen,
Das Gespräch als Wendepunkt	„Du darfst das nicht bekommen, was ich habe." weißgesichtig, aber mit roten Fieberflecken „Nimm's doch nicht so tragisch." „Wie lange dauert es noch ungefähr, bis ich sterbe?" hundertundzwei
Ein gutes Ende	ein anderes Thermometer, die Starre schwand langsam, Kleinigkeiten

5 In den Vereinigten Staaten von Amerika wird die Temperatur in einer anderen Maßeinheit gemessen als in Europa. Die Fiebertemperatur des Jungen liegt bei 38,5 Grad Celsius. Das entspricht ca. 102 Grad Fahrenheit. Der Junge in der Geschichte verwechselt die Temperaturskala, weil er zuvor in Europa war.

6 In der Kurzgeschichte „Ein Tag Warten" von Ernest Hemingway geht es um einen Jungen, der im Fieber um sein Leben bangt. Erst am Ende der Geschichte stellt sich heraus, dass seine Sorge auf einem Missverständnis beruht, das durch eine offene Aussprache gar nicht erst entstanden wäre.

Die Geschichte beginnt an einem Wintermorgen in einem Haus irgendwo in den Vereinigten Staaten. Ein Junge kommt weiß im Gesicht und fröstelnd ins Elternschlafzimmer. Sein Vater schickt ihn zunächst zurück ins Bett und stellt fest, dass er erhöhte Temperatur hat und ruft den Arzt. Dieser diagnostiziert eine nicht Besorgnis erregende Grippe und 102 Grad Fieber. Im Verlauf des Vormittags kümmert sich der Vater um den Sohn und liest ihm vor. Erst als der Junge ihn wegschickt, verlässt er das Haus und verlebt einen unbeschwerten Nachmittag bei der Wachteljagd mit seinem Hund. Als er zurückkehrt, schaut er wieder nach seinem Sohn. Das Fieber ist nun auf 102 Grad gestiegen. Als der Vater dem Sohn erneut vorlesen will, ist dieser verängstigt und abwesend. Erst jetzt vertraut der Junge seinem Vater seine Sorgen an: Er hat Angst, sterben zu müssen, da er in Frankreich in der Schule gelernt hat, dass ein Mensch Fieber von 44 Grad nicht überleben könne. Endlich versteht der Vater, was in seinem Sohn vorgeht und erklärt ihm, dass ein Missverständnis vorliegt: Fieber wird in unterschiedlichen Maßeinheiten festgehalten: Während in den USA in Fahrenheit gemessen wird, misst man in Europa in Grad Celsius. Daraufhin entspannt sich der Sohn und wird rasch wieder gesund.

Die Sorge des Jungen konnte ich gut nachvollziehen, finde aber, der Junge hätte sich seinen Eltern früher anvertrauen müssen. Die Geschichte zeigt, dass es gut ist, über seine Sorgen zu sprechen, weil sie auch unbegründet sein könnten.

Stärken stärken: Eine Inhaltsangabe schreiben

Seite 36

1 Möglicher Leseeindruck: Die Geschichte irritiert, weil man zunächst die Sorge des Jungen nicht versteht. Das macht sie zugleich aber auch spannend, da sich das Missverständnis erst am Ende aufklärt.

2 a **Grippebazillen** (Z. 26): Krankheitserreger, die Grippe verursachen.
Grippeepidemie (Z. 30): stark gehäuftes Auftreten der Grippe zu einer bestimmten Zeit.

3 Wer sind die wichtigsten handelnden Figuren? Der Junge und sein Vater.
Wo befinden sich die Figuren? Der Junge liegt krank in seinem Bett. Der Vater verbringt anfangs viel Zeit mit ihm. Nachmittags jagt er Wachteln und als er zurückkommt, sieht er sofort wieder nach seinem Sohn.

4 Die dritte Aussage gibt das Thema treffend wieder: „Die Geschichte handelt von einem großen Missverständnis".

5 **Titel und Textsorte:** „Ein Tag Warten", Kurzgeschichte
Autor: Ernest Hemingway
Ort und Zeit des Geschehens: Der Ort wird nicht näher benannt, irgendwo in den Vereinigten Staaten von Amerika (Temperaturskala Fahrenheit); ein beliebiger Tag im Winter (Graupelschicht, kalter Tag)
Thema/Kernaussage: Ein Missverständnis führt zu großer Besorgnis. Hätte der Junge sich seinem Vater anvertraut, hätte er sich nicht in seine Angst hineingesteigert.

6 Möglicher Einleitungssatz:
In der Kurzgeschichte „Ein Tag Warten" von Ernest Hemingway beschreibt der Autor, wie ein an Fieber erkrankter Junge um sein Leben bangt. Erst am Ende der Geschichte stellt sich heraus,

Seite 37

7 In den Vereinigten Staaten von Amerika wird die Temperatur in einer anderen Maßeinheit gemessen als in Europa. Während man in den USA in Grad Fahrenheit misst, wird beispielsweise in Deutschland die Temperatur in Grad Celsius angegeben. Die Fiebertemperatur des Jungen liegt bei 38,5 Grad Celsius. Das entspricht ca. 102 Grad Fahrenheit. Der Junge in der Geschichte verwechselt die Temperaturskala, weil er zuvor in Europa war

8 a + b

Handlungsschritt	Mögliche Zusammenfassung
Handlungsschritt 1 (Z. 1–10)	**Kein guter Tagesanfang** Ein Junge kommt an einem Morgen weiß im Gesicht und fröstelnd ins Elternschlafzimmer. Der Vater schickt ihn zurück ins Bett.
Handlungsschritt 2 (Z. 11–16)	**Der Sohn hat Fieber** Der Junge erscheint angezogen, aber kränkelnd, woraufhin sein Vater Fieber feststellt und ihn wieder ins Bett schickt.
Handlungsschritt 3 (Z. 17–32)	**Die Diagnose des Arztes** Der Arzt kommt und diagnostiziert eine nicht weiter Besorgnis erregende Grippe. Er misst ca. 100 Grad Fieber.
Handlungsschritt 4 (Z. 33–62)	**Am Bett des Kranken** Der Vater kümmert sich um den Sohn, liest ihm vor. Der Sohn wirkt besorgt, schickt den Vater aber weg.

Handlungsschritt 5 (Z. 63–89)	Vaters unbeschwerter Nachmittag Der Vater geht aus und verbringt den Nachmittag mit seinem Hund auf der Wachteljagd.
Handlungsschritt 6 (Z. 90–119)	102 Grad Fieber Der Vater kümmert sich wieder um seinen Sohn, nennt ihm auf Rückfrage seine Fiebertemperatur (102 Grad) und will ihm erneut vorlesen. Der Junge scheint ängstlich und abwesend.
Handlungsschritt 7 (Z. 120–135)	„Wie lange dauert es noch ungefähr, bis ich sterbe?" Der Junge fragt seinen Vater, wie lange er noch zu leben hat. Er habe in der Schule in Frankreich gelernt, dass man mit 44 Grad sterben müsse.
Handlungsschritt 8 (Z. 136–150)	Das große Missverständnis und ein Happy End Der Vater versteht plötzlich die Sorgen seines Sohnes und erklärt ihm, dass ein Missverständnis besteht: unterschiedliche Maßeinheiten der Temperaturmessung in Europa und in den USA.

9 Der Wendepunkt der Geschichte liegt am Schluss (Z. 130 ff.). Der Junge spricht seine Angst, sterben zu müssen, aus. Endlich erkennt der Vater die Sorge seines Kindes und das Missverständnis, das ihr zu Grunde liegt. Er erklärt ihm die unterschiedlichen Maßeinheiten, mit denen in Europa und in den USA die Temperatur gemessen wird. Die angespannte Stimmung löst sich auf in Erleichterung. Typisch für einen Höhepunkt ist auch, dass an der Stelle ein zeitdeckendes Erzählen vorliegt: Das Geschehen wird in wörtlicher Rede, also fast in „Echtzeit" wiedergegeben.

10 „Ein Tag Warten" Auflösung erst am Schluss
spannend, man fiebert mit dem Jungen mit
Sorge des Jungen nachvollziehbar, hätte über seine Sorgen sprechen sollen

11 In der Kurzgeschichte „Ein Tag Warten" von Ernest Hemingway beschreibt der Autor, wie ein Junge im Fieber um sein Leben bangt. Erst am Ende der Geschichte stellt sich heraus, dass seine Sorge auf einem Missverständnis beruht, das durch eine offene Aussprache gar nicht erst entstanden wäre.
Die Geschichte beginnt an einem Wintermorgen in einem Haus irgendwo in den Vereinigten Staaten. Ein Junge kommt weiß im Gesicht und fröstelnd ins Elternschlafzimmer. Sein Vater schickt ihn zunächst zurück ins Bett und stellt fest, dass er erhöhte Temperatur hat und ruft den Arzt. Dieser diagnostiziert eine nicht Besorgnis erregende Grippe und 102 Grad Fieber. Im Verlauf des Vormittags kümmert sich der Vater um den Sohn und liest ihm vor. Erst als der Junge ihn wegschickt, verlässt er das Haus und verlebt einen unbeschwerten Nachmittag bei der Wachteljagd mit seinem Hund. Als er zurückkehrt, schaut er wieder nach seinem Sohn. Das Fieber ist nun auf 102 Grad gestiegen. Als der Vater dem Sohn erneut vorlesen will, ist dieser verängstigt und abwesend. Erst jetzt vertraut der Junge seinem Vater seine Sorgen an: Er hat Angst, sterben zu müssen, da er in Frankreich in der Schule gelernt hat, dass ein Mensch Fieber von 44 Grad nicht überleben könne. Endlich versteht der Vater, was in seinem Sohn vorgeht und erklärt ihm, dass ein Missverständnis vorliegt: Fieber wird in unterschiedlichen Maßeinheiten festgehalten: Während in den USA in Fahrenheit gemessen wird, misst man in Europa in Grad Celsius. Daraufhin entspannt sich der Sohn und wird rasch wieder gesund.
In der Kurzgeschichte „Ein Tag Warten" von Ernest Hemingway gerät ein 9-jähriger Junge in arge Bedrängnis, weil er nicht weiß, dass die Temperatur in Frankreich anders gemessen wird als bei ihm in den USA. Im Laufe der Geschichte zieht er sich immer mehr zurück und verrennt sich in dem Gedanken, bald sterben zu müssen. Das Missverständnis klärt sich erst, als er diese Furcht endlich ausspricht. Der Text wirkt dadurch besonders spannend und als Leser man fiebert mit dem Jungen mit. Die Sorge des Jungen konnte ich gut nachvollziehen, finde aber, der Junge hätte sich seinen Eltern früher anvertrauen müssen. Die Geschichte zeigt, dass es gut ist, über seine Sorgen zu sprechen, weil sie auch unbegründet sein könnten.

Stärken stärken: Eine Inhaltsangabe selbstständig schreiben und stilistisch überarbeiten

Seite 38

1 b In der Kurzgeschichte „Ein Tag Warten" von Ernest Hemingway beschreibt der Autor, wie ein Junge im Fieber um sein Leben bangt. Erst am Ende der Geschichte stellt sich heraus, dass seine Sorge auf einem Missverständnis beruht, das durch eine offene Aussprache gar nicht erst entstanden wäre.
Die Geschichte beginnt an einem Wintermorgen in einem Haus irgendwo in den Vereinigten Staaten. Ein Junge kommt weiß im Gesicht und fröstelnd ins Elternschlafzimmer. Sein Vater schickt ihn zunächst zurück ins Bett und stellt fest, dass er erhöhte Temperatur hat und ruft den Arzt. Dieser diagnostiziert eine nicht Besorgnis erregende Grippe und 102 Grad Fieber. Im Verlauf des Vormittags kümmert sich der Vater um den Sohn und liest ihm vor. Erst als der Junge ihn wegschickt, verlässt er das Haus und verlebt einen unbeschwerten Nachmittag bei der Wachteljagd mit seinem Hund. Als er zurückkehrt, schaut er wieder nach seinem Sohn. Das Fieber ist nun auf 102 Grad gestiegen. Als der Vater dem Sohn erneut vorlesen will, ist dieser verängstigt und abwesend. Erst jetzt vertraut der Junge seinem Vater seine Sorgen an: Er hat Angst, sterben zu müssen, da er in Frankreich in der Schule gelernt hat, dass ein Mensch Fieber von 44 Grad nicht überleben könne. Endlich versteht der Vater, was in seinem Sohn vorgeht und erklärt ihm, dass ein Missverständnis vorliegt: Fieber wird in unterschiedlichen Maßeinheiten festgehalten: Während in den USA in Fahrenheit gemessen wird, misst man in Europa in Grad Celsius. Daraufhin entspannt sich der Sohn und wird rasch wieder gesund.

●●● 2 Mögliche Verwendung der Verknüpfungen oder Satzanfänge:
A Der Junge sieht krank aus, deshalb schickt der Vater ihn zurück ins Bett – B Der Arzt sieht keinerlei Gefahr, obwohl eine kleine Grippeepidemie herrscht. – C Schließlich/Anschließend erlaubt der Junge dem Vater vorzulesen.

●●● 3 a Mögliche Wiedergabe in indirekter Rede:
Der Vater erklärt ihm, dass es wie mit Meilen und Kilometern sei, dass er nicht sterben werde.
b Mögliche Beispiele:
(Z.54): „Papa, du brauchst nicht hier bei mir zu bleiben, wenn es dir unangenehm ist." → Er sagt seinem Vater, er brauche nicht hier bei ihm zu bleiben, wenn es ihm unangenehm sei.
(Z.92): „Du darfst nicht das bekommen, was ich habe." → Er fleht seinen Vater an, er dürfe nicht das bekommen, was er hätte.
(Z.130): „In der Schule in Frankreich haben mir die Jungen erzählt, dass man mit 44 Grad nicht leben kann." → Er gesteht dem Vater, in der Schule in Frankreich hätten ihm die Jungen erzählt, dass man mit 44 Grad nicht leben könne.

●●● 4 a Mögliche Markierungen gelungener Elemente mit entsprechender Begründung:
  – „In der Kurzgeschichte ‚Ein Tag Warten' von Ernest Hemingway gerät ein 9-jähriger Junge in arge Bedrängnis!" (Z.1–2): gute Einleitung, nennt Autor, Titel und Textart
  – „... weil er nicht weiß, dass die Temperatur in Frankreich anders gemessen wird als bei ihm in den USA" (Z.2–3): für das Verständnis wichtige Kernaussage
  – „Das Missverständnis klärt sich erst, als er diese Furcht endlich ausspricht" (Z.5–6): gut und knapp zusammengefasst.
  – „Der Text wirkt dadurch unheimlich spannend" (Z.7): Gibt den persönlichen Eindruck gut wieder.
  – „Ich finde aber" (Z.8): Formulierung einer kritischen Auseinandersetzung mit dem Text
  – „Beim Lesen konnte ich die Sorge des Jungen gut nachvollziehen" (Z.11–12): Es wird ein Bezug zum eigenen Leben hergestellt, der Schüler versetzt sich in die Hauptfigur hinein.
b Mögliche Markierungen weniger gelungener Elemente mit entsprechender Begründung:
  – „verrannte sich" (Z.4): falsches Tempus, Präsens ist richtig: „verrennt sich"
  – „unheimlich" (Z.7): umgangssprachlich, besser: „sehr", „außergewöhnlich", „besonders"
  – „total beunruhigt" (Z.13): umgangssprachlich, besser: „sehr"
  – „Er hat sich nicht wohlgefühlt ..." (Z.13): falsches Tempus, richtig ist Präsens: „fühlt sich nicht wohl"; eigentlich ist der ganze Satz verzichtbar, da er nur wiederholt, was zuvor schon gesagt wurde.
  – „eine große Sorge (Z.9), „seine Sorgen" (Z.10), „die Sorge" (Z.11): Wiederholungen
  – „Um wie viel Uhr ..." (Z.14): direkte Rede muss in indirekte Rede umgeformt werden

Teste dich! Eine Kurzgeschichte zusammenfassen
Seite 39

▮ 1 In der Kurzgeschichte „Der Busfahrer" geht es um eine heimliche Verliebtheit. — 2 Punkte

▮ 2 Mögliche Inhaltsangabe: — 7 Punkte
In der Kurzgeschichte „Der Busfahrer" von Pea Fröhlich geht es um einen Busfahrer, der sich jeden Tag auf einen Fahrgast freut, eine Frau, in die er verliebt ist. Jeden Morgen fährt die Frau fünf Stationen mit dem Bus. Der Busfahrer beobachtet sie und meint, viel von ihr zu wissen. Und er hat Angst davor, dass sie eines Tages nicht einsteigen könnte, weil sie die Arbeitsstelle gewechselt hat. Trotzdem er ist zu schüchtern und traut sich nicht, die Frau anzusprechen.
Eines Tages verpasst sie es einzusteigen, weil ein anderer Mann sie küsst.
Auf mich wirkt der Text ...

Insgesamt zu erreichende Punktzahl: — 9 Punkte

Gedichte lesen und untersuchen

Stärken stärken: Ein Gedicht erschließen
Seite 40

●○○ 2 b **Thema:** auf den Dächern über der Großstadt
Situation: lyrisches Ich betrachtet pulsierendes Leben der Großstadt von oben
Stimmung im Gedicht: alles ist weit weg, genießen, frei sein

●○○ 3 Das lyrische Ich genießt die Freiheit und die grenzenlose Weite auf den Dächern hoch über der pulsierenden Stadt.

⊃○○ 4

Ich nehme mir die Zeit	a
Auf die Dächer der Stadt zu gehen	b
Dem Leben zuzusehen	b
Still zu stehen	b
Alles wirkt so klein	c
Unscheinbar entfernt und weit	a
Das Leben pulsiert hier	d
Weit weg von mir	d
Ich lehne mich zurück	e
Und genieße dieses Glück	e
Ich nehme mir die Zeit	a
Auf die Lichter der Stadt zu sehen	b
Die Dächer entlang zu gehen	b
Und still zu stehen	b
Hier fühle ich mich frei	f
Der Horizont ist grenzenlos und weit	a
Die Großstadt unter mir wie ein Lichtermeer	g

Stärken stärken: Den Aufbau eines Gedichts untersuchen

Seite 41

●●○ 3   a Die Aussagen B und C treffen zu.

b Mögliche Begründung:
Das Gedicht beschreibt eine Szene/Situation und die damit verbundenen Gefühle, Gedanken und Eindrücke. Die dargestellte Szene ist die Stadt Berlin bei Nacht. Das lyrische Ich beschreibt die Eindrücke, die die endlosen Häuserreihen, das schwindende Licht und die verebbende Unruhe auf es machen. Die Stimmung bekommt durch bestimmte sprachliche Ausdrücke („mystisch" V. 6, „Lichtgefunkel" V. 7, „heilig" V. 12, „Schicksal" V. 12) auch etwas Feierliches. Das lyrische Ich verbindet mit diesen Eindrücken ein sehr positives Gefühl: Es „liebt" (V. 1) das nächtliche Berlin.

●●○ 4   Mögliche Zusammenfassung des Themas mit eigenen Worten:
In dem Gedicht „Berlin" von Christian Morgenstern geht es um die Großstadt Berlin. Der Sprecher des Gedichts erklärt, warum er diese Stadt besonders bei Nacht so liebt. In der ersten Strophe spricht der Sprecher / das lyrische Ich die Stadt Berlin direkt an.

●●○ 5   In der zweiten und dritten Strophe spricht der Sprecher / das lyrische Ich nicht mehr ausdrücklich, auch gibt es keine direkten Anreden mehr. Dennoch ist es sicher derselbe Sprecher, der die nächtliche Stadt beschreibt.

Seite 42

●●○ 6   a Das Gedicht „Berlin" von Christian Morgenstern besteht aus drei Strophen mit je vier Versen.

b

	1. Strophe	2. Strophe	3. Strophe
Inhalt	Nachts bekommt Berlin etwas Verschwommenes, Weiches und Menschliches. Das lyrische Ich empfindet die Stadt in diesem Zustand als liebenswert.	Die Dunkelheit bei gleichzeitiger Beleuchtung der Häuser stiftet eine geheimnisvolle, aber friedliche und ruhige Stimmung in der Stadt.	Mit dem Ausgehen der letzten Lichter kommt die Stadt endgültig zur Ruhe. Der Gedanke an die Schicksale der Menschen, die dort jetzt schlafen, erzeugt eine feierliche Stimmung.
Reimform	umarmender Reim	Kreuzreim	Kreuzreim

●●○ 7   a So verwendet man „glimmen" in der Alltagssprache: schwach und ohne Flamme brennen, glühen
Im Gedicht meint „glimmen" das gedämpfte Licht, das aus den Fenstern in die Nacht dringt.

b „Gestein lebendig macht": die Straßen und Plätze beleben

Stärken stärken: Ein Gedicht untersuchen und deuten

Seite 43

●●● 2   a Merkmale der Stadt bei Nacht:
Verschwommenes (V. 2) – lebendig (V. 4) – rätselvoll (V. 5) – mystisch (V. 6) – Einheit (V. 8)
Merkmale der Stadt am Tag: (klare) Linien (V. 2) – Gestein (V. 4) – wüst (V. 5) – Vielheit (V. 8) – ungestümes Treiben (V. 11)

b Mögliche Antwort: Das lyrische Ich mag die Stadt bei Nacht viel lieber als bei Tag.
[Mögliche genauere Erklärung: Was am Tag „wüst" (V. 5) wirkt, erscheint in der Dunkelheit weniger beängstigend, wenn die Häuserreihe im Licht funkelt (vgl. V. 5–7). Die Realität des Tages geht in der Nacht in einen Traum über (vgl. V. 12) und wird so „gebändigt" (V. 11) und „heilig" (V. 12). Erst die Nacht erhebt die Stadt zu einem Bild ruhigen Friedens: „und Einheit ahnt, was sonst nur Vielheit sah" (V. 8).]

3 a Die Häuserreihen werden verglichen mit „Seelenburgen" (V. 6). Das Besondere des Vergleichsworts ist, dass es sich um eine Wortneuschöpfung (Neologismus) handelt. Mit diesem Vergleich könnte gemeint sein, dass die Häuser nachts wie Schutzmauern für die Seelen der Menschen sind, oder auch, dass die Mauern durch die Lichtreflexe selbst wie „beseelt", also lebendig (vgl. V. 4) wirken.

b Treffend ist Aussage B.

c Mögliche Erklärung der Personifikationen:
Das Mittel der Personifikation spielt in dem Gedicht „Berlin" eine besonders wichtige Rolle. Zunächst einmal wird die Stadt Berlin als Ganzes personifiziert, indem sie in der ersten Strophe direkt angesprochen wird (vgl. V.1, 3, 4). Wie einem Menschen wird ihr ein Gefühl, nämlich Liebe, entgegengebracht. Das Licht der Nacht lässt die Steine selbst lebendig werden (vgl. V. 4). In der zweiten und dritten Strophe werden die Häuserreihen personifiziert, indem sie mit den Menschen darin gleichgesetzt werden.

Teste dich! Ein Gedicht untersuchen

Seite 44

1 Treffend ist die zweite Aussage: „Man sehnt sich immer nach dem Ort, an dem man sich gerade nicht befindet." 1 Punkt

2 Mögliche Einleitung: 4 Punkte
In dem Gedicht „Sehnsucht nach dem Anderswo", das die Autorin Mascha Kaléko um 1940 geschrieben hat, geht es darum, dass Menschen sich immer nach Orten sehnen, an denen sie sich gerade nicht befinden.

3 Vollständig lautet der Lückentext wie folgt: 4 Punkte
Das Gedicht „Sehnsucht nach dem Anderswo" besteht aus zwei Strophen, mit je vier Versen. Das Reimschema in der 1. Strophe ist ein Kreuzreim (abab), die 2. Strophe weicht davon ab. Das Metrum ist unregelmäßig, nur die 2. Strophe folgt einem Jambus (xx́xx́).

4 Sprachliche Bilder sind z. B.: 2 Punkte
Vers 3: Personifikation: „pfeift Vagabundenwind" – Vers 4: Personifikation: „singt das Abenteuer" –
Vers 3: Metapher: „Vagabundenwind"

Insgesamt zu erreichende Punktzahl: 11 Punkte

Eine Dramenszene erschließen

Stärken stärken: Die Figuren kennen lernen

Seite 47

1 In den Dialogen entwickelt sich die Handlung eines Dramas.

2 Zeilen 8, 70: Stauffacher
Zeile 1: Gertrud

3 a Der Ehemann befürchtet, dass sein freies und selbstbestimmtes Leben durch den neuen Landvogt bedroht wird. Er überlegt zusammen mit seiner Frau, was er tun kann.

b Zeile 47, 60 f., 103

4 a + b

	Eigenschaften	Pläne	Gedanken und Gefühle
Stauffacher	freier, wohlhabender Bauer, fleißig, kummervoll	dem Kaiser treu bleiben, Freiheitsbrief verteidigen	will sich dem Vogt nicht unterwerfen, sondern Widerstand leisten
Gertrud	aus angesehener Familie, steht ihrem Mann bei	Stauffacher soll sich mit Gleichgesinnten beraten	Notwendigkeit zu handeln

5 Der Vogt will Stauffacher das Recht absprechen, als freier, wohlhabender Bauer ein Haus auf seinem Land zu errichten.

6 Stauffacher beschließt, sich mit Gleichgesinnten gegen die habsburgische Besatzungsmacht zu verbünden und zu kämpfen.

Stärken stärken: Die Szene untersuchen

Seite 48

1 Z. 24–46; 65–92; 103–134

2 Stauffachers Wiedersacher ist der Landvogt Geßler:
- der jüngere Sohn einer Familie, dadurch in seiner gesellschaftlichen Stellung nachrangig, kann kein Erbe erwarten, ist nur ein Ritter
- neidisch auf Stauffacher und die anderen freien Schweizer Bauern, missgönnt ihnen ihre Stellung und ihren Besitz
- geizig und gewalttätig

3 Beispiel:
So wie Stauffacher leiden auch die anderen Landleute in Schwyz sowie in Unterwalden und im Urner Land unter den Drangsalen, den Gewalttätigkeiten und dem Joch der Landvögte (Z. 96–105). Außer Geßler wird der „Landenberger" namentlich genannt (Z. 102). Stauffacher will sich in Uri an Walter Fürst und die Bannerherrn von Attinghausen wenden, die er auf seiner Seite weiß (Z. 166–172).

4 Richtig ist: der Kaiser

5 a Mögliche Markierungen: finstrer Trübsinn, Gram, Herz beklemmen, es wankt der Grund, mit kummervoller Seele, ...
b Mögliche Beschreibung:
Stimmung am Anfang der Szene: „kummervoll", bedrückt, belastendes Schweigen, bedrohliche Andeutungen, rat-/ ausweglos, resigniert, negativ
Stimmung am Ende der Szene: Aufbruchsstimmung, dynamisch, hoffnungsvoll, bewegt, ermutigt, konkrete Pläne, positiv
c Die Stimmung wandelt sich von niedergeschlagen zu hoffnungsvoll und positiv. Dieser Wandel wird durch Gertruds Gesprächsführung erreicht: Sie bringt ihren Mann zunächst dazu, mit ihr über sein/ihr Problem zu sprechen, danach ermutigt sie ihn dazu, sich dem Konflikt zu stellen und Verbündete zu suchen.

Teste dich! Eine Dramenszene erschließen

Seite 49

1 Richtig sind die Aussagen B, D und G — 3 Punkte

2 vertrauensvoll, verständnisvoll, offen — 3 Punkte

3 B Geßler – B der Landenberger – A Gertrud – A Herr Walther Fürst — 4 Punkte

4 1 Stauffacher befürchtet, dass der Besitz der Menschen (Vieh, Häuser) zerstört wird. — 3 Punkte
2 Er befürchtet, dass Kinder durch den Krieg umkommen werden.
3 Er befürchtet, dass Frauen misshandelt werden.

5 1 Die Szene dient der Einführung und Vorstellung wichtiger Figuren (vor allem Stauffacher). — 2 Punkte
2 Sie dient außerdem der Darstellung und Anbahnung des Konflikts, der die Handlung des Stückes bestimmen wird.

Insgesamt zu erreichende Punktzahl: — 15 Punkte

Was kannst du schon? – Grammatik

Seite 50

1 a Verben, Adverbien, Pronomen: — 10 Punkte
Neulich verlor Tim sein Handy. Er suchte es überall, zu Hause und in der Schule.
Tim wollte unbedingt diesen Verlust verhindern.
b Personalpronomen: er, es – Possessivpronomen: sein – Demonstrativpronomen: diesen

2 a 1 = Präsens – 2 = Futur – 3 = Plusquamperfekt – 4 = Präteritum – 5 = Präsens – 6 = Perfekt — 6 Punkte
b In Satz C steht ein Verb im Konjunktiv („einlade"). — 1 Punkt
c Mögliche Umformungen ins Passiv: — 1 Punkt
Es wurde (von ihr/Julia) hinzugefügt: „Dein Handy wurde (von mir) im Bus gefunden."
Sie fügte hinzu: „Dein Handy wurde (von mir) im Bus gefunden."

3 Eine besonders kuriose Reise machte jahrelang ein goldener Ring. — 1 Punkt

4 a A 2, 1, 5, 3 — 11 Punkte
B 5, 1, 2, 3, 5, 5, 5, 1
b Satzklammer:
Aus Versehen | hatte | sie | ihn | zusammen mit Küchenabfällen | im Kompost | entsorgt.

Seite 51

5 Nach drei Jahren | fand | ihr überraschter Ehemann | das verlorene Schmuckstück | in einer Kartoffel | wieder.   16 Punkte

Die Freude über den Ring, | eine Goldschmiedearbeit der Tochter, | war | riesengroß. (Apposition)

Keiner | hatte | jetzt noch | mit dem Fund des Ringes | gerechnet.

6 Die Sätze A, C und D sind Satzreihen, die Sätze B und E sind Satzgefüge.   5 Punkte

7 a–c **A** Mitte Mai 2013 wurde in der Darmstädter Liebigstraße ein Brief abgegeben, der 1951 in Karlsruhe   12 Punkte
losgeschickt worden war und zwischendurch irgendwie in die USA gelangt sein musste. = Relativsatz
B Da der Brief in einer Plastikhülle mit einer freundlichen Entschuldigung in englischer Sprache steckte,
war die deutsche Adresse gut lesbar. = Kausalsatz
C Allerdings musste der Postbote den Brief wieder mitnehmen, weil niemand von den heutigen Mietern
schon im Jahre 1951 dort gewohnt hatte. = Kausalsatz

Wiederholung: Die Wortarten erkennen

Stärken stärken: Nomen, Adjektive, Präpositionen

Seite 52

1 a auf – Präposition, nördlichen – Adjektiv, Bedingungen – Nomen, Süden – Nomen, unterschiedliche – Adjektiv,
durch – Präposition, Geschwindigkeit – Nomen, elektrisch – Adjektiv
b hoher (hoch) – höher – am höchsten
c Auf der nördlichen Erdhalbkugel, im Süden, über dem Horizont

2 a Artikel; der ... Erdhalbkugel, das All, der Himmel
b verschiedensten; nördlich – nördlicher – am nördlichsten, hell – heller – am hellsten
c *über* fordert den Dativ (3. Fall); *durch* fordert den Akkusativ (4. Fall)

3 a nominalisierte Adjektive, nominalisierte Verben; das Gute, das Rechnen; zum Leuchten = zu dem Leuchten
Einige Wörter werden wie Nomen gebraucht, obwohl sie Adjektive oder Verben sind. In diesem Fall sprechen wir von
Nominalisierung.
b Grundform (Positiv) – Komparativ – Superlativ
z. B. hell – heller – am hellsten, nördlich – nördlicher – am nördlichsten
c Präpositionen mit Dativ oder Akkusativ (Wechselpräpositionen): *in, auf, vor, hinter, unter, über, neben, an, zwischen*
auf: auf dem Tisch – auf den Tisch, in: in der Tasche – in die Tasche, vor: vor dem Regal – vor das Regal

Verbformen erkennen und verwenden

Stärken stärken: Die Zeitformen der Verben wiederholen

Seite 53

1 a + b **A** bestand = Präteritum − **B** erwuchsen = Präteritum − **C** geben (...) wieder = Präsens (Aussage gilt immer) −
D hatte (...) gehalten = Plusquamperfekt − **E** erwiesen = Präteritum − **F** haben (...) geachtet = Perfekt (in wörtlicher
Rede); erklärt = Präsens − **G** überliefert = Präsens; wird (...) sein = Futur

2

Infinitiv	Plusquamperfekt	Perfekt	Präteritum	Präsens	Futur
bestehen	hatte bestanden	hat bestanden	bestand	sie besteht	wird bestehen
erwachsen	waren erwachsen	sind erwachsen	erwuchsen	sie erwachsen	werden erwachsen
wiedergeben	hatten wiedergegeben	haben wiedergegeben	gaben wieder	sie geben wieder	werden wiedergeben
halten	hatte gehalten	hat gehalten	man hielt	man hält	wird halten
sich erweisen	hatten sich erwiesen	haben sich erwiesen	erwiesen sich	sie erweisen sich	werden sich erweisen
achten	hatten geachtet	haben geachtet	wir achteten	wir achten	wir werden achten
erklären	hatte erklärt	hat erklärt	erklärte	er erklärt	wird erklären
überliefern	hatte überliefert	hat überliefert	überlieferte	er überliefert	er wird überliefern
sein	war gewesen	ist gewesen	war	es ist	wird sein

Seite 54

1 sollen (...) **bleiben;** darf (...) **wählen; nutzen** möchte; kann (...) **ausleihen;** dürfen (...) **benutzt werden; abreisen** wollen; müssen (...) **bezahlen**

Seite 55

1 a (...) Unser Leben könnte (...) ablaufen. Wir kämen (...) Im Altersheim ginge es uns (...) besser, wir verlören (...) und würden uns körperlich erholen. Sobald (...) verschwände, würden (...) verlassen.

b würden (...) erholen → statt: erholten; würden (...) verlassen → statt: verließen
Die *würde*-Ersatzform wurde gewählt, weil der Konjunktiv II hier nicht vom Indikativ Präteritum zu unterscheiden ist.

2 stünden – wäre – begänne – nähmen – gäben – gefiele – erhieltest – fändest

Seite 56

1 a + b Die Initiative „für mich. für uns. für alle" vergibt jährlich Auszeichnungen für herausragendes ehrenamtliches Engagement. Im Jahr 2013 informiert sie, dass sie einen Sonderpreis „Hochwasser-Helfer" auslobe. Der Preis würdige die zahlreichen Helferinnen und Helfer in den Hochwassergebieten. Aus den 140 Vorschlägen wählt eine Jury schließlich drei Preisträger. Einen Preis erhält auch die Initiative „Passau räumt auf". Diese Hilfsaktion mittels Facebook zeige, dass eine Handvoll Studenten eine Welle der Hilfsbereitschaft auslösen könne.

2 a Eine Kleinstadt ist eingeschneit
A Die Brüder Paul und Julius berichten jubelnd, die Schule schließe eine ganze Woche.
B Die ältere Nachbarin sorgt sich, wie sie bei diesem Wetter frische Lebensmittel erhalte.
C Der Mann vom Winterdienst stöhnt, er räume jetzt Tag und Nacht Schnee fort.
D Ein Autobesitzer meldet, er finde seit Einsetzen der Schneefälle sein Auto nicht mehr.
E Die Polizei wirft Schaulustigen vor, sie behindern die Räumarbeiten.
b E Die Polizei wirft Schaulustigen vor, sie behinderten die Räumarbeiten.
E Die Polizei wirft Schaulustigen vor, sie würden die Räumarbeiten behindern.

Stärken stärken: Den Konjunktiv I richtig verwenden

Seite 57

1 a In seinem Referat erklärte Rafi, das Wort Meteor stammt aus der griechischen Sprache und bedeutet „in der Luft schwebend". Er wies auch darauf hin, dass man mit Meteor und Sternschnuppe die gleiche Himmelserscheinung bezeichnet. Mit Hilfe von Fotos legte Rafi zum Schluss dar, wie ein Meteorit durch die Erdatmosphäre abgebremst wird und die Hitze ihn aufleuchten lässt.

b In seinem Referat erklärte Rafi, das Wort Meteor stamme aus der griechischen Sprache und bedeute „in der Luft schwebend". Er wies auch darauf hin, dass man mit Meteor und Sternschnuppe die gleiche Himmelserscheinung bezeichne. Mit Hilfe von Fotos legte Rafi zum Schluss dar, wie ein Meteorit durch die Erdatmosphäre abgebremst werde und die Hitze ihn aufleuchten lasse.

2 ~~treffen~~ (träfen) – ~~bewundern~~ (würden ... bewundern) – ~~sieht~~ (sähe) – ~~wissen~~ (wüssten) – ~~sollen~~ (sollten) – ~~kann~~ (könne)

3 Passende Konjunktivformen:
(...) die Erde ~~würde~~ **bewege** sich (...) hindurch~~bewegen.~~ Dieser ~~würde~~ **bestehe** aus Staub und Gestein ~~bestehen.~~ Ein Komet ~~würde~~ **habe** diese Reste hinterlassen ~~haben.~~ (...) in die Erdatmosphäre ~~eindringen würden~~ **eindrängen,** ~~würden~~ **brächten** sie (...) ~~bringen.~~ (...) im Jahr ~~begegnen würde~~ **begegne,** ~~würde~~ **trete** (...) eine Häufung von Sternschnuppen auf~~treten.~~ Sebastian und Nils ~~würden~~ **hätten** also (...) Glück gehabt ~~haben,~~ (...) sie ~~würden~~ hätten (...) am Lagerfeuer gesessen ~~haben.~~

Teste dich! Das Verb – Modalverben, Konjunktiv I und II

Seite 58

1 Es ist verboten, ... = nicht dürfen   4 Punkte
Man ist verpflichtet ... = müssen
Es steht Ihnen frei, ... = dürfen
Es ist wünschenswert, ... = sollen

2 Indikativ, Konjunktiv I: 12 Punkte
lautet – ist – gibt an – wolle ... hinweisen – aufhalte – heben hervor – sei – zähle – habe – gibt – zugenommen habe – kann – erklärt

3 Konjunktiv I : A, B, E; Konjunktiv II: C, D.   5 Punkte

4 Richtig sind die Aussagen A, C und D, falsch ist Aussage B.   4 Punkte

Seite 59

5 Passend sind die Aussagen A, D und C in dieser Reihenfolge.   3 Punkte

6 Wenn alle Mitteleuropäer wie Zugvögel den Winter im Süden verbringen würden, z. B. in Spanien oder Afrika,   4 Punkte
benötigten sie ihre Winterkleidung nicht mehr. Städte und Dörfer, Schulen, Betriebe wären komplett
menschenleer, nachdem im Spätsommer alle ihre Abreise vorbereitet und Fahrkarten Richtung Süden gebucht hätten.

7 A Viele Wissenschaftler vertreten die Meinung, Zugvögel hätten einen Kompass im Schnabel.   4 Punkte
B Forscher der Universität Wien widersprechen, sie könnten im Schnabel keinen Orientierungssinn finden.
C Ein Biophysiker aus Illinois behauptet, er wisse, dass die Zugvögel das Magnetfeld der Erde sehen könnten.
D Vogelforscher aus dem Mittelmeerraum teilen mit, dass sie fortlaufend beobachten würden, wie klug die Vögel
ihre Höhe für die Überquerung des Meeres wählen würden.

Insgesamt zu erreichende Punktzahl: 35 Punkte

Wiederholung: Satzglieder unterscheiden

Seite 60 + 61

1 a – c A Aus Kostengründen | vermeiden | die Reisenden | Hotels oder Gasthöfe.
       Warum?   Verb   Wer?   Wen oder was?
       adv. Best. kausal   Prädikat   Subjekt   Akkusativobjekt
      B Viel lieber | übernachtet | die Familie | in gemütlichen Privatunterkünften.
       Wie?   Verb   Wer?   Wo?
       adv. Best. modal   Prädikat   Subjekt   adv. Best. lokal
      C Die Gastgeber | überlassen | Gästen | ganz zwanglos | ihre Couch.
       Wer   Verb   Wem?   Wie?   Wen oder was?
       Subjekt   Prädikat   Dativobjekt   adv. Best. modal   Akkusativobjekt

4 A Subjekt – B Prädikat – C Objekt(e) – D adverbiale Bestimmungen – E lokal – F kausal – G temporal – H modal

Stärken stärken: Texte überarbeiten mit Hilfe von Proben
Seite 62

●○○ 1 Der ~~Student~~ Florian Luxenburger studierte Kommunikationsdesign an der Fachhochschule in Trier, Bereich
~~Kommunikationsdesign~~. Für seine Diplomarbeit reiste ~~der Diplom-Student Florian Luxenburger~~ um die Welt. Von ~~der~~
~~Fachhochschule in~~ Trier aus fuhr ~~Luxenburger~~ zunächst mit dem Auto nach Istanbul. Von ~~Istanbul~~ aus ging es mit dem
Flugzeug weiter.

●○○ 1
●●○ 2 b Florian Luxenburger studierte Kommunikationsdesign an der Fachhochschule in Trier. Für seine Diplomarbeit reiste er um
die Welt. Von Trier aus fuhr er zunächst mit dem Auto nach Istanbul. Von dort ging es mit dem Flugzeug kreuz und quer
weiter nach Indien, Thailand und in viele weitere Länder.

Teste dich! – Satzglieder und Attribute
Seite 63

1 Die Begriffe A, D, G, H und I bezeichnen keine Satzglieder.   5 Punkte

2 Richtig ist Antwort B.   1 Punkt

3 a Der Flugverkehr brach auf Island in den vergangenen Jahren wegen einiger Vulkanausbrüche mehrfach zusammen.   1 Punkt
b Auf Island brach in den vergangenen Jahren der Flugverkehr wegen einiger Vulkanausbrüche mehrfach zusammen.   1 Punkt
c Antwort C ist richtig.   1 Punkt

4 Aufzählung B bestimmt die Satzglieder richtig.   2 Punkte

5 a + b Adjektivattribut, *Präpositionalattribut,* **Genitivattribut,** Bezugswort   (je 4 Punkte) 8 Punkte
     A Gelegenheiten *für Reiseerleichterungen*
     B Bahnreisende *aus dem Norden*
     C digitalen Hinweistafeln **des Hauptbahnhofs**

Insgesamt zu erreichende Punktzahl: 19 Punkte

Wiederholung: Satzreihe und Satzgefüge

Seite 64 + 65

1 A Ein junger Chinese möchte eine Urlaubsreise antreten, <u>aber</u> auf die Begleitung seiner geliebten Schildkröte will er nicht verzichten.
B Er befürchtet Probleme am Flughafen, <u>denn</u> Tiere benötigen für die Ausreise oft besondere Genehmigungen.
C Da kommt er auf eine ausgefallene Idee(,) <u>und</u> er setzt sie auch in die Tat um.

2 A (...), <u>ohne dass</u> er auf die Begleitung seiner geliebten Schildkröte verzichten will.
B (...), <u>weil</u> Tiere für die Ausreise oft besondere Genehmigungen benötigen.
C (...), <u>die</u> er auch in die Tat umsetzt.

3 a Der Mann steckte das Tier, <u>nachdem</u> er es zwischen Brotstücke gelegt hatte, in die Verpackung einer Fastfood-Kette. <u>Als das Handgepäck des Reisenden durchleuchtet wurde</u>, wunderte sich das Sicherheitspersonal am Flughafen von Guangzhou sehr. „Verdächtige Ecken" hätten aus dem angeblichen Fleischklops herausgeschaut, <u>sodass</u> die Tarnung als Burger aufflog.
b Das Komma steht im Satzgefüge immer **zwischen Hauptsatz und Nebensatz.**

4 Die Müllers <u>traten</u>, weil sie etwas Neues ausprobieren wollten, ihren ersten Urlaub in einem Landhotel auf Mallorca <u>an</u>.
Die Müllers <u>traten</u> ihren ersten Urlaub in einem Landhotel auf Mallorca <u>an</u>, weil sie etwas Neues ausprobieren wollten.

5 a Sehr geehrte Damen und Herren, <u>nachdem</u> wir in dem von Ihnen empfohlenen Landhotel <u>angekommen waren</u>, erlebten wir eine große Enttäuschung. Wir mussten schlimmstes Geschrei und Geschnatter von sechs Eseln und zahllosen Gänsen aushalten, <u>obwohl</u> wir einfach nur Ruhe <u>genießen wollten</u>. Wir fordern von Ihnen für die Urlaubsfreuden, <u>die</u> uns entgangen <u>sind</u>, eine Entschädigung. Mit verärgerten Grüßen, Fred Motz
b Wir waren in dem von Ihnen empfohlenen Landhotel <u>angekommen</u>.
Wir wollten einfach nur Ruhe <u>genießen</u>.
Urlaubsfreuden sind uns <u>entgangen</u>.

Nebensätze unterscheiden

Seite 66

1 a + b A Noch ist keineswegs sicher, <u>wer die anspruchsvollen Reisebedingungen erfüllen wird</u>. *Wer oder was* ist noch keineswegs sicher? − ... wer die anspruchsvollen Reisebedingungen erfüllen wird. → Subjektsatz
B <u>Wer diese Reise tatsächlich antritt</u>, kann lebenslang nur noch über Telefon, E-Mail oder Skype mit den Menschen auf der Erde in Kontakt treten. − *Wer oder was* kann lebenslang nur noch über Telefon, E-Mail oder Skype mit den Menschen auf der Erde in Kontakt treten? − ... wer diese Reise tatsächlich antritt. → Subjektsatz
C Der Fluglehrer Stephan G. aus Magdeburg will das erleben, <u>was noch kein Mensch erlebt hat</u>: die Reise zum Mars. *Wen oder was* will der Fluglehrer Stephan G. aus Magdeburg erleben? − ... was noch kein Mensch erlebt hat: die Reise zum Mars. → Objektsatz

2 Wer eine Reise zum Mars bucht, bekommt nur ein „One-Way-Ticket".
Stephans hartes Trainingsprogramm zeigt, wie ernst er sein Weltraumvorhaben nimmt.

Stärken stärken: Subjekt- und Objektsätze verwenden

Seite 67

1 a + b A (dass-Satz) − B Der Ballonfahrer will wissen, <u>wie das Wetter in den nächsten Tagen wird</u>. (indirekter Fragesatz: wie?) − C Verrückt ist, <u>dass kuriose Ballonformen wie die Nachbildung der Stiftskirche aus St. Gallen weiteren Anreiz bieten sollen</u>. (dass-Satz) − D Mich interessiert eher, <u>wie schnell ein Ballon fährt</u>. (indirekter Fragesatz: wie?) − E Ich bin ausgesprochen neugierig, <u>ob man die Welt von oben bei etwa 20 km/h anders wahrnimmt</u>. (indirekter Fragesatz: ob?)

Seite 68

1 A Herr Fron ist ein Reitsportfan, der seinen letzten Sommerurlaub auf einem Reiterhof verbrachte.
B Der Besitzer des Reiterhofes führte ein Reittier am Zügel, das einen Streifen-Look trug und aussah wie ein Zebra.
C Der Tierfreund Fron, der zunächst an einen Scherz glaubte, lachte lauthals auf.

2 A Der keine Miene verziehende Besitzer blieb wortkarg. − Der Besitzer, der keine Miene verzog, blieb wortkarg.
B Dann händigte ihm dieser für das Pferd eine Kopfmaske und eine Fliegendecke mit Zebrastreifen aus. − Dann händigte ihm dieser für das Pferd eine Kopfmaske und eine Fliegendecke aus, die jeweils <u>mit Zebrastreifen</u> versehen waren.
Oder: ... die beide ein Zebrastreifenmuster aufwiesen.

C Die perfekte Verwandlung zum Pseudo-Zebra hinterließ nur Kopfschütteln beim Urlauber. − Die Verwandlung zum Pseudo-Zebra, die perfekt war, hinterließ nur Kopfschütteln beim Urlauber.

D Erst am Abend las er in der in seinem Zimmer ausliegenden Pferdesportzeitung einen Artikel: „Bremsenfrei dank Zebrastreifen?" − Erst am Abend las er in der Pferdesportzeitung, die in seinem Zimmer auslag, einen Artikel: „(...)?"

3 In den Sätzen A, C und D handelt es sich um das Relativpronomen „das", welches mit einem s geschrieben wird. In Satz B gibt es einen Nebensatz, der mit der unterordnenden Konjunktion „dass" angeschlossen ist, die man mit ss schreibt.

Seite 69 + 70

1 a + b A Falls man einen Gegenstand gefunden oder verloren hat, kann man auch über das Internet ein Fundbüro kontaktieren.

B Als zusätzlicher Anreiz für die Abgabe von Fundstücken wird manchmal ein Finderlohn in Aussicht gestellt. Damit ein zusätzlicher Anreiz für die Abgabe von Fundstücken besteht, wird manchmal ein Finderlohn in Aussicht gestellt.

C Viele Reisende lassen trotz nachdrücklicher Erinnerungen durch das Zugpersonal etwas im Zug liegen. Viele Reisende lassen im Zug etwas liegen, obwohl das Zugpersonal sie nachdrücklich erinnert.

2 a + b A Herr K. aus W. konnte wegen des Vergessens seines Gebisses im Hotel einige Zeit keine feste Nahrung zu sich nehmen. − Herr K. aus W. konnte, weil er sein Gebiss im Hotel vergessen hatte, einige Zeit (...)

B Erst nach Zuschicken seines Kauwerkzeugs durch das aufmerksame Hotelmanagement konnte Herr K. wieder herzhaft zubeißen. − Erst nachdem (...) sein Kauwerkzeug zugeschickt hatte, konnte er wieder herzhaft zubeißen.

3 a + b Gemeinsam reisten sie nach Deutschland, damit Jennifer seine Heimat und seine Eltern kennen lernen konnte. *(Wozu? Zu welchem Zweck?)* − Auf einer Rundreise machten sie am Tegernsee Halt und bestiegen den Wallberg, sodass sie einen herrlichen Blick über Bayerns schönste Berge hatten. *(Mit welcher Folge?)* − Dort oben machten sie einen überraschenden Fund: einen Fotoapparat. Da sich die Sonne in der Linse der Kamera spiegelte, sprang ihnen das Fundstück ins Auge. *(Warum? Aus welchem Grund?)* − Sie nahmen die Kamera mit nach Aalen, obwohl sie diese besser in einem bayerischen Fundbüro hätten abgeben sollen. *(Trotz welcher Umstände?)*

Stärken stärken: Adverbialsätze verwenden

Seite 71

1 nachdem − Obwohl − damit − Weil − Damit − Auch wenn

2 a + b A Als sich das Musikfestival immer mehr füllte, fiel ihnen ein bestimmter Mann auf. − *Wann ...?* → Temporalsatz: als

B Sie erkannten ihn wieder, weil der Mann einen prachtvollen Lockenkopf hatte. − *Warum ...?* → Kausalsatz: weil, da

C Nachdem sie ihn angesprochen hatten, bestätigte sich ihre Vermutung. − *Wann* bestätigte sich ihre Vermutung? → Temporalsatz: nachdem

D Jenem Mann war im Winterurlaub auf dem Wallberg die Kamera entglitten, sodass sie im Tiefschnee unauffindbar verschwand. − *Mit welcher Folge* war jenem Mann im Winter die Kamera auf dem Wallberg aus der Hand gefallen? → Konsekutivsatz: sodass ...

3 a A = Konzessivsatz − B = Konditionalsatz

Teste dich! − Satzreihe und Satzgefüge

Seite 72

1 a Satzreihe = C − Satzgefüge = A, B, D   4 Punkte

b A Familie Heim hatte genug von stressigen Urlaubsreisen, bei denen sie auf Autobahnen im Stau oder   5 Punkte
auf Flughäfen in langen Schlangen stand.

B Sie hatte auch hinreichend viele schlechte Erfahrungen damit gemacht, in lauten Unterkünften zu wohnen.

C Doch nicht nur die Lautstärke machte den Familienmitgliedern zu schaffen, auch das Schlafen in fremden Betten fanden sie wenig erholsam.

D Da sie wussten, dass sie unbekannte Gerichte mit fremden Gewürzen nicht wirklich gern aßen, schreckten sie auch davor zurück.

2 a + b   (je 4 Punkte) 8 Punkte

A Weil es Erholung für unbegrenzte Zeit bietet, ist das Traumland für Familie Heim nun „Balkonien". (Adverbialsatz)

B Die Verkehrsverhältnisse erlauben es, Balkonien in weniger als 30 Sekunden zu erreichen. (Objektsatz)

C Die über der Straße schwebende Freizeitoase liegt so nah, dass selbst der kürzeste Kurzurlaub möglich ist. (Subjektsatz)

D Der neueste Trend, dem sich jeder problemlos anschließen kann, heißt Ein-Tages-Urlaub. (Relativsatz)

3

Vorfeld	linke Satzklammer	Mittelfeld	rechte Satzklammer	Nachfeld	5 Punkte
Familie Heim	hat sich	für Balkonien	entschieden,	weil sie nicht mehr über die Versorgung ihrer Haustiere im Urlaub nachdenken möchte.	

4 Wenn der Nebensatz am Anfang steht, setzt man das Komma nach der rechten Satzklammer, also nach der gebeugten Verbform des Nebensatzes.
Wenn der Nebensatz am Ende steht, setzt man das Komma vor das Einleitewort (Konjunktion, Relativpronomen).

Seite 73

5 A + d − B + c − C + b − D + a   4 Punkte

6 Am Abend werden die „Balkonier", die eine Party geplant haben, hellwach.   3 Punkte
Kerzen, deren sanftes Licht romantisch wirkt, sind am Abend die stilvollste Beleuchtung für Balkonien.
Eine besondere Ausstrahlung besitzen Lampions, die Balkonien in einen Zaubergarten verwandeln.

7 Eine Übernachtung auf Balkonien hat ihren ganz besonderen Reiz, denn Campingspaß und Abenteuerlust   4 Punkte
werden kombiniert. Wenn man etwas Wert auf Gemütlichkeit legt, sollte man auf eine Isomatte oder normale
Luftmatratze verzichten. Um sich ein bequemes Nachtlager einzurichten, stellt man besser einen Liegestuhl
mit Auflage oder ein Klappbett auf. Sofern man über eine Hängematte verfügt, kann man auch diese aufbauen.

Insgesamt zu erreichende Punktzahl: 35 Punkte

Was kannst du schon? – Rechtschreibung

Seite 74

1 jahre – wissenschaft – verbindung – bionik – beispiel – erfindung – haihaut – haie – rillen –   10 Punkte
reibungswiderstand

2 E/erkennen – A/abschauen – Ü/übertragen – G/gleiten – E/erstaunliches – K/kühlen   6 Punkte

3 Roboter sollen in Zukunft Geschirr abwaschen sowie Rasen mähen und einkaufen gehen oder Staub wischen.   2 Punkte
Auch hierfür gibt es schon tierische Vorbilder in der Familie der Insekten.

4 Falsch geschrieben sind die unterstrichenen Wörter in den Sätzen B, C und E, richtig geschrieben sind sie in A und D.   5 Punkte

Seite 75

5 geschickte – sondern – flotte – hervorgebracht – Furchenschwimmer – perfekt – Wasser –   10 Punkte
angepasst – kann – Technik

6 Wörter mit **i**: ideal – Maschine – Klima;   10 Punkte
Wörter mit **ie**: diskutieren – vielfach – Garantie
Wörter mit **ih**: ihnen – ihre;
Wörter mit **ieh**: sieht – flieht

7 a + b A ~~grüssen~~/grüßen – B ~~Fluß~~/Fluss – C ~~grossartig~~/großartig – D ~~bewußt~~/bewusst –   12 Punkte
E ~~Massregelung~~/Maßregelung – F ~~schliesslich~~/schließlich

8 Richtig ist die Schreibweise in den Sätzen A und C, falsch ist sie in B und D.   4 Punkte

Groß- und Kleinschreibung

Seite 76

1 a + b abhalten – das professionelle Herstellen – errichten – schützen – übernehmen – zum Verfeinern –
das Vermischen – das Hervorbringen – durch Ausgleichen – aufnehmen – beim Schlafen

Seite 77

2 In Klammern findest du Beispiele für die Erweiterungsprobe:
(etwas) N/nützliches – H/herstellens – B/besten – E/einsetzen – S/stochern – I/interessantesten – A/anlegen –
I/imponierendsten – G/graben – (beim) Z/zerbrechen – (beim) B/befördern – S/stärksten – (viel) V/vorteilhaftes –
Z/zügigsten

Seite 78

1 A die Stuttgarter S-Bahn – B Rottweiler Fasnet – C Institut für Deutsche Sprache – D eine englische Tageszeitung –
E Vereinigte Staaten von Amerika – F Westfälischer Frieden – G der beste französische Präsident – H Indischer Ozean

2 K/kölner – H/heidelberger – B/brandenburger – F/französischen – S/spanischen – S/schiefen – V/von –
I/italienischer – A/afrikanischen – G/große – A/amerikanischen – G/großen – W/weiße – K/kalifornische

3 Mögliche weitere mehrteilige Eigennamen:
der Hamburger Hafen – Römisch-Germanisches Museum – das Schwarze Meer – die Französische Revolution –
die Schweizer Banken – Schwarzwälder Schinken – der Ferne Osten – die Spanische Reitschule in Wien

Seite 79

1 Dienstagnachmittag, morgens, am Abend, werktags, am Wochenende, samstagnachts, morgen Mittag

Teste dich! – Groß- oder Kleinschreibung?
Seite 80

1 B Großschreibung, da vom geografischen Namen abgeleitetes Wort auf **-er**   4 Punkte
C Kleinschreibung, da von einem geografischen Namen abgeleitetes Adjektiv auf **-isch**
D Kleinschreibung, da Adjektiv im Superlativ mit „am"
E Großschreibung (außer Konjunktion), da mehrteiliger Eigenname

2 Ungewöhnliches – Betrachten – trauen – verbiegen – Untersuchen – leichtesten – geniale – erkennen   8 Punkte

3 gestern früh – morgen Abend – Sonntagabend – freitags – spätabends – samstagnachmittags –   10 Punkte
heute Morgen – übermorgen – gestern Mittag – am Montag

Insgesamt zu erreichende Punktzahl: 22 Punkte

Getrennt- und Zusammenschreibung

Seite 81

1 Verbindungen aus Nomen und Verb, Begleiter

Sätze	Frage
Bei der Zaubershow müssen wir Eintritt zahlen.	Was müssen wir zahlen? – Eintritt.
Das Eintrittzahlen übernimmt heute meine Kusine.	Was übernimmt meine Kusine? – Das Eintrittzahlen.
Dafür lade ich alle zum Eisessen ein.	Wozu lade ich euch ein? – Zum Eisessen.
Fast alle möchten auch tatsächlich Eis essen.	Was möchten fast alle? – Eis essen.
Nach so vielen Süßigkeiten müssen wir dringend unseren Durst löschen.	Was müssen wir dringend? – Unseren Durst löschen.
Nach dem Durstlöschen geht es direkt weiter zum Kettenkarussell.	Wann geht es weiter? – Nach dem Durstlöschen.

2 **Zusammenschreibung** von Nominalisierungen (mit Nomenbegleitern): (das) Achterbahnfahren, (das) Zuckerwatteessen
Getrenntschreibung: Freude machen, Geld verdienten, Interesse haben, Forschung betreiben, Termin absprechen

Seite 82

3 B ableiten lässt – C fahren lassen – D baden gehen – E einkaufen gehen – F rollen lassen – G beeindrucken wissen

4 vorbei war – vorhanden sind – vonnöten sind – möglich ist – dabei bist – offen ist – los ist

Seite 83

6 a vollständig erhalten – willkommen heißen – möglich machen – gut unterhalten
b Einige Ausstellungsstücke sind beschädigt, aber andere sind vollständig erhalten.
Sie möchten zusätzlich eine Museumsführung buchen? Das können wir möglich machen.
Unsere Ausstellungsleiterin wird sie persönlich willkommen heißen.
Wir tun alles, damit Sie sich in unserer Ausstellung gut unterhalten.

7 bereitstehen – Freiwillige können ...
sichergehen – nichts riskieren, sondern ... wollen
schwerfallen – Entscheidungen können ...
nahebringen – gute Ideen möchte man jemandem ...

8 Wir möchten Sie in unserer Luftfahrtausstellung willkommen heißen.
Über 500 große und kleine Ausstellungsstücke, die hier für Sie bereitstehen, wollen Ihnen die Geschichte der Kölner Luftfahrt
nahebringen.
Da wird es Ihnen bestimmt schwerfallen, eine Auswahl zu treffen!
Sie können sichergehen, dass Sie sich an einem Tag auf dem „Butz" gut unterhalten.

Stärken stärken: Regeln der Getrennt- und Zusammenschreibung anwenden

Seite 84

1 a + b Mögliche Sätze:
A Wenn Sie **schwarzfahren,** kann das teuer werden.
B Er ist derart unverschämt, dass ich vor Wut **rotsehe.**
C Darüber habe ich mich **schwarzgeärgert.**
D Das **Blaumachen** wird in der Schule nicht geduldet.

2 a + b Ich muss gestehen, dass ich wenig **Lust habe,** auf die Kirmes zu gehen. Das **Entchenangeln** finde ich langweilig. Beim **Glücksraddrehen** habe ich noch nie etwas gewonnen. Beim **Riesenradfahren** bekomme ich Höhenangst und nach dem **Autoscooterfahren** tun mir immer alle Knochen weh. Das Einzige, was für mich einen gewissen **Reiz hat,** ist, dass ich auf dem Kirmesplatz **Freunde treffen** und leckeren **Paradiesapfel essen** kann.

3 Die Fehlerwörter sind unterstrichen, die Verbesserungen (in Klammern) dahinter:
Besuchen (besuchen) – kennenlernen (Kennenlernen) – fahrenüben (Fahrenüben) – Einsteigen lassen (Einsteigenlassen) – kassierenlernen (kassieren lernen) – Bremsen üben (Bremsenüben) – stehenbleiben (Stehenbleiben)

Stärken stärken: Schreibentscheidungen treffen

Seite 85

1 Ich muss es gleich vorwegnehmen: Der Beiname „Museum der guten Laune" ist nicht übertrieben. Wer hier nicht laut auflachen oder zumindest in sich hineinkichern muss, ist selbst schuld.
Übersehen kann man das Museum nicht:
Schon vor der Tür lassen einige Monsterfiguren den Besucher zusammenzucken.
Hinter der Museumstür ist eine wilde Mischung zusammengekommen.
Alles darf angefasst und ausprobiert werden, nur mitnehmen darf man natürlich nichts!
Wer sich gruseln möchte, muss in den Keller hinabsteigen, wo eine Geisterbahn aufgebaut ist.

2 A voraussagen – B dazwischengehen – C zusammenschreiben – D auseinandernehmen – E hintergehen – F losrennen

Teste dich! – Getrennt- oder Zusammenschreibung?

Seite 86

1 Fehler + (Verbesserung): (je 6 Punkte) 12 Punkte
Genauergründen (Genau ergründen) [...] entstandenist (entstanden ist). [...] vor behalten (vorbehalten) war [...] zu durch stoßen (durchstoßen) [...] letztlich nach ahmen (nachahmen).

2 erfinden lassen – weiterentwickeln – Kreis drehen – Einzug halten – zugänglich gemacht – wachhalten – unterhalten – leichtfällt 8 Punkte

Insgesamt zu erreichende Punktzahl: 20 Punkte

Rechtschreibung verstehen – Regeln anwenden

Seite 87

1 l/ll: brüllen, die Pulte, sollen, bellen, die Wälder, holen
m/mm: summen, die Pumpe, der Name, flimmern, das Zimmer
t/tt: raten, die Watte, der Bote, löten, der Schlitten
n/nn: nennen, die Tonne, wenden, die Kante, weinen, kennen

2 + 3 Erste Silbe *offen*	Erste Silbe *geschlossen* Zwei *verschiedene* Konsonanten	Zwei *gleiche* Konsonanten
ho len, der Na me, ra ten, der Bo te, lö ten, wei nen	die Pul te, die Wäl der, die Pum pe, wen den, die Kan te	der Schit ten, die Ton ne, brül len, sol len, bel len, sum men, flim mern, das Zim mer, die Wat te, nen nen, ken nen
ro te, brau ne,	wel ke, Bil der,	Schrit te, Fäl le/fal len, knal len, net te, hel le

Wörter mit *h* – Wenn die erste Silbe offen ist, ...

Seite 88

1 gähnen gehen Nahrung erwähnen fahren bestehen vergehen die Röhre unzählig lehren

2 a, b, c

Wörter mit silbenöffnendem *h*	Merkwörter mit *h*
Rehe, Zehen	wahre, Zehner, Uhren, der Stahl – stählern, die Bahnen, die Jahre, die Wahlen, die Zahlen, die Mahle
Die erste Silbe ist <u>offen</u>. Das *h* gehört zur <u>zweiten</u> Silbe. Man spricht das Wort <u>mit *h*</u>.	Die erste Silbe ist <u>geschlossen</u>. Das *h* gehört zur <u>ersten</u> Silbe. Man spricht das Wort <u>ohne *h*</u>.

3 Merkwörter Ⓜ: ungefähr, Jahr, ihm, ihn, Draht\gitter, dehnte, Bahn\schwelle, Stahl\beton

ss und *ß* in einer Wortfamilie – Achte auf die erste Silbe

Seite 89

1 heißen, hissen, vermissen, pressen, gießen, fließen, beißen

2 a + b gießen – der Guss, beißen – der Biss, reißen – der Riss, fressen – der Fraß, beschließen – der Beschluss, vergessen – vergaß, müssen – muss, schließen – das Schloss, lassen – ließ, wissen – weiß, messen – maß

3 a das Gebiss, der Beißring, er beißt, er biss, die Bisswunde, er hat gebissen
  b z. B.: **essen:** er isst, er hat gegessen, er aß, das Esszimmer, das Essbesteck
  fließen: sie floss, sie ist geflossen, die Fließrichtung, der Fluss, der Abfluss
  schießen: es hat geschossen, der Schuss, die Schusswaffe, die Schießanlage

4 a A Das Wasser eines Flusses fließt nicht überall gleichmäßig schnell.
  B Ein Hund, der beißt, kann mit seinem Gebiss große Bisswunden verursachen. Deshalb sollte er immer einen Beißschutz tragen.
  C Weil der Regenguss ausblieb, muss Gustav das Beet mit der Gießkanne bewässern.

i oder *ie*? – Achte auf die Silbenzahl

Seite 90

1 Graffiti, die Emotion, die Information, das Praktikum, die Ziele, die Bionik, das Lexikon, der Optimist, der Pessimist, der Ziegenkäse, das Silizium, die Turbine

2 a + b im gleichmäßigen Schritt gehen (12) – unterbinden (8) – vortäuschen (1) – aufgeben (4) – etwas komisch nachmachen (2) – lernen (3) – Löcher in Zähnen füllen (5) – Alkohol in Speisen anzünden (6) – verkleinern (7) – versuchen (9) – absperren (10) – Bleistiftschrift beseitigen (11)

3 a Ukraine, Maschine, Kabine, Turbine, Gardine, Maschine, Apfelsine, Mandarine, Vaseline, Sultanine, Terrine, Ruine, Beduine, Lawine

4 Bei der Nachsilbe *-ine* wird die regelhafte *ie*-Schreibung bei zweisilbigen deutschen Wörtern nicht außer Kraft gesetzt, denn das *i* bei *-ine* kommt ja nicht in der ersten Silbe vor.
Die Verbindung *-ieren* muss man sich merken, weil das *ie* eben nicht in der ersten Silbe des Wortes steht.

Stärken stärken: Fremdwörter mit *ph, th, ch* und *y*

Seite 91

1 a spanische Wörter: Fisika, Coro, Fisioterapia
  b (Merkstellen Ⓜ: unterstrichen)
  die P<u>h</u>ysik, das C<u>h</u>lorophyll, die T<u>h</u>eologie, das T<u>h</u>eater, der C<u>h</u>or, die P<u>h</u>ysiotherapie, die P<u>h</u>rase, der R<u>h</u>ythmus
  c eine Wissenschaft = die Physik – Blattgrün = das Chlorophyll – Gruppe von Sängern = der Chor – Religionswissenschaft = die Theologie – Schauspielhaus = das Theater – Heilbehandlung = die Physiotherapie – leere Redensart = die Phrase – Takt, z. B. in der Musik = der Rhythmus

2 b deutsche Schreibweisen: <u>F</u>oto, Dikta<u>f</u>on, <u>F</u>antasie, Gra<u>f</u>ik, Tun<u>f</u>isch

3

Man spricht das *y* wie ein *i*.	Man spricht das *y* wie ein *ü*.
das Baby, die City, die Story, der Body, die Party	das Gymnasium, das Acrylglas, typisch, hydraulisch, die Dynamik, das Dynamit, der Dynamo, psychisch, das Symbol

4 a A In der Physikstunde ist das Thema die Leistung des Dynamos.
     B Im Theater gibt es einen Themenabend rund um das Stück „Das Phantom der Oper".

Stärken stärken: *das* oder *dass*?

Seite 92

1 b Mögliche Relativsätze: B Denn er möchte endlich ein neues Spiel herunterladen, das/welches ihm Ben empfohlen hat.
    D Fast hätte er das Fahrrad nicht bemerkt, das/welches dicht am Bus vorbeisaust.
 c A Carl findet, dass heute der Schulbus gar nicht schnell genug fahren kann.
    C Beim Aussteigen weist er Ben noch schnell drauf hin, dass sie ja morgen ins Kino gehen können.

2 A Das Spiel, das Carl neu heruntergeladen hat, lässt ihn die Zeit vergessen.
 B Ebenso gerät das Referat über Zeitmanagement, das für morgen vorzubereiten ist, aus dem Blick.
 C Als schließlich alles zu spät ist, denkt Carl sich für den nächsten Tag ein den Lehrer Märchen aus, das ihn besänftigen wird.

3 A Carl erzählt seinem Lehrer, dass das Ticken der Uhr im Lärm des neuen Spiels unterging, bis es zu spät war.
 B Der Lehrer denkt, dass Carl ihn für dumm zu halten scheint.
 C Er sagt grinsend, dass Carl mit seiner Erfindungsgabe Schriftsteller werden sollte.

Textlupe: Strategien und Regeln anwenden

Seite 93

1 a + b
Was mag wol ein „Wahl-O-Mat" sein? Villeicht ist das ein Roboter, der mit aufgeladenem Aku am Wahltag fleissig zum Wahllokal marschiert. Dort gibt er die Stimen derer ab, die nicht mehr gut zu Fuss sind oder deren Kinder lieber etwas draußen im Wald unternemen möchten. Er läuft wiselflink ständig in die Wahlkabiene, um dort für jemanden ein Kreuzchen zu machen. Sicher liese sich so der sinkenden Wahlbeteiligung entgehgenwirken. Oder es handelt sich um einen Automahten, in den mann bei der Wahl seine Wahlbenachrichtigung stecken muß? Auf seinem Dissplay würden dann alle Parteien aufleuchten, von denen eine anschliessend mit Fingerdruck ausgewält werden kann.

wohl, Vielleicht
Akku, fleißig, Stimmen
Fuß, unternehmen
wieselflink, Wahlkabine
ließe, entgegenwirken
Automaten, man
muss, Display
anschließend, ausgewählt

Teste dich! – Dein Regelwissen

Seite 94

1 Richtig sind Aussage: B, C, E, F   6 Punkte
falsch sind Aussage: A, D.

2

Doppelkonsonanten	i-/ie-Schreibung	ss-/ß-Schreibung	Fremdwörter 16 Punkte
könnten (Z. 12), Abschnitten (Z. 17), gestellt (Z. 18)	Architekten (Z. 7), viele (Z. 7), Riesenackerschachtelhalm (Z. 14), verschiedenen (Z. 16), durchziehen (Z. 21 f.), stabil (Z. 29), flexibel (Z. 29 f.)	außen (Z. 18), dessen (Z. 25)	Symbol (Z. 1), systematisch (Z. 2 f.), mathematische (Z. 6), Skyline (Z. 24)

3 a Beispiele für zweisilbige Wörter, deren erste Silbe offen ist: da her (Z. 2), bau en (Z. 3, 5), hö her (Z. 5),   5 Punkte
    Na tur (Z. 7), Grä ser (Z. 8)
 b Beispiele für Wörter, deren erste Silbe geschlossen ist: Wol kenkratzer (Z. 1), bil den (Z. 8), Hal me (Z. 8),   5 Punkte
    kön nen (Z. 10), welche (Z. 11)

Zeichensetzung

Seite 95

1 a + b A + 2 Wir gratulieren zum Erwerb Ihrer Muttersprache(,) und wir wünschen Ihnen viel Erfolg bei ihrer Verwendung!
    B + 3 Ihre Sprache ist ein hochentwickeltes und vielseitiges Medium, das Ihnen in allen Lebenssituationen nützliche Dienste leisten wird, wenn Sie es richtig einzusetzen wissen.
    C + 5 Damit Sie viel Freude daran haben, sollten Sie folgende Sicherheitshinweise unbedingt beachten:
    D + 4 Gehen Sie achtsam und überlegt mit Ihrer Sprache um, denn ein unsachgemäßer Gebrauch kann (...)
    E + 1 Für eine optimale Nutzung Ihrer Sprache raten wir Ihnen zur Anschaffung eines Wörterbuchs, das Ihnen besonders beim schriftlichen Gebrauch eine große Hilfe sein kann, und wir empfehlen Ihnen (...)
    F + 6 Den Erwerb einer Zweitsprache sollten Sie erwägen, wenn Sie grundsätzlich (...)

Stärken stärken: Das Komma bei Infinitiv- und Partizipialsätzen

Seite 96

1 a–c **A** Wenn du lange über der richtigen Schreibweise eines Wortes grübeln musst, solltest du lieber gleich in einem Wörterbuch nachschlagen. − Anstatt lange über der richtigen Schreibweise eines Wortes zu grübeln, solltest du lieber gleich in einem Wörterbuch nachschlagen.

B Allerdings musst du einige Nachschlagetechniken beherrschen, damit du gezielt suchen kannst. − Allerdings musst du einige Nachschlagetechniken beherrschen, um gezielt suchen zu können.

C Wahrscheinlich hast du schon oft in der alphabetischen Wörterliste eines Wörterbuchs nachgeschlagen, dich vorher aber nicht um die Benutzerhinweise gekümmert. − Wahrscheinlich hast du schon oft in der alphabetischen Wörterliste eines Wörterbuchs nachgeschlagen, ohne dich vorher aber um die Benutzerhinweise zu kümmern.

D Wenn man alle Abkürzungen in den Einträgen zu einem Wort verstehen will, muss man sich in der Einführung ein wenig kundig gemacht haben. − Um alle Abkürzungen in den Einträgen zu einem Wort zu verstehen, muss man sich in der Einführung ein wenig kundig gemacht haben.

E Falls du an der Kommasetzung zweifelst, bleibt dir nur übrig, dass du im Regelteil des Wörterbuchs nachschaust. − Falls du an der Kommasetzung zweifelst, bleibt dir nichts anderes übrig, als im Regelteil des Wörterbuchs nachzuschauen.

F Wenn du dir nie die Benutzerhinweise und den Regelteil in einem Wörterbuch ansiehst, findest du zu manchen Rechtschreibfragen womöglich keine Antwort. − Ohne die Benutzerhinweise und den Regelteil in einem Wörterbuch anzusehen, findest du zu manchen Rechtschreibfragen womöglich keine Antwort.

Seite 97

2 a + b In der Schule hast du die Möglichkeit, interaktive Wörterbücher zu benutzen: Die Deutschlehrkräfte sind gerne dazu bereit, dir auch die kompliziertesten Fragen zur Rechtschreibung zu beantworten. Für den Umgang mit ihnen ist es allerdings ratsam, einige Benutzerhinweise zu beachten. Warte eine günstige Gelegenheit ab, um deine Frage zu stellen. Bemühe dich darum, dein Problem möglichst klar zu formulieren. Wenn dir die angebotene Lösung nicht wirklich hilft, ist es unbedenklich, noch einmal nachzufragen. Bei orthografischen Fragen ist es eine gute Alternative, sich die Hilfe schriftlich geben zu lassen. Denke daran, dich nach erfolgreicher Hilfe freundlich bei deinem interaktiven Wörterbuch zu bedanken.

3 a **A** Klar und deutlich strukturiert(,) vermittelt dieser Ratgeber in übersichtlicher Form die wichtigsten Strategien für eine gelungene Rede.

B Ein guter Redner, die Aufmerksamkeit seines Publikums nicht überfordernd, umwirbt dieses durch die interessante und unterhaltsame Art seines Vortrags.

C Ein trockenes Thema auflockernd, kann man Zuhörer durch die Präsentation von Bildmaterial begeistern.

D Eine farblose Vortragsweise vermeidend, bewahrt man das Publikum am besten vor Langeweile.

b **A** Dieser Ratgeber ist klar und deutlich strukturiert, um in übersichtlicher Form die wichtigsten Strategien für eine gelungene Rede zu vermitteln.

B Um die Aufmerksamkeit seines Publikums nicht zu überfordern, umwirbt ein guter Redner es durch die interessante und unterhaltsame Art seines Vortrags.

C Man kann, um ein trockenes Thema aufzulockern, Zuhörer durch die Präsentation von Bildmaterial begeistern.

D Um das Publikum vor Langeweile zu bewahren, vermeidet man eine farblose Vortragsweise.

Seite 98

1 a + b Visualisierungsmedien, technische Hilfsmittel zur Unterstützung eines mündlichen Vortrags, dienen der Anschaulichkeit und der vereinfachenden Erklärung. Auf Flipcharts, meist dreibeinigen Ständern mit einem sehr großen Papierblock, können Ideen und Ergebnisse in einer Gruppenarbeit mit einem Filzstift spontan festgehalten werden. Vorbereitete Folien können mit dem Overheadprojektor, einem auch im digitalen Zeitalter noch häufig eingesetzten Medium, gut lesbar präsentiert werden. Die digitalisierte Form der Tafel, das sogenannte Whiteboard, ermöglicht es, vorgefertigte Grafiken oder Texte handschriftlich zu ergänzen und so speichern zu lassen. Das Handout, ein Zettel mit gedruckten Informationen, begleitet den Vortrag mit wichtigen Thesen und ergänzt ihn um Literaturhinweise. Plakate bieten, so besser wahrnehmbar auch aus der Ferne, großformatige Kombinationen aus Text, Bild und Grafik auf Papier oder Pappe.

2 **A** Zur Pflege der Stimme bekommt man bei Fachleuten, nämlich den Hals-Nasen-Ohrenärzten, nützliche Tipps.

B Bei angegriffenen Stimmbändern gilt Schweigen, und zwar eisernes, als das wirkungsvollste Mittel.

C Ein bewusster Umgang mit der Stimme, vor allem eine angemessene Atemtechnik, hilft, Heiserkeit zu vermeiden.

D Bestimmte chemische Stoffe, zum Beispiel Nikotin und Alkohol, greifen die Stimmbänder an.

Teste dich! – Zeichensetzung

Seite 99

1 Um Ihr *** zu bedienen, stehen Ihnen das Tastenfeld und das Display zur Verfügung. Einige Funktionen   11 Punkte
setzen voraus, dass der Netzbetreiber diese unterstützt, zum Beispiel Funktionen, bei denen Informationen
zur Rufnummer des Anrufers nötig sind. Das Display zeigt, abhängig von den aktuellen Einstellungen,

unterschiedliche Informationen an, unter anderem Datum und Uhrzeit. Über die Steuertaste haben Sie die Möglichkeit, die Funktionen des *** zu aktivieren. Anstatt direkt in den Hörer zu sprechen, können Sie auch die Freisprechfunktion nutzen. Wenn eine Nummer gespeichert ist, wird der zugehörige Name angezeigt, sofern er vorher eingegeben wurde.

2 a A Die Daten werden vom Host-Kanal, also dem die Programmliste übertragenden Fernsehsender, mehrmals   8 Punkte
täglich gesendet.
B Nach geografischen Regionen ausgerichtet, werden die Sender in der TV-Programmliste angezeigt.
C Ein Sender, der in Ihrer Region nicht registriert ist, wird selbst dann nicht in der TV-Programmliste angezeigt, wenn sein Signal empfangen wird.
D Wenn Sie die Programmliste heruntergeladen haben, müssen Sie die Daten regelmäßig abrufen, um die Programmliste zu aktualisieren.

b A + 3 − B + 2 − C + 1 − D + 4   4 Punkte

3 Die Aussagen A und B sind falsch, die Aussagen C und D sind richtig.   4 Punkte

Insgesamt zu erreichende Punktzahl: 27 Punkte

Fit für Tests

Seite 101–111

1 + 2 Aufgabe 1 C − Aufgabe 2 B   je 1 Punkt

3 a Z. 28–41 („In ihren diversen Video-Kanälen geht es den Green-Brüdern ... während Hank naturwissenschaftliche   1 Punkt
Fragestellungen beantwortet.")
b Mögliche Erklärung: Die Brüder Green wenden sich an junge Menschen, die sich für wichtige Themen   1 Punkt
wie z. B. Umwelt und Technik interessieren und weniger fürs Shoppen oder das Aussehen.

4 Mögliche Begründung: 2 Punkte
Leons Erläuterung C trifft die Textaussage. „Nerdfighters", die Fans der Brüder Green, interessieren sich für wichtige Themen aus Gebieten wie Philosophie und Naturwissenschaften. Da die Greens in ihrem Videoblog zu ehrenamtlicher Arbeit aufrufen, kann man davon ausgehen, dass ihre Fans sich entsprechend engagieren.

5–7 Aufgabe 5 D − Aufgabe 6 C − Aufgabe 7 A   je 1 Punkt

8 Richtig sind die Antworten A, C und D. − Falsch sind die Antworten B, E und F.   6 Punkte

9 Richtig ist Antwort D.   1 Punkt

10 Richtig sind die Antworten D, E und F. − Falsch sind die Antworten A, B, C und G.   7 Punkte

11 Richtig ist Antwort B.   1 Punkt

13 Richtig ist Antwort A.   1 Punkt

14 Mögliche Erklärung: „Noch viel schlimmer" hätte die Abschiedsparty aus Miles' Sicht laufen können,   1 Punkt
wenn es eine „richtige" Party mit noch mehr uninteressanten Gästen wie Marie und Will geworden wäre.

15 Richtig ist Antwort C.   1 Punkt

17 B + D = Klappentext − A + C = Rezension   4 Punkte

18 Die gesuchte falsche Antwort ist D.   1 Punkt

19 Überprüfe deinen Text und notiere dir zu jedem gelungenen Bereich die angegebene Punktzahl.
Hast du ...
− in der **Einleitung** den Titel, Autor, das Erscheinungsjahr und das Thema des Jugendromans genannt?   1 Punkt
− mindestens zwei wichtige **Aspekte des Romaninhalts** genannt, z. B. Erwachsenwerden (das Elternhaus   2 Punkte
verlassen), Suche nach Herausforderungen (das „große Vielleicht"), Rätsel des Lebens (philosophische Fragestellungen), die erste Liebe, Freundschaft zwischen außergewöhnlichen Jugendlichen?
− mindestens die beiden **Hauptfiguren** Miles (Ich-Erzähler, Einzelgänger, seine Interessen) und Alaska   2 Punkte
(außergewöhnliches Mädchen, Miles' erste Liebe, ihre Interessen) beschrieben?
− erklärt, worum es im Textauszug (Romananfang) geht (Themen: Abschiedsparty, Miles als Außenseiter,   3 Punkte
sein Verhältnis zu seinen sogenannten Freunden und zu seinen Eltern, sein Vorhaben, aufs Internat zu gehen, die Gründe für dieses Vorhaben)?
− erklärt, warum der Romanauszug zum **Weiterlesen** reizt (z. B. interessante Figur, Geschichte oder Sprache)?   2 Punkte
− **sachlich geschrieben?** Gibt es z. B. Stellen, an denen du eher umgangssprachlich erzählst oder an denen du   2 Punkte
vom Thema abschweifst oder ungenau beschreibst und erklärst? Unterstreiche solche Stellen.
− im **Präsens** formuliert?   2 Punkte
− die **Rechtschreibung** überprüft? Ist alles richtig? Hier kannst du bis zu vier Punkte anrechnen.   max. 4 Punkte
0 Fehler = 4 P., bis zu 3 Fehler = 3 P., bis zu 6 Fehler = 2 P., 7 Fehler und mehr = 0 P.

20 Überprüfe deinen Text und notiere dir zu jedem gelungenen Bereich die angegebene Punktzahl.

Hast du …
- deine **Meinung zum Roman** als Klassenlektüre formuliert? — 1 Punkt
- deine **Meinung zum Autor** John Green eingebracht (z. B. deine Position zur Darstellung realistischer Lebenssituationen in Romanen, deine Position zu einem für die Probleme Jugendlicher engagierten Autor)? — 2 Punkte
- mit mindestens zwei **Argumenten** begründet, warum der Jugendroman zum **Thema „Erwachsenwerden"** passt (z. B. Themen wie Loslösung vom Elternhaus, Suche nach Herausforderungen, Begegnung mit der ersten Liebe, Interesse an wichtigen Fragestellungen des Lebens)? — 4 Punkte
- mit mindestens einem Argument begründet, warum der Roman für deine Mitschüler/-innen von Interesse sein könnte (z. B. Interesse Jugendlicher an Fragestellungen des Lebens, Aspekte wie Freundschaft/ Außenseitertum im Umgang miteinander etc.)? — 2 Punkte
- mindestens ein **Argument** mit einem Beispiel aus den Materialien **belegt** (z. B. ein Motiv genannt)? — 2 Punkte
- deine Argumente mit **Verbindungswörtern** wie *weil, da, denn, deshalb, außerdem* etc. eingeleitet? — 3 Punkte
- die **Rechtschreibung** überprüft? Ist alles richtig? Hier kannst du bis zu vier Punkte anrechnen. — max. 4 Punkte
  0 Fehler = 4 P., bis zu 3 Fehler = 3 P., bis zu 6 Fehler = 2 P., 7 Fehler und mehr = 0 P.

21 a + b — a 10 Punkte / b 6 Punkte

Satz	1	2	3	4	5	6	7	8	9	10
Spalte links	A	C	C	C	B	B	A	C	C	C
Spalte rechts	–	E	G	D	–	–	–	D	F	E

22 Mögliche Satzgefüge: — 2 Punkte
A Bella, die in Phoenix aufwuchs, zieht in die Kleinstadt Forks.
B In Forks ist das Leben recht langweilig, denn dort geschieht meist nicht sehr viel.

23 Die verschlafene Kleinstadt Forks bekommt für Bella <u>durch</u> Edward einen ganz besonderen Zauber. — 1 Punkt

24 A = weshalb − B = dass − C = weil — (je 1 Punkt je Verbindungswort + Satz) 6 Punkte
A Bella denkt darüber nach, <u>weshalb</u> Edward an einem Ort ohne Sonne lebt.
B Sie wird bald erfahren, <u>dass</u> Edward ein Vampir ist.
C Er interessiert sich für Bella, <u>weil</u> er ihr Blut trinken will.

25 a

Vorfeld	linke Satzklammer	Mittelfeld	rechte Satzklammer	Nachfeld
Bella	kann	vor Edward nicht	fliehen,	weil sie Edward verfallen ist.

b Bella kann vor Edward nicht fliehen, (denn) sie ist ihm verfallen.

26 Bella wird (von dem Vampir) aus gefährlichen Situationen gerettet. — 1 Punkt

27 A läse − B ginge − C nähme — 3 Punkte

28 Z. 2: gut bewandert (Getrenntschreibung von Adjektiv und Verb) − Z. 3: schnellstmöglich (Zusammenschreibung: zusammengesetztes Adjektiv) − Z. 4: etwas Großes (Großschreibung: Nominalisierung von Adjektiven) − Z. 6: Klassiker (s-Schreibung) − Z. 8: blutrünstigen (Zusammenschreibung: zusammengesetztes Adjektiv) − Z. 9: Interesse (s-Schreibung) − Z. 10: im freien Sprechen (Großschreibung: Nominalisierung von Verben) — 7 Punkte

29 A Schreibungen mit *ä/äu* und *e/eu*: erzählt, ungeheure, Schrecken, dämonische − weitere Fehler: verliebt, Horrorfilme — 3 Punkte
B *s*-Schreibung: Professor, Schloss, amüsante, Spaß − weitere Fehler: Grund, alljährlichen, heute
C Schreibungen mit *h*: Fernsehserie, ihren, gefährlichen, Serie − weitere Fehler: Alltag, Jugendlicher

Bewertungsschlüssel

114−87 Punkte	86−58 Punkte	57−0 Punkte
Du liegst im guten bis sehr guten Bereich. Vielleicht siehst du dir trotzdem noch einmal die Stellen an, an denen du dich noch verbessern kannst.	**Einiges gelingt dir gut, manches musst du aber noch einmal üben.** Versuche anhand des Tests, Fehlerschwerpunkte zu entdecken, damit du gezielt wiederholen kannst.	**Du musst vieles wiederholen und noch einmal gründlich üben.** Überlege gemeinsam mit deinen Eltern oder deinem Lehrer / deiner Lehrerin, wo besondere Fehlerschwerpunkte liegen und wie du vorgehen kannst, um dich zu verbessern.

Baden-Württemberg

Deutschbuch

Differenzierende Ausgabe

Arbeitsheft

4

Arbeitstechniken

Schreiben

Texte und Medien

Grammatik

Rechtschreibung

Lernstandstest

Herausgegeben von

Christa Becker-Binder und Dorothea Fogt

Erarbeitet von

Dorothea Fogt (Mannheim)

Agnes Fulde (Gütersloh)

Andreas Glas (Stuttgart)

Christian Weißenburger (Ludwigsburg)

 Deine **interaktiven Gratis-Übungen** findest du hier:

1. Gib den unten stehenden Zugangscode in die Box ein.
2. Hab viel Spaß mit deinen Gratis-Übungen.

Dein Zugangscode auf
go.cornelsen.de | 97sfh-kgere

Inhaltsverzeichnis

Kennzeichnungen in diesem Arbeitsheft:

 1   Aufgabe

●○○   Diese Aufgaben sind eher
        leicht.

●●○   Diese Aufgaben sind schon
        etwas kniffliger.

●●●   Diese Aufgaben sind etwas
        für Profis.

Du kannst immer mit den leichteren Aufgaben
beginnen und dich bis zu den Aufgaben für Profis
durcharbeiten.

Information   Zusammenfassung des
              Grundwissens

Methode   Aufzeigen einer Vorgehens-
              weise

Г   Tipps und Arbeitshilfen

▶   Der Pfeil sagt dir, auf welcher
      Seite du etwas nachschlagen
      kannst.

Mit dem beigefügten Lösungsheft kannst du
deine Ergebnisse zu den Aufgaben und Tests selbst
überprüfen.

Ein Kurzreferat vorbereiten und halten

Methode	Ideen/Stoff für ein Kurzreferat sammeln und ordnen

Ein Kurzreferat (auch: Kurzvortrag) informiert knapp und genau über einen Sachverhalt oder eine Person. Es sollte nicht länger als **fünf bis zehn Minuten** dauern. **Sammle und ordne** zuerst deine **Ideen:**

1 Notiere, was du bereits über das Thema weißt **(Vorwissen)**.
2 Stelle **eigene Fragen** an das Thema.
Tipp: Beim Ordnen hilft dir ein **Cluster** oder eine **Mind-Map.**

Thema: Jane Goodall – Kämpferin für eine lebenswertere Welt

1 Sammle Ideen für ein Kurzreferat über die Primatenforscherin Jane Goodall, die auch als Umweltaktivistin ein Vorbild ist.
Notiere, was du bereits über sie weißt. Nutze auch Überschrift und Foto.

_____

_____

_____

_____

2 Ergänze den folgenden Cluster um zwei bis drei eigene Fragen, zu denen du im Anschluss recherchierst.

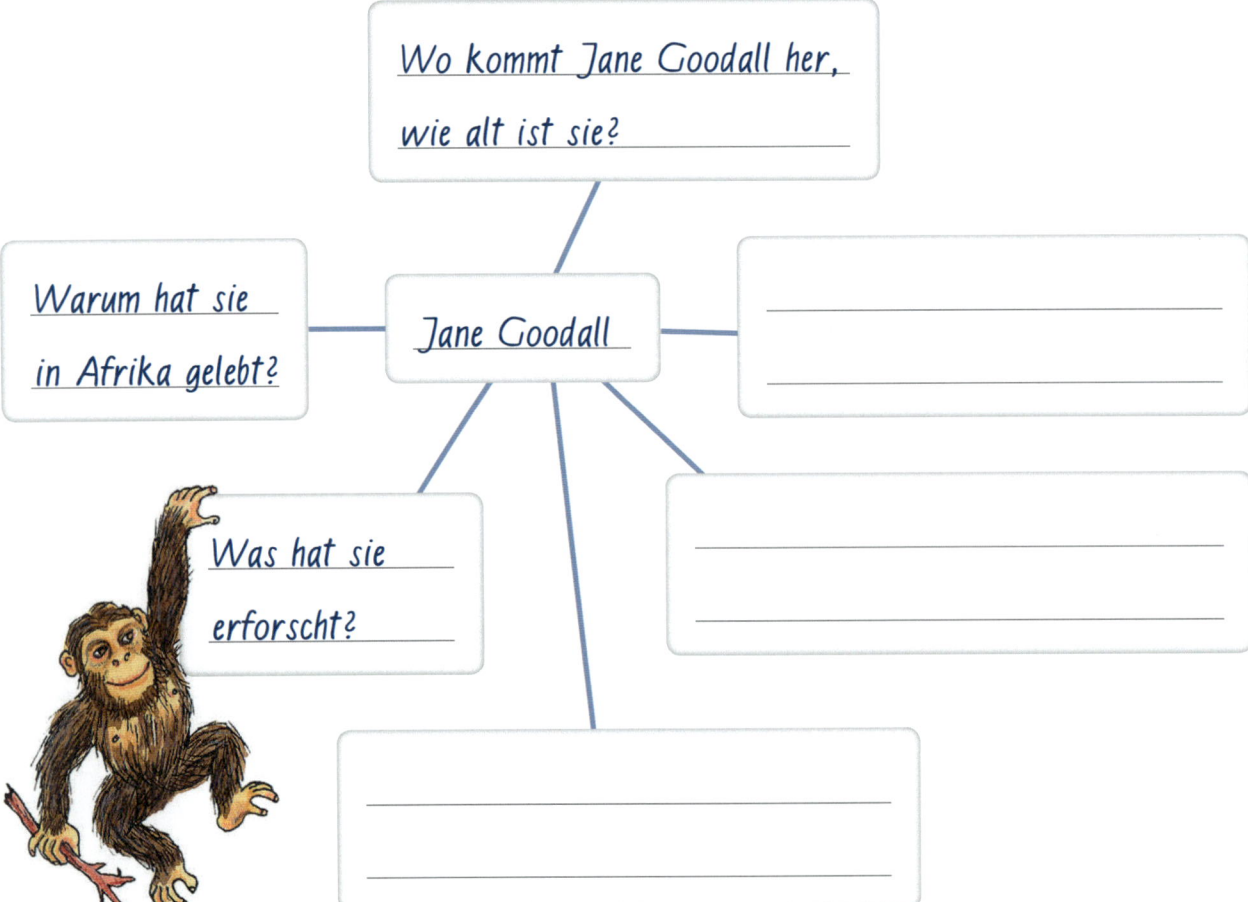

Wo kommt Jane Goodall her, wie alt ist sie?

Warum hat sie in Afrika gelebt?

Jane Goodall

Was hat sie erforscht?

Methode	Recherchieren: Informationsmaterial sammeln, beurteilen und auswerten

1 Informationsmaterial sammeln und beurteilen

Für die Recherche kannst du das Internet, Bücher oder andere Materialien nutzen. Gehe so vor:

1. Überfliege die Texte und entscheide, ob sie geeignete Informationen zum Thema enthalten oder deine Fragen beantworten. **Tipp:** Schaue bei Büchern zuerst ins Inhaltsverzeichnis oder ins Sachregister.
2. Kopiere oder drucke interessante Informationen und lege damit eine Materialsammlung an. Notiere darin auch die Quellenangaben.

2 Informationsmaterial auswerten

Die zusammengetragenen Informationen musst du auswählen und ordnen. Gehe so vor:

1. Markiere in deiner Materialsammlung die wichtigsten Informationen. Notiere am Textrand, zu welchen Fragen, Oberbegriffen oder Teilthemen die markierten Informationen gehören.
2. Überlege, welche Informationen du verwenden willst. Streiche Überflüssiges.
3. Fasse die wichtigsten Informationen – geordnet nach Oberbegriffen – zusammen.

3 a Recherchiere im Internet mit einer Suchmaschine unter dem Schlagwort „Jane Goodall". Notiere: Wie viele Einträge findest du dort? _____

b Rufe die Website www.janegoodall.de auf.

Notiere in Stichworten die Themen, zu denen die Website Informationen bereitstellt.

Aktuelles (Home), Jane Goodall Institut Deutschland (Über uns), _____

4 a Lies die folgenden drei Texte (▶ S. 5–6) und markiere darin geeignete Informationen.

b Notiere neben den markierten Stellen die Oberbegriffe, zu denen die Informationen gehören, z. B.: Leben/Auszeichnungen, Forschung, Jane Goodall Institut, aktuelle Projekte/Roots & Shoots.

Eine Affenliebe   *Interview mit Stefan Klein*

Goodall: Ich hatte ein miserables Fernglas, wir lebten in einem alten Armeezelt. Die Schimpansen blieben fern, obwohl wir Bananen ausgelegt hatten.   *Leben*

ZEITmagazin: Was änderte die Situation?

Goodall: Die Begegnung mit David Greybeard, so habe ich den Affen genannt. Eines Tages
5 nahm er die Bananen. Bald duldete er meine Nähe und führte mich zu seinen Freunden. So konnte ich beobachten, wie er mit einem Grashalm nach Termiten stocherte. Niemand hätte bis dahin für möglich gehalten, dass frei lebende Affen Werkzeuge benutzen.   *Forschung*

ZEITmagazin: „Wir müssen nun entweder neu definieren, was der Mensch ist, oder Schimpansen als Menschen anerkennen", schrieb Louis Leakey damals.

10 **Goodall:** Ja, denn der Werkzeuggebrauch galt als das, was uns von allen anderen Tieren unterscheidet. Als ich nach Cambridge zurückging, hörte ich, dass ich alles falsch gemacht hätte. Ich hätte den Schimpansen keine Namen geben dürfen. Damals gehörte es sich, dass Verhaltensforscher die Tiere durchnummerierten.

ZEITmagazin: Ihre Professoren suchten nach dem typischen Affen. Sie hingegen interes-
15 sierten sich für jedes einzelne Tier. In Ihrem ersten Buch beschrieben Sie die Schimpansen noch als Wesen voll Fürsorglichkeit, Mutterliebe und Intelligenz. Und nun stellten Sie fest, dass Sie es mit Kannibalen zu tun hatten.

Goodall: Es war ein Schock. Die erste Ahnung, wie brutal sie sein können, bekamen wir, als eine Studentin eine Schimpansenmutter beobachtete und zusehen musste, wie ein
20 Weibchen einer Nachbargruppe die Mutter angriff und ihr Baby umbrachte. Die Angreiferin sah zu, wie das Opfer an den Wunden starb; anschließend verspeiste sie das Kind. Dann kam ein vierjähriger Krieg.

Quellenangabe: www.zeit.de/2011/34/Forschung-Jane-Goodall (aufgerufen 14. 02. 2017)

Jane Goodalls Biografie

1934 Geboren am 3. April in London als ältere von zwei Schwestern. Der Vater ist Ingenieur, die Mutter Schriftstellerin. Lieblingsbücher: „Tarzan" und „Dr. Dolittle".

1952 Nach Abschluss der Secondary School Jobs als Sekretärin und Assistentin bei einer Londoner Filmfirma.

1957 Auf Einladung einer Schulfreundin erste Afrika-Reise nach Kenia. Dort Assistentin des Anthropologen[1] Louis Leakey, Direktor des Kenya National Museum.

1960 Im Wildreservat von Gombe am Tanganjika-See in Tansania beginnt sie, das Verhalten von Schimpansen zu erforschen.

1962 Mit einer Ausnahmegenehmigung (da sie nicht studiert hat) schreibt sie sich an der Universität Cambridge zur Promotion ein.

1965 Verleihung des Doktortitels.

1967 Goodall wird wissenschaftliche Leiterin des Gombe-Stream-Research-Centers.

1977 Gründung des Jane Goodall Institute for Wildlife Research, Education and Conservation (JGI), das Büros in 22 Ländern unterhält. Ziel des Jane Goodall Instituts ist der respektvolle Umgang mit Menschen, Tieren und der Natur.

1986 Auf einer Konferenz von Biologen beschließt sie, ihre Forschungen einzustellen und sich fortan als Tierschutz- und Umweltaktivistin zu betätigen.

1990 Kyoto-Preis für herausragende wissenschaftliche Leistungen.

1991 Mit Schülern gründet sie in Tansania die Aktion „Roots & Shoots" (wörtlich: Wurzeln & Sprösslinge). Mehr als 10 000 Gruppen in über 100 Ländern engagieren sich in Umwelt- und Sozialprojekten für eine bessere Welt.

1997 Global 500 Award, bis 2004 vom UNEP (United Nations Environment Program) gestifteter Umweltpreis.

2002 Generalsekretär Kofi Annan ernennt sie zur Friedensbotschafterin der UN.

2003 Prinz-von-Asturien-Preis, spanisches Pendant zum schwedischen Nobelpreis, in der Sparte Wissenschaft und technische Forschung.   *Auszeichnung*

Quellenangabe: www.janegoodall.de/janes-biografie (Auszug, aufgerufen 14.02.2017)

_____

1 Anthropologe: Wissenschaftler, der sich mit der Frage beschäftigt, was den Menschen ausmacht, z.B. in biologischer oder kultureller Hinsicht

Roots & Shoots

Jane Goodalls Roots & Shoots (deutsch: Wurzeln und Sprösslinge) ist ein globales, ökologisches und humanitäres Jugendprogramm des Jane Goodall Instituts. Ziel ist es, Jugendliche zu motivieren, mehr über die brennenden Herausforderungen in ihren Gemeinden, ihrem Lebensalltag und in ihrer konkreten Umwelt zu erfahren und nach ihren Möglichkeiten zu deren Lösung beizutragen. Kinder und Jugendliche lernen, eigene Projekte zu initiieren und durchzuführen.

Das Jane Goodall Institut möchte mit seinem „Roots & Shoots"-Programm positive Veränderungen für unsere Gesellschaft, für die Tiere und für die Umwelt herbeiführen. Mit zehntausenden Mitgliedern in fast 120 Ländern verbindet Roots & Shoots Kinder und Jugendliche aller Altersgruppen, die den gemeinsamen Wunsch haben, eine bessere Welt zu schaffen.

Quellenangabe: www.janegoodall.de/roots-shoots (Auszug, aufgerufen 14.02.2017)

5 **a** Recherchiere im Internet: Notiere, auf welchen Websites du informative Texte oder geeignete Fotos oder Grafiken gefunden hast.
b Ergänze deine Materialsammlung.

Methode   **Ein Kurzreferat gliedern ("roter Faden")**

Plane den **Aufbau:** Jedes Referat braucht einen roten Faden / eine Gliederung.
- Wecke in der **Einleitung** das Interesse deiner Zuhörer/-innen und führe in dein Thema ein, z. B. durch Bilder, treffende Zitate oder persönliche Bemerkungen. Gib einen Überblick über den Inhalt des Referats.
- Gliedere den **Hauptteil** sorgfältig. Lege für die wichtigen sachlichen Gesichtspunkte Oberbegriffe mit dazu passenden Unterpunkten fest und bringe diese in eine sinnvolle Reihenfolge. Ordne die Informationen aus deiner Materialsammlung zu und streiche Überflüssiges.
- Runde das Referat am **Schluss** ab. Du kannst z. B. wichtige Informationen zusammenfassen, eine persönliche Meinung formulieren oder einen Appell verfassen.

6 Lege die Gliederung für den Hauptteil des Kurzreferats über Jane Goodall fest:
a Bringe die folgenden Oberbegriffe in eine sinnvolle Reihenfolge, indem du sie nummerierst.
b Ergänze zu jedem Oberbegriff zwei oder mehr Unterpunkte.
c Begründe, warum die gewählte Reihenfolge sinnvoll ist.

A ☐ aktuelle Projekte / Roots & Shoots   C ☐ Leben/Auszeichnungen

B ☐ Jane Goodall Institut   D ☐ Forschung

Oberbegriff 1: _____   Oberbegriff 2: _____

Oberbegriff 3: _____   Oberbegriff 4: _____

Die gewählte Reihenfolge ist sinnvoll, weil _____

7 Die folgenden Einleitungen sind gelungen. Notiere in den Kästchen, welche Einleitung ☐1 **mit einer persönlichen Bemerkung** beginnt, welche ☐2 **mit einem Zitat** und welche ☐3 **mit einem Foto** arbeitet.

A ☐ Ich habe euch ein Foto von Jane Goodall mitgebracht, das sie bei ihrer Arbeit mit den Schimpansen zeigt. Ihr seht hier, wie nah sie den Tieren gekommen ist, um ihr Verhalten ganz genau zu erforschen.

B ☐ Vor kurzem habe ich den Film „Die Lebensreise der Jane Goodall" im Fernsehen gesehen. Goodalls Leistungen haben mich sehr beeindruckt. Besonders faszinierte mich, wie erfolgreich sie sich für Tiere und die Umwelt einsetzt.

C ☐ In einem Interview mit dem Zeitmagazin antwortet Jane Goodall auf die Frage „Wie lebt es sich als Idol?": „Ich wollte nie eine Ikone sein. Jetzt bin ich eine und muss das Beste daraus machen."

8 Verfasse eine eigene Einleitung für dein Kurzreferat über Jane Goodall. Schreibe ins Heft.

9 Formuliere für dein Referat einen Schluss, der wichtige Informationen zusammenfasst oder mit einem Appell schließt.

_____

_____

_____

_____

Methode	Frei vortragen und Präsentationstechniken nutzen

Karteikarten helfen dir, dein Kurzreferat frei vorzutragen. Du kannst sie locker in der Hand halten und als Gedächtnisstütze nutzen. Gehe so vor:

- Beschrifte die Karteikarten gut lesbar einseitig und nummeriere sie in der Reihenfolge deiner Gliederung.
- Notiere nur Stichworte. Markiere wichtige Gedanken, Zitate und Fachbegriffe in verschiedenen Farben.
- Verwende Symbole (? ! →) als Gedankenstütze.

Fotos, Bilder, Zitate oder Stichworte machen deinen Vortrag anschaulich. Diese kannst du auf unterschiedliche Weise präsentieren, z. B.: an der **Tafel** oder auf einem **Plakat,** auf einem **Handout** oder auf einer **Folie** (OHP) oder als **Power-Point-Präsentation.**

10 Bereite den mündlichen Vortrag deines Kurzreferats über Jane Goodall vor:
a Arbeite mit den Informationen von Seite 5 bis 7 die folgende Karteikarte aus.
b Lege auch für die anderen Oberbegriffe von Aufgabe 6, Seite 7, Karteikarten an.

- Notiere auf einer Karteikarte nur **Stichworte.**
- Halte fest, wo du **Anschauungsmaterial** zeigen möchtest.
- Arbeite mit **Markierungen,** damit du Wichtiges schneller findest.

Forschung ②

Arbeitsbedingungen: _____

anfangs _____

gibt den Schimpansen _____

Wichtigste Forschungsergebnisse: _____

Schimpansen verwenden wie Menschen _____

Zitat Goodall: „Werkzeuggebrauch galt als das, was uns von allen anderen

Tieren unterscheidet." → *Fotos von Affen mit Werkzeug zeigen*

Schimpansen _____

Zitat Goodall: „Das war ein Schock."

---

11 a Entscheide, wie du dein Anschauungsmaterial präsentieren möchtest. Kreuze an.

☐ Tafel ☐ Plakat ☐ Handout ☐ Folie (OHP) ☐ Power-Point-Präsentation

b Begründe deine Entscheidung.

_____ *ist besonders geeignet, weil* _____

_____

12 Bereite ein Kurzreferat zu einer weiteren berühmten Persönlichkeit vor, die du als Heldin oder als Vorbild bezeichnen würdest. Orientiere dich dabei an den Aufgaben 1 bis 11.

Eine Stellungnahme überzeugend formulieren

Einen Standpunkt vertreten

Information	Eine Stellungnahme (Argumentation) ausarbeiten

- Kläre zunächst die Streitfrage, zu der du Stellung nehmen wirst, z.B.:
  Sollen Computerspiele aus pädagogischen Gründen für Jugendliche unter 14 Jahren verboten werden?
- Wäge ab: Was spricht für, was gegen einen Standpunkt? Bilde dir eine eigene Meinung und sammle Begründungen (Argumente) und Beispiele, die sie überzeugend unterstützen.
  - **Meinung/Behauptung:** *Computerspiele dürfen keinesfalls verboten werden, ...*
  - **Begründung:** *... denn sie fördern die Intelligenz Heranwachsender.*
  - **Beispiel:** *Das Spiel „Deine Stadt" zum Beispiel vermittelt strategisches Denken und taktisches Geschick.*

1 a Lies die folgenden Blog-Beiträge eines Jugendmagazins zum Thema „Internet-Führerschein für Jugendliche unter 14 Jahren".

b Markiere in jedem Kommentar den Standpunkt schwarz, die Begründungen (Argumente) grün, die Beispiele blau.

Luna2000 (7.9. 16:47 Uhr)

Ich fände es klasse, wenn jeder einen solchen Führerschein machen müsste. Soweit ich gelesen habe, enthält er wie andere Führerscheine auch einen Theorie- und einen Praxisteil. Man erwirbt dafür auch Kenntnisse im Urheberrecht und in Sicherheitsmaßnahmen gegen Computerviren. Dann wüsste jeder endlich genau, was im Netz erlaubt ist und was nicht. Niemand könnte sich mehr herausreden, wenn er Fotos von anderen unerlaubt online stellt. Außerdem würde man etwas über Netiquette lernen, sodass die Leute höflicher miteinander umgehen würden. Das ist z.B. für Chats wichtig. Wer sich nicht an die Regeln hält, verliert dann einfach seinen Führerschein. Allerdings ... `weiterlesen`

Fred777 (7.9. 16:58 Uhr)

Eine Pflicht zum Internet-Führerschein halte ich für völlig übertrieben, weil das Internet ja nicht so gefährlich ist wie ein Auto. Wenn man vernünftig surft, gefährdet man ja niemanden anderen. Wenn ich etwa einen Virus auf meinem Computer habe, ist das nur mein Problem ... `weiterlesen`

Xerx (7.9. 17:13 Uhr)

Für mich wäre ein Internet-Führerschein sehr sinnvoll. Zum Beispiel würde ich dann nicht mehr so viel Zeit mit sinnlosem Herumsurfen verschwenden. Denn man müsste für den Führerschein lernen, wie man im Internet gezielt recherchiert. Außerdem wüsste man dann genau, welchen Websites und Informationen man vertrauen kann. Ein weiteres wichtiges Argument ist, dass ... `weiterlesen`

Sol99 (7.9. 17:20 Uhr)

Der Medienforscher Prof. Perke rät von einem verpflichtenden Internet-Führerschein ab. Er hat herausgefunden, dass Kinder sehr motiviert sind, Medienkompetenz von sich aus zu erwerben. Ein wichtiger Einwand gegen einen Internet-Führerschein ist also, dass er Jugendlichen den Spaß am selbstständigen Entdecken im Netz verderben könnte. Meiner Meinung nach ist ein verpflichtender Führerschein deshalb nicht zu empfehlen. Ich kann zwar verstehen, dass ... `weiterlesen`

---

2 a Formuliere die Streitfrage, auf die sich die Blog-Kommentare beziehen.

b Was ist deine Meinung zum Thema „Internet-Führerschein"? Notiere deinen Standpunkt in dein Heft.

Stärken stärken: In einem Blog-Beitrag begründet Stellung nehmen

Information	In einem Blog-Beitrag Stellung nehmen

- Nenne in deinem Blog-Beitrag den Anlass oder die Absicht deiner Stellungnahme, z. B.:
  Im Blog wird eine Diskussion geführt, zu der ich mich äußern möchte.
- Leite dann zu deinem Kommentar über, also zu deiner kritischen Stellungnahme zu diesem aktuellen Thema. Hier kannst du die Diskussionsfrage nennen oder kurz deinen Standpunkt darlegen.

●○○ **1** Bereite einen eigenen Blog-Beitrag vor: Sammle Ideen für Begründungen, die deine Meinung unterstützen, und ergänze die folgende Mindmap.

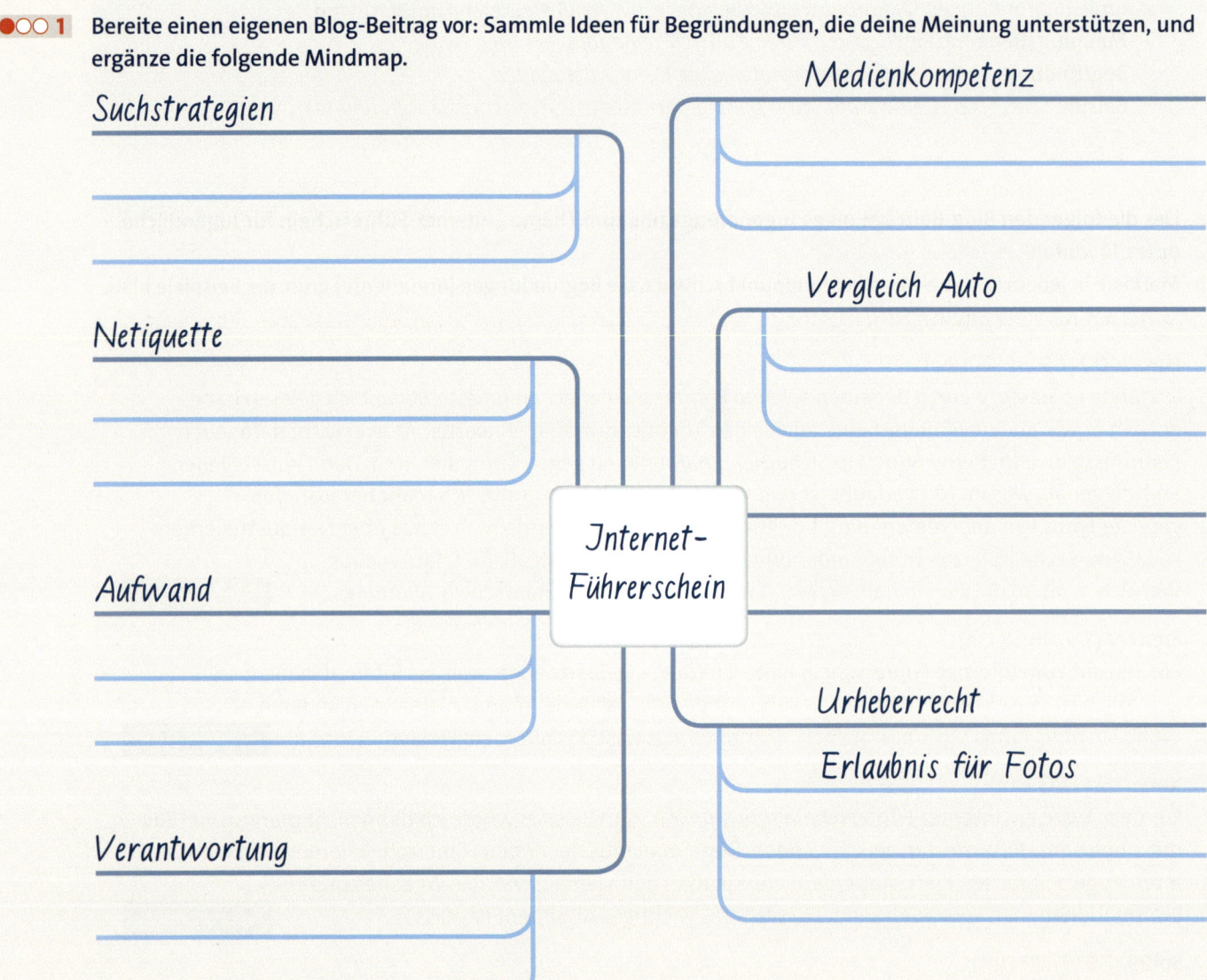

●○○ **2** Formuliere den Anlass oder die Absicht für deinen Blog-Beitrag als eine Art Einleitung für deinen Kommentar. Wie kannst du Interesse für deinen Beitrag wecken?

●○○ **3** Schreibe deinen Blog-Beitrag in Form eines Kommentars in dein Heft. Begründe deinen Standpunkt und nenne jeweils Beispiele dafür. Greife auf deine Mindmap aus Aufgabe 1 zurück.

Verknüpfe deine Begründungen und Beispiele sprachlich, z. B.: *Ein wichtiges Argument ist für mich ..., dies zeigt sich daran, dass ...*

Stärken stärken: Die Stellungnahme schriftlich ausformulieren

Information   **Zu einer Streitfrage schriftlich Stellung nehmen**

- Führe in der **Einleitung** in das Thema ein: Nenne z. B. den Anlass oder die Absicht deiner Stellungnahme oder wecke Interesse für das Thema, z. B.: *Mit Interesse habe ich ...*
- **Leite dann zum Hauptteil über,** indem du die Diskussionsfrage nennst oder kurz deinen Standpunkt darlegst, z. B.: *Es lohnt sich, einmal darüber nachzudenken, ob ...*
- Im **Hauptteil** begründest du deine Meinung. Nenne mindestens zwei Argumente (Begründungen) mit Beispielen, die die Argumente unterstützen.
- Bekräftige zum **Schluss** noch einmal deinen Standpunkt oder formuliere einen Vorschlag.

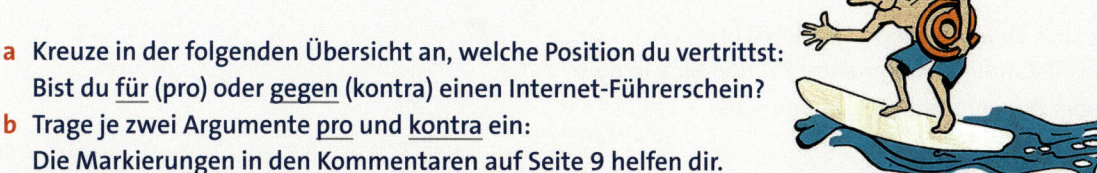

1   **a**   Kreuze in der folgenden Übersicht an, welche Position du vertrittst:
Bist du <u>für</u> (pro) oder <u>gegen</u> (kontra) einen Internet-Führerschein?

     b   Trage je zwei Argumente <u>pro</u> und <u>kontra</u> ein:
Die Markierungen in den Kommentaren auf Seite 9 helfen dir.
Schreibe mit eigenen Worten.

Pro: Ich bin für einen Internet-Führerschein	Kontra: Ich bin gegen einen Internet-Führerschein

2   **a**   Gib für jedes der folgenden Beispiele an, ob es ein Pro- oder ein Kontra-Argument belegen könnte.

           A   Meine Geschwister und ich wissen schon jetzt viel besser über das Internet Bescheid als unsere Eltern.

           B   Unser Schuladministrator warnte uns: Wir sollten nicht private E-Mail-Adressen ins Netz stellen, um nicht serienweise unerwünschte Mails und Werbung zu bekommen.

           C   Meine Mutter fragt mich alle zwei Minuten, was ich im Netz tue.
Sie wäre endlich beruhigt.

           D   Ich habe gelesen, dass ein Vater überraschend ein Schreiben von einem Rechtsanwalt bekam, weil sein Sohn ein Video mit fremder Musik unterlegt und hochgeladen hatte.

     b   Kreuze an, welche Art von Beispielen bei Aufgabe 2 a verwendet wurde.

    A   ☐   eigene Erfahrung   **C**   ☐   nachvollziehbare Erläuterung, warum etwas sinnvoll ist oder nicht

    B   ☐   ein Beleg aus der Zeitung   **D**   ☐   ein Zitat von einer Expertin / einem Experten

3   **a**   Schreibe nun deine Stellungnahme ins Heft. Nutze dazu die Ergebnisse der Aufgaben 1 und 2.
     b   Formuliere zur Unterstützung deiner Position ein weiteres Argument mit einem Beispiel.
     c   Greife zum Schluss in zwei bis drei Sätzen deinen in der Einleitung formulierten Standpunkt wieder auf und schließe mit einem Vorschlag für die Zukunft.

Stärken stärken: Überzeugend argumentieren, Gegenargumente entkräften

Information	Argumente ordnen, auf Gegenargumente eingehen

- **Ordne deine Argumente sinnvoll.** Es kann entweder das erste oder das letzte Argument, das du nennst, besonders überzeugend sein, z. B.: *Besonders wichtig ist ...; Es gibt noch ein wichtigeres Argument ...*
- Deine Argumentation wirkt noch überzeugender, wenn du ein **Gegenargument** nennst und dieses **entkräftest** oder widerlegst, z. B.: *Es ist zwar nachvollziehbar, wenn ... → Aber ich möchte dagegen halten, dass ... Sicherlich kann man einwenden, dass ... → Dennoch denke ich, dass ...*

●●● 1 Nimm Stellung zum Thema „Internet-Führerschein".
Schreibe einen vollständigen Kommentar für den Blog in dein
Heft. Nenne dabei zwei Argumente mit Beispielen.

> Einleitung mit Überleitung zum
> Hauptteil
> Meinung
> Begründung/Argument 1
> Beispiel 1
> Begründung/Argument 2
> Beispiel 2
> Schluss

●●● 2 Überarbeite deine Stellungnahme.
Beachte dabei besonders folgende Gesichtspunkte:
- Absätze zwischen Einleitung, Hauptteil und Schluss
- Überleitung zum Hauptteil
- Verknüpfung der Argumente/Beispiele
- sinnvolle Reihenfolge der Argumente

●●● 3 **a** Die folgenden Argumente sind pro Internet-Führerschein.
Leite jedes Mal über zum Gegenargument, indem du
eine der nebenstehenden Verknüpfungen anwendest.

> Deine Argumentation wirkt noch
> überzeugender, wenn du ein
> **Gegenargument nennst und** dieses
> **entkräftest** oder widerlegst, z. B.:
> *Es ist zwar nachvollziehbar, wenn ... /*
> *Ich kann nachvollziehen, dass ... → Aber*
> *ich möchte dagegenhalten, dass ...;*
> *Sicherlich kann man einwenden,*
> *dass ... → Dennoch denke ich, ...;*
> *Auch wenn ... → So ...;*
> *Obwohl ... → Dennoch ...*

A Ein Internet-Führerschein verspricht einen verantwortungsvollen Umgang mit Daten. → Viele würden sich trotz Führerschein nicht an Regeln halten.

_____

_____

_____

B Ein Internet-Führerschein kann sinnvoll sein. → Jeder, der die Führerscheinprüfung nicht besteht, wäre aus
seinem Freundeskreis ausgeschlossen.

_____

_____

C Viele Eltern sind besorgt, wenn ihre Kinder unbeaufsichtigt im Internet surfen. → Diese Sorge ist unbegründet,
denn in den meisten Schulen lernen Kinder und Jugendliche, sich im Internet sicher zu bewegen.

_____

_____

b Ergänze deinen Kommentar aus Aufgabe 1, indem du Gegenargumente aufgreifst.

Teste dich!

Eine Stellungnahme überzeugend formulieren

1 Ist eine Altersbeschränkung in sozialen Netzwerken sinnvoll?

a Prüfe die folgenden Aussagen zu dieser Frage dahingehend, ob es sich dabei um eine Behauptung (Bh), eine Begründung / ein Argument (Bg) oder ein Beispiel (Bsp) handelt. (9 P.)

b Ordne jedem Argument ein Beispiel zu. Verbinde dazu die Kästchen entsprechend. (4 P.)

Ist eine Altersbeschränkung in sozialen Netzwerken sinnvoll?

1 | *Bh* | Gefahren durch die Teilnahme in sozialen Netzwerken bestehen in jedem Alter.

2 | | Cybermobbing lässt sich auch durch eine Altersgrenze in sozialen Netzwerken nicht vermeiden.

3 | | Jugendliche umgehen die Altersgrenze dadurch, dass sie sich älter machen, als sie sind.

4 | | Altersangaben sind nicht überprüfbar.

5 | | Auch Kinder unter 14 sollten die Möglichkeit haben, in sozialen Netzwerken Freunde zu treffen.

6 | | Sinnvoller als eine Altersbegrenzung ist Aufklärung über Risiken und Gefahren in sozialen Netzwerken.

7 | | Bei einem Umzug können Kinder und Jugendliche Kontakte zu Freunden pflegen.

8 | | Eine Altersbeschränkung in sozialen Netzwerken ist nicht sinnvoll.

9 | | Mobbing ist über WhatsApp genauso gut möglich wie über soziale Netzwerke.

2 Verknüpfe im folgenden Lückentext die Begründungen/Argumente sinnvoll.
Setze dann den passenden Buchstaben aus dem Kasten rechts in den Text ein (4 P.)

[ ] ist, dass eine Altersbegrenzung in sozialen Netzwerken bereits existiert, diese aber in der Praxis nichts bringt, [ ] Jugendliche umgehen diese, indem sie sich älter machen als sie sind. [ ], dass Cybermobbing auch durch eine Altersgrenze nicht vermeidbar ist. [ ] Mobbing auch über WhatsApp möglich ist.

Verknüpfungen

A denn • B Dies zeigt sich darin, dass •
C Ein Argument, das dagegen spricht, •
D Außerdem sollte man bedenken, dass

3 Schreibe eine Stellungnahme zum Thema „Altersbegrenzung in sozialen Netzwerken".
Prüfe deinen Text mit Hilfe der folgenden Checkliste und mit dem Lösungsvorschlag im Beileger. (5 P.)

Checkliste ✔

Fit für eine Stellungnahme? 😊 ☹

- **Führst du ins Thema ein** und nennst Anlass oder Absicht der Stellungnahme?
- Formulierst du die **These (Behauptung)** klar und leitest zum Hauptteil über?
- Bekräftigst du **Argumente** durch **Beispiele/Belege** und **verknüpfst** sie miteinander?
- Bekräftigst du zum **Schluss** deinen Standpunkt und formulierst eine Forderung?

Vergleiche deine Ergebnisse mit dem Lösungsheft. Für jede richtige Angabe erhältst du einen Punkt.

😊 22–18 Punkte	😐 17–10 Punkte	☹ 9–0 Punkte
Gut gemacht!	Gar nicht schlecht, aber lies dir die Merkkästen auf den Seiten 9 bis 12 noch einmal genau durch.	Arbeite die Seiten 9 bis 12 noch einmal sorgfältig durch.

Beschreiben

Einen Vorgang beschreiben

1   Bei Autorennen der Formel 1 werden während des Rennens die Reifen gewechselt.
Die folgenden Bilder zeigen die Arbeitsschritte bei einem Boxenstopp. Schau sie genau an:
Das Foto zeigt die Gesamtsituation, die Illustrationen den Wechsel eines einzelnen Reifens.

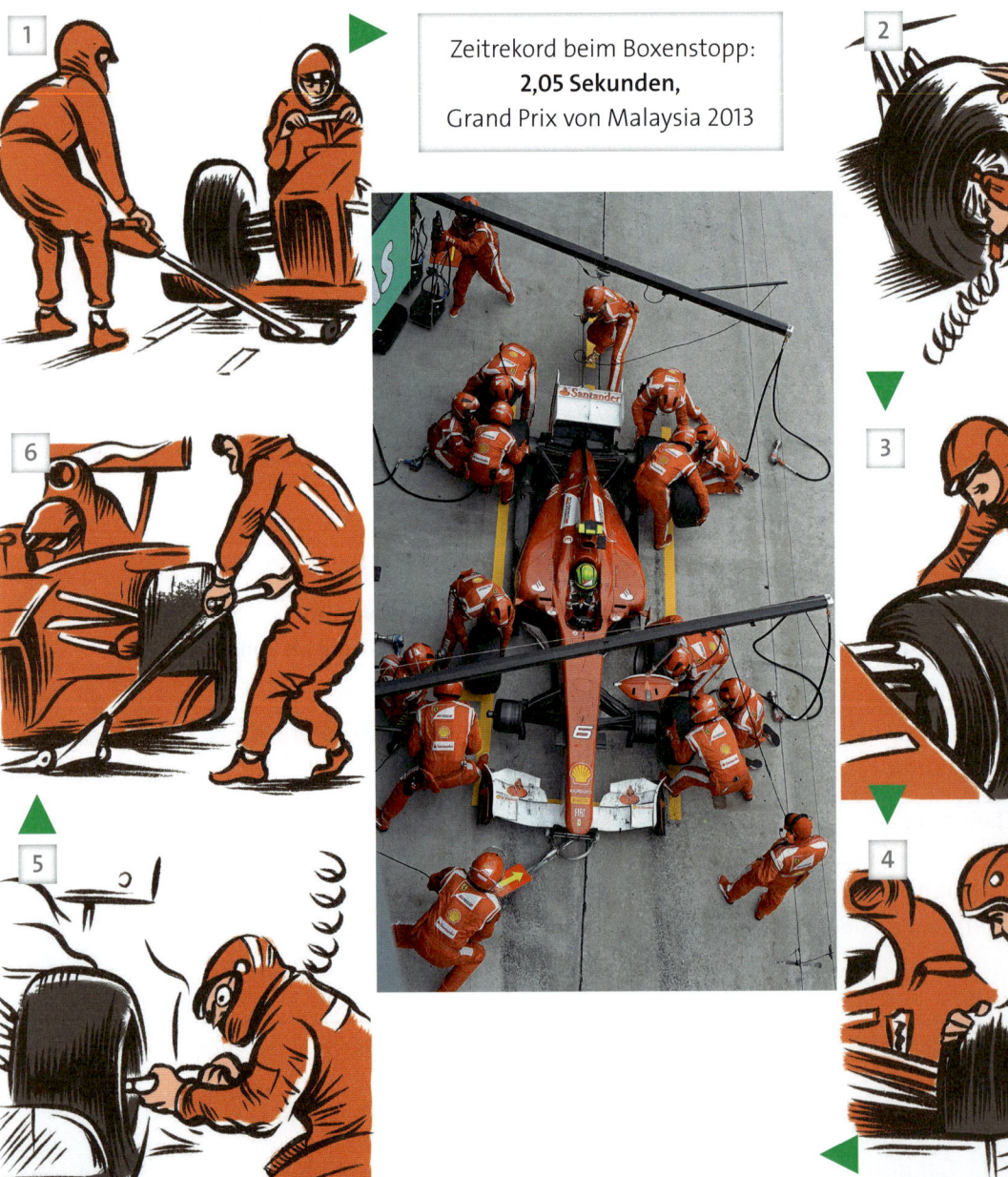

Zeitrekord beim Boxenstopp:
2,05 Sekunden,
Grand Prix von Malaysia 2013

Stärken stärken: Einen Arbeitsablauf genau wiedergeben

Information **Arbeitsabläufe beschreiben**

In einer Vorgangsbeschreibung beschreibst du einen Arbeitsablauf oder Vorgang so genau und verständlich, dass andere ihn leicht verstehen und ausführen können.

●○○ **1** **Notiere in Stichworten, was beim Wechsel eines Reifens zu tun ist und welche Materialien dafür benötigt werden. Beachte auch die Gesamtsituation, die das Foto zeigt.**

(1) zwei Mechaniker (einer vorn, einer hinten), feuerfeste Schutzkleidung,

_____

_____

(2) je Reifen ein Team von drei Mechanikern:

_____

_____

(3) zweiter Mechaniker, Reifen abnehmen

_____

_____

_____

(4) _____

_____

_____

(5) _____

_____

_____

(6) _____

_____

_____

Wortspeicher

feuerfeste Schutzkleidung • Wagenheber • Radmutter • Druckluft-Schlagschrauber •
Reifen • Mechaniker • Druckluftschläuche • Bug und Heck (des Rennwagens)

●○○ **2** Verfasse eine <u>Einleitung</u>, die auf die Vorbereitungen für den Boxenstopp eingeht. Das Zitat eines Mechanikers gibt dir die wichtigen Informationen.

„Na, bevors losgeht, müssen alle halt ihr Werkzeug bereithalten. Das wird kurz vorm Rennen nochmal gecheckt. Vor einem Boxenstopp gibt unser Chef ein Zeichen, dass wir alle auf unsere Plätze müssen: Es ist extrem genau geregelt, wo jeder steht. Dann kommt plötzlich das Signal und das Auto fährt ein. Jeder Handgriff ist im Team tausendmal geprobt …"

_____

_____

_____

_____

_____

_____

_____

_____

_____

●○○ **3** Formuliere im Heft einen <u>Schluss</u>. Berücksichtige dabei vor allem die Aspekte „gute Vorbereitung/Training/ Teamarbeit". Du kannst den ersten Satz fortsetzen und auf den Wortspeicher zurückgreifen.

Wortspeicher

intensives Training • Handgriffe üben • am rechten Ort • ohne Nachdenken • eingespieltes Team • Werkzeuge • rechtzeitig • reibungslos …

Ein sekundenschneller Reifenwechsel während eines Boxenstopps kann aber nur dann problemlos ablaufen, wenn …

●○○ **4** Beim Boxenstopp kommt es auf Bruchteile von Sekunden an, die Abfolge muss präzise stimmen. Notiere sechs passende Wörter in dein Heft, die die Reihenfolge der einzelnen Arbeitsschritte deutlich machen, z. B.: _zu Beginn, …_

Mache die Reihenfolge der einzelnen Arbeitsschritte deutlich, z. B.: _zuerst, dann, …_

●○○ **5 a** Schreibe eine Vorgangsbeschreibung zu den Arbeitsschritten bei einem Boxenstopp. Gehe hierzu die einzelnen Schritte noch einmal durch und nummeriere sie.
   b Formuliere dann im Heft. Nutze deine Vorarbeiten aus den Aufgaben 1–4.

| ☐ Festschrauben der Reifen | ☐ neue Reifen aufsetzen | ☐ alte Reifen lösen |
| ☐ Abnehmen der alten Reifen | ☐ Anheben des Wagens | ☐ Absetzen des Wagens |

Stärken stärken: Mit Fachbegriffen einen Vorgang beschreiben

Information Fachbegriffe verwenden

Um einen Vorgang sprachlich genau zu beschreiben, solltest du Fachbegriffe verwenden.
Erkläre auch die Fachbegriffe, indem du:

- eine **Definition** gibst, z. B.: *Die Boxengasse ist ein Straßenstück neben der Start- und Zielgeraden.*
- **Beispiele** anführst, z. B.: *In der Boxengasse befinden sich Garagen der verschiedenen Rennställe, z. B.: McLaren, Ferrari.*
- die **Funktion** beschreibst, z. B.: *Neue Reifen liegen vor dem Wechsel unter Thermodecken, die die Reifen schon auf Betriebstemperatur bringen sollen.*

1 Notiere neben den einzelnen Illustrationen in Stichworten, was beim Wechsel eines Reifens zu tun ist und welche Materialien dafür benötigt werden. Beachte auch die Gesamtsituation, die das Foto (▶ S. 14) zeigt.

1 *zwei Mechaniker (einer vorn, einer hinten), feuerfeste Schutzkleidung,*

2 *je Reifen ein Team von drei Mechanikern:*

3 *zweiter Mechaniker, Reifen abnehmen*

4 _____

5 _____

6 _____

Wortspeicher

feuerfeste Schutzkleidung • Wagenheber • Radmutter • Druckluft-Schlagschrauber •
Reifen • Mechaniker • Druckluftschläuche • Bug und Heck (des Rennwagens)

2 a Erkläre auf Seite 18 die Fachbegriffe mit den im <u>Informationskasten</u> vorgeschlagenen Möglichkeiten.

Druckluft (veraltet auch: Pressluft), in einem besonderen Gerät (Kompressor) verdichtete Luft, Verwendung z. B. als Energieträger (Antrieb von Druckluftwerkzeugen), zur Signalübertragung, als Atemgas oder zur Kühlung.

Galgenbaum, aufrechte Säule mit einem am oberen Ende rechtwinklig angebrachten Balken, Verwendung z. B. in Werkstätten, um Schläuche zu bündeln und vom Boden fernzuhalten.

Schutzkleidung, Arbeitskleidung, ggf. feuerfest, umfasst (je nach Umfeld) z. B.: Stiefel, Overall, Helm, Brille und/oder Handschuhe.

(Beispiel): Als Arbeitskleidung tragen Mechaniker

(Definition): Druckluft ist

(Funktion): Unter einem Galgenbaum versteht man

b Formuliere im Heft für den Hauptteil die Beschreibung der beiden ersten Arbeitsschritte.

● ● ○ **3** Schreibe einen Einleitungssatz in dein Heft, in dem du den Arbeitsablauf benennst und notwendige Vorbereitungen beschreibst, z. B.:

Damit ein Boxenstopp reibungslos erledigt werden kann, muss alles bereits vor Beginn des Rennens perfekt vorbereitet sein. Das Werkzeug

● ● ○ **4** Formuliere im Heft einen Schluss. Greife dafür einen der folgenden weiterführenden Hinweise auf:
- Teamarbeit,
- gute Vorbereitung/Training,
- Qualität des verwendeten Materials.

● ● ○ **5** Schreibe eine Vorgangsbeschreibung zu den Arbeitsschritten bei einem Boxenstopp. Gehe hierzu die einzelnen Schritte noch einmal durch und nummeriere sie. Formuliere dann im Heft. Nutze deine Vorarbeiten aus den Aufgaben 1–4.

Mache die Reihenfolge der einzelnen Arbeitsschritte deutlich, z. B.: _zuerst, dann, ..._

☐ Festschrauben der Reifen

☐ neue Reifen aufsetzen

☐ Abnehmen der alten Reifen

☐ Anheben des Wagens

☐ Absetzen des Wagens

☐ alte Reifen lösen

Stärken stärken: Eine Vorgangsbeschreibung anschaulich und abwechslungsreich formulieren

●●● **1** Notiere zu den einzelnen Illustrationen auf Seite 14 in Stichworten, was beim Wechsel eines Reifens zu tun ist und welche Materialien dafür benötigt werden. Beachte auch die Gesamtsituation, die das Foto zeigt.

●●● **2** Erkläre die Fachbegriffe auf Seite 17 mit den im Tipp vorgeschlagenen Möglichkeiten.
Ziehe die Worterklärungen auf Seite 17 hinzu.

> Einen **Fachbegriff** kannst du klären, indem du:
> - eine **Definition** gibst, z. B.: *Die Boxengasse ist ein Straßenstück neben der Start- und Zielgeraden.*
> - **Beispiele** anführst, z. B.: *In der Boxengasse befinden sich Garagen der verschiedenen Rennställe, z. B: McLaren, Ferrari.*
> - die **Funktion** beschreibst, z. B.: *Thermodecken sollen die Reifen auf Betriebstemperatur bringen.*

(Beispiel): Als Arbeitskleidung tragen

Mechaniker _____

_____

_____

(Definition): Druckluft ist _____

_____

(Funktion): Unter einem Galgenbaum versteht man _____

_____

_____

●●● **3** **a** Die folgenden Sätze beschreiben die Arbeitsschritte 3 und 4. Wandle Aktivsätze ins Passiv um und umgekehrt. Schreibe die veränderten Sätze in dein Heft.
b Beschreibe auch die Arbeitsschritte 5 und 6 im Heft. Achte auf passende Wörter für die Reihenfolge.

> Formuliere **abwechslungsreich,** indem du zwischen Aktiv und Passiv wechselst.

An jedem Reifen wird sofort von einem weiteren Mechaniker eingegriffen. Er nimmt den nun losen Reifen ab. Anschließend wird der neue Reifen von einem dritten Mechaniker blitzschnell in die richtige Position gerollt. Sobald er die Nabe erreicht, setzt der Mechaniker den Reifen darauf.

●●● **4** Schreibe eine Vorgangsbeschreibung zu den Tätigkeiten kurz vor dem Start eines Formel-1-Rennens. Sortiere hierzu zuerst die einzelnen Schritte, indem du sie nummerierst. Formuliere dann im Heft.

A ☐ mentales Training: Puls senken und ganz auf Start konzentrieren

B ☐ Helm aufsetzen

C ☐ auf Startsignal warten

D ☐ feuerfeste Funktionskleidung anziehen

E ☐ Einführungsrunde: Bremse auf Temperatur bringen

F ☐ Kupplungscheck am Ende der Boxengasse durchführen

G ☐ einsteigen

H ☐ Einführungsrunde: Schlangenlinien fahren, um Reifen warmzuhalten

I ☐ Lenkrad aufsetzen

Teste dich!

Einen Arbeitsablauf beschreiben

1 Die Skizzen unten zeigen, wie ein Fahrradreifen geflickt wird.
Bringe die Arbeitsschritte in die richtige Reihenfolge. (8 P.)

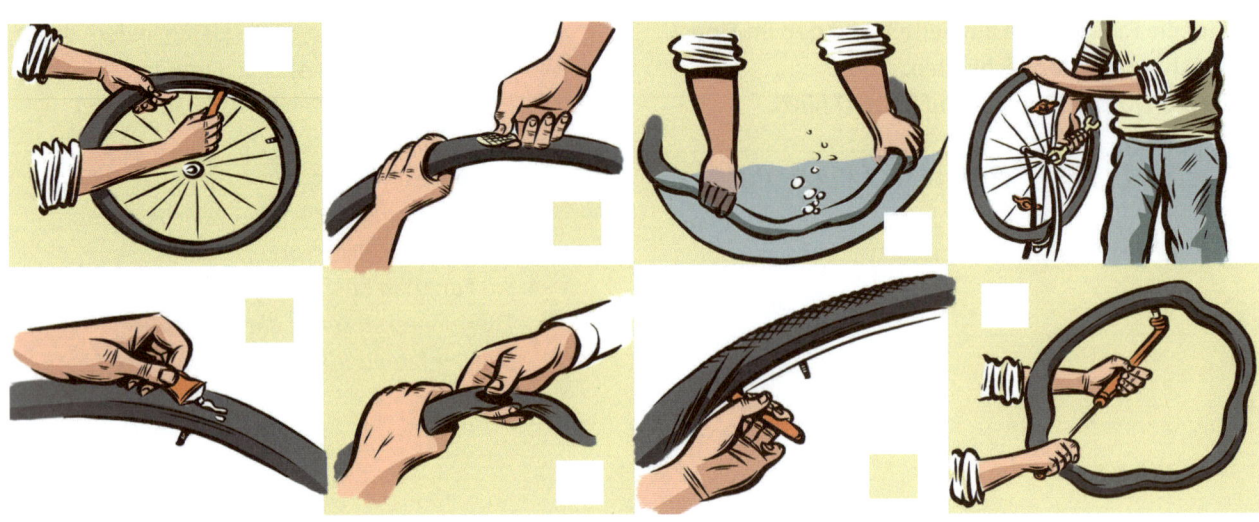

2 Schreibe die Vorgangsbeschreibung in dein Heft.
- **a** Ordne zunächst die Stichworte der entsprechenden Skizze zu. (4 P.)
- **b** Formuliere ganze Sätze in der richtigen Reihenfolge. Schreibe in dein Heft. (8 P.)
- **c** Prüfe anhand der Checkliste, ob du alles richtig gemacht hast.

Fahrrad auf Sattel stellen, Radmuttern mit Schraubenschlüssel lösen

Mantel mit geflicktem Schlauch auf Felge heben

Schlauch ins Wasser tauchen (Luftblasen)

abgetrockneten Schlauch rund ums Loch mit Sandpapier abschmirgeln

Gummikleber ums Loch streichen

Gummiflicken auf Loch drücken

Rad auf Boden legen, mit Montierhebel Mantelrand abheben

Schlauch mit Luftpumpe aufpumpen

Checkliste ✔

Fit fürs Beschreiben eines Vorgangs? ☺ ☹

- Benennst du in der **Einleitung** notwendige Materialien und Werkzeuge?
- Beschreibst du im **Hauptteil** den Arbeitsablauf **Schritt für Schritt?**
- Machst du die Reihenfolge der Arbeitsschritte durch **Konjunktionen** *(zuerst, danach)* deutlich?
- Verwendest du **Fachbegriffe?**
- Hältst du die richtige **Reihenfolge** ein?
- Schreibst du im **Präsens?**
- Gibst du am **Schluss** einen weiterführenden Tipp?

Vergleiche deine Ergebnisse mit dem Lösungsheft. Für jede richtige Antwort erhältst du einen Punkt.

☺ 20–15 Punkte	☺ 14–8 Punkte	☹ 7–0 Punkte
Gut gemacht!	Gar nicht schlecht, aber lies dir die Merkkästen auf den Seiten 17 bis 18 noch einmal genau durch.	Arbeite die Seiten 17 bis 19 noch einmal sorgfältig durch.

Berichte schreiben und überarbeiten

Einen Tagesbericht lesen und prüfen

Information	Schreibplan für eine Vorgangsbeschreibung

Ein Tagesbericht ist ein Bestandteil einer Praktikumsmappe. Er informiert **sachlich** und in **zeitlich richtiger Reihenfolge** über die Tätigkeiten, die ein Praktikant an einem Praktikumstag ausgeführt hat.
Ein Tagesbericht wird im **Präteritum** verfasst und beantwortet die **W-Fragen:**
Was geschah nacheinander? Wann? Wie? Wo? Wer war beteiligt?
- Fasse im Einleitungssatz knapp zusammen, welche **Arbeitsschwerpunkte** der beschriebene Tag hatte.
- Verwende **Fachbegriffe** und erkläre diese, wenn nötig.
- Wechsle die **Satzanfänge** ab und verdeutliche die Abfolge der Ereignisse (z. B.: *zuerst, anschließend*).
- Verbinde Sätze durch treffende **Verknüpfungswörter** (z. B.: *weil, obwohl*).

1 a Lies den nachfolgenden Tagesbericht, den Jan von seinem Praktikum bei einem Tierarzt gemacht hat.
   b Markiere im Text die Arbeitsschwerpunkte des Tages.
   c Welche Stellen im Text findest du noch nicht so gelungen? Unterstreiche sie mit einer Wellenlinie.

Tagesbericht für Montag, den 5. Mai 20…

Auf dem ersten Hof habe ich gemeinsam mit dem Tierarzt mit einem Mikroskop die Kotprobe eines Pferdes auf Würmer untersucht und ihm bei der Impfung von drei anderen Pferden zugesehen. Dann machte der Tierarzt einem Pferd einen neuen Verband. Ich hielt das Tier währenddessen am Halfter fest.
5 Das war voll toll, weil ich es während der Behandlung gut beruhigen konnte. Als Nächstes mussten auf einem anderen Hof drei Kühe mit einem Antibiotikum behandelt werden, da sie eine Infektion hatten. Ich durfte mit einem Stethoskop Lunge und Herz abchecken und der Tierarzt erklärte mir, dass die Tiere eine krass hohe Herz- und Atemfrequenz hatten. Auf dem letzten Hof musste der
10 Tierarzt total süßen Schafen Blut abnehmen. Ich habe für ihn die Blutprobenröhrchen mit den Ohrmarkennummern beschriftet, damit man später weiß, welches Blut zu welchem Schaf gehört.
Am Nachmittag wurden in der Praxis mehrere Kleintiere behandelt. Ich durfte bei einer Operation zusehen, in der einer Hündin ein Tumor entfernt wurde.
15 Sie wurde in die Narkose gelegt und weiträumig rasiert und desinfiziert. Ihr wurde ein Tubus in die Luftröhre geschoben und sie wurde an das Inhalationsnarkosegerät angeschlossen. Der Tumor wurde herausgeschnitten, die Blutgefäße abgebunden und die Haut wieder zugenäht. Nach der OP putzte ich den Behandlungsraum. Ich zog Handschuhe an, reinigte die Instrumente, indem
20 ich sie zunächst in Wasser, dann in ein Desinfektionsbad und schließlich in einen Dampfsterilisator legte. Ich schnitt für den nächsten Tag Tücher für den Instrumententisch zu.
Danach durfte ich dem Tierarzt noch bei weiteren kleineren Behandlungen zusehen. Dazu gehörte das Impfen von drei Katzenbabys. Sie sollen keine
25 lebensbedrohlichen Krankheiten bekommen. Außerdem versorgte er kleinere Wunden bei einem Meerschweinchen und kastrierte einen Kater. Ich redete vor der Narkose beruhigend auf ihn ein. Er war trotzdem ängstlich. Als Letztes hat der Tierarzt noch die Besitzerin eines Hundes beraten. Er war übergewichtig.

untersuchte

legte an

Stärken stärken: Einen Tagesbericht überarbeiten

● ○ ○ 1   Der Text von Jan hat noch keine Einleitung.
Schreibe die Einleitung: Fasse die Arbeitsschwerpunkte des Tages zusammen.

Heute lernte ich am Vormittag ...

und am Nachmittag ...

● ○ ○ 2   Berichtige den ersten Absatz (▶ Zeilen 1–12).
   a Jan hat einige Male das Perfekt verwendet. Unterstreiche diese Verben
und notiere die Personalform im Präteritum in der Randspalte.
   b Markiere Textstellen, die umgangssprachlich formuliert sind,
und schreibe passende sachliche Formulierungen an den Rand.

● ○ ○ 3   Was muss Jan im zweiten Absatz (▶ Z. 13–22) verbessern?
Kreuze an.

   A ☐   Es wird das falsche Tempus verwendet.

   B ☐   In dem Absatz wird zu viel Umgangssprache verwendet.

   C ☐   Die Reihenfolge der Ereignisse wird nicht deutlich gemacht.

   D ☐   Die Sätze sind nicht durch treffende Verknüpfungswörter
verbunden.

● ○ ○ 4   **a** Verbinde die folgenden Sätze aus dem letzten Absatz (▶ Z. 23–29) durch passende Verknüpfungswörter.
   b Umkreise in deinen Sätzen die Verknüpfungswörter.

   A Dazu gehörte das Impfen von drei Katzenbabys. Sie sollen keine lebensbedrohlichen Krankheiten bekommen.

   B Als Letztes beriet der Tierarzt noch die Besitzerin eines Hundes. Er war übergewichtig.

● ○ ○ 5   Überlege, welche Fachbegriffe man genauer erklären sollte.
Umkreise zwei Fachbegriffe im Text und notiere am Rand, was sie
bedeuten.

● ○ ○ 6   Überarbeite den gesamten Tagesbericht und schreibe den verbesserten
Text in dein Heft.
Nutze dafür deine Vorarbeiten aus den Aufgaben 1 bis 5.

Stärken stärken: Einen Bericht schreiben

Stelle dir vor, du machst ein Praktikum in einer Kletterhalle, in der die Trendsportart „Bouldern" ausgeübt werden kann. Du sollst mit Hilfe der folgenden Stichworte einen Tagesbericht für deine Praktikumsmappe schreiben.

Ein Praktikumstag in der Boulderhalle

☐ alte Lagerhalle, Hip-Hop erklingt	☐ Getränke verkaufen, Müll beseitigen
☐ Trendsportart Bouldern = Klettern ohne Berge	☐ Kreide für die Hände bereitstellen
☐ Hallenboden mit Matten ausgelegt	☐ schon am Vormittag viele Besucher
☐ Kletterhalle besichtigen	☐ die Anfängerroute ausprobiert
☐ Ausdauer, Kraft und Technik benötigen	☐ dynamisch bewegen: seitlich springen, schwingen
☐ maximale Kletterhöhe: 4,50 Meter – kein hohes Risiko	☐ Umkleideräume, Matten reinigen
☐ Kletterschuhe nach Größen sortieren und in Regale stellen	☐ Routen = Rätsel lösen oder Aufgaben bewältigen
☐ auf Sicherheit achten	☐ manche allein, manche in der Gruppe
☐ kein Seil, kein Gurt	☐ sich mit anderen über Lösungen austauschen
☐ Kletterrouten mit verschiedenen Schwierigkeitsgraden: erkennbar an verschiedenen Farben	☐ Besucher begrüßen und einweisen, Regeln erklären

●●○ **1** Ordne die Stichworte den folgenden Oberbegriffen zu.
Schreibe vor jedes Stichwort die passende Nummer 1, 2 oder 3.

  1 Informationen zum Sport

  2 Beobachtungen in der Halle

  3 Aufgaben für den Praktikanten oder die Praktikantin

●●○ **2** Was geschah nacheinander? Was musste im Laufe des Tages getan werden?

Bringe die Tätigkeiten und Aufgaben **3** in eine sinnvolle zeitliche Reihenfolge:

zuerst, am Vormittag, am Nachmittag, zum Schluss

_____

_____

●○○ **3** **a** Lies noch einmal die Information auf Seite 21 oben.
  b Schreibe einen Tagesbericht über den Praktikumstag in der Boulderhalle in dein Heft.
  Verwende dabei das Präteritum.

Stärken stärken: Einen Zeitungsbericht schreiben

Absicht und **Aufgabe** eines Zeitungsberichts ist es, über Ereignisse und Vorgänge zuverlässig zu informieren.

- **Inhalt:** Der Zeitungsbericht gibt Antwort auf die **W-Fragen.** Er kann Informationen enthalten, die über das berichtete Ereignis hinausgehen, aber für das Verständnis wichtig sind.
- **Aufbau:** Der Zeitungsbericht nennt das **Wichtigste am Anfang.** Danach folgt er dem Ablauf der Ereignisse.
- **Schreibstil:** Er ist **sachlich** geschrieben, enthält genaue Beschreibungen (treffende Adjektive), aber keine Gefühle und Wertungen. Zitate werden nur verwendet, wenn der Wortlaut wichtig ist.
- **Tempus:** Der Bericht steht im **Präteritum.** Wird etwas erwähnt, das noch vor dem hauptsächlich dargestellten Ereignis lag, wird das Plusquamperfekt verwendet.

Jan Schmidt

Die fliegende Intensivstation

Bremen. Plötzlich ein schriller Ton: Alarm! Andreas Neulinger blickt auf seinen Pieper. „Kind nicht ansprechbar, Fieber, Bremen-Huchting". Noch während er liest, begibt sich der Notarzt zum Rettungshub-
5 schrauber. Er geht zügig, setzt sich nebenbei einen Helm auf. Dicht hinter ihm läuft Jochen Bokemeyer, Rettungsassistent. Vom Krankenhaus sind es nur wenige Meter. Rüdiger Engler, der Pilot, hat schon den Motor angelassen.
10 Unter den rasselnden Rotorblättern klettern die Ärzte in die Kabine. Sie ziehen ihre Sicherheitsgurte fest – dann hebt „Christoph 6" ab. „Christoph 6" ist einer von zwei Rettungshubschraubern für den Großraum Bremen. Seine Besatzung startet täglich vom „Klinikum Links
15 der Weser" zu etwa fünf Einsätzen.
Es dröhnt, es wackelt. Binnen Sekunden schwebt der Helikopter in 150 Metern Höhe. Rüdiger Engler kontrolliert die Instrumente, Jochen Bokemeyer funkt neben ihm mit der Polizei. Ein Treffpunkt wird vereinbart
20 – wie so oft bei Einsätzen in Wohngebieten. Wegen der dichten Besiedelung wäre eine Landung vor Ort zu riskant, deshalb steuert Engler Sportplätze, Grünanlagen

oder ähnliche Plätze in der Nähe an. Von dort fährt eine Polizeistreife die Ärzte zur Wohnung des Patienten.
25 „Sicher am Boden", meldet Engler. „Ihr könnt raus!" Die beiden Ärzte greifen nach ihren Arztkoffern, drücken gegen die Tür und springen auf den Rasen. In kurzer Entfernung wartet ein Polizeiauto. Sie zwängen sich auf die Rückbank, sofort gibt der Beamte Gas.
30 Reifen quietschen. Blaulicht, Sirene …
Obwohl der Helikopter einer fliegenden Intensivstation gleicht, transportiert er nur selten Patienten. Bei fast allen Einsätzen von „Christoph 6" fordert die Rettungsleitstelle gleichzeitig einen Krankenwagen an, der die
35 Patienten ins nächste Krankenhaus transportieren kann. Rüdiger Engler nimmt deshalb auf dem Rückflug meist nur den Notarzt und den Assistenten wieder mit an Bord. Quasi per Lufttaxi geht es zum Einsatzort und damit sind die fliegenden Notärzte schneller bei
40 den Patienten als die Rettungsärzte am Boden. Richtig spektakuläre Notfälle, wie man sie beispielsweise aus dem Fernsehen kennt, gibt es eher selten.

Quelle: Kreiszeitung

••• 1 Bei dem Text „Die fliegende Intensivstation" handelt es sich um eine Reportage (also einen Erlebnisbericht), die besonders anschaulich und lebendig über ein Ereignis informiert.
- **a** Lies die Information oben zu den Merkmalen eines Zeitungsberichts.
- **b** Mache dir Notizen in dein Heft, was die Reportage von einem Zeitungsbericht unterscheidet, z. B.:

Schon im ersten Abschnitt ist man mitten in einem spannenden Geschehen, das eine Notsituation schildert.

••• 2 Formuliere die Reportage in einen Zeitungsbericht um.
- **a** Untersuche zunächst, welche Informationen du dem Text entnehmen kannst. Halte z. B. in Stichworten die Antworten auf die W-Fragen fest.
- **b** Berücksichtige beim Schreiben den Aufbau und den Schreibstil, den ein Zeitungsbericht verlangt.

Teste dich!

Einen Bericht schreiben

1
a Lies noch einmal die Information auf Seite 21.
b Wähle ein Thema für einen Bericht aus:
Du kannst über einen Praktikumstag berichten.
Du kannst über einen Frühjahrsputz oder einen Gartenarbeitstag mit deiner Familie oder deiner Klasse berichten.
Du kannst aber auch über einen anderen besonderen Tag in deinem Leben berichten.
c Mache dir zunächst Notizen, sammle Material und ordne deine Stichworte.
d Schreibe deinen Bericht in dein Heft. Überarbeite ihn mit Hilfe der Checkliste.

Checkliste ✔

Fit fürs Berichten?	😊	😕	Punkte
▪ Informiert der Bericht sachlich?			2
▪ Informiert der Bericht in zeitlich richtiger Reihenfolge?			2
▪ Wird über verschiedene Tätigkeiten und Geschehnisse berichtet?			5
▪ Fasst die Einleitung die Schwerpunkte des Tages knapp zusammen?			2
▪ Ist der Bericht im Präteritum formuliert?			2
▪ Werden die W-Fragen beantwortet?			5
▪ Werden passende Fachwörter verwendet?			2
▪ Werden abwechslungsreiche Satzanfänge verwendet?			2
▪ Werden passende Verknüpfungswörter verwendet?			2
▪ Sind die Rechtschreibung und die Zeichensetzung korrekt?			2

Vergleiche deine Ergebnisse mit den Beispielen im Lösungsheft.
Für jeden vollständig bearbeiteten Checkpunkt erhältst du die angegebenen Punkte.

😊 26–21 Punkte	🙂 20–12 Punkte	😟 11–0 Punkte
Gut gemacht!	Gar nicht schlecht, aber lies noch einmal die Informationen auf Seite 21.	Arbeite die Seiten dieses Kapitels noch einmal durch.

Sachtexte und Schaubilder erschließen

Einen Sachtext lesen und verstehen

Methode	Einen Sachtext erschließen: Die Fünf-Schritt-Lesemethode

1. Schritt: Einen Überblick gewinnen
Lies die Überschrift(en) und die ersten Zeilen des Textes. Betrachte die Abbildungen.
Überfliege den Text, indem du mit den Augen über den Text streichst.

2. Schritt: Den Text zügig lesen
Lies den gesamten Text zügig durch. Mache dir klar, was das Thema des Textes ist.

3. Schritt: Unbekannte Wörter und Textstellen klären
Kläre unbekannte Wörter und schwierige Textstellen durch Nachdenken oder Nachschlagen.

4. Schritt: Den Text sorgfältig lesen und bearbeiten
Markiere Schlüsselwörter, gliedere den Text in Sinnabschnitte und
notiere dazu Zwischenüberschriften. Notiere deine Fragen am Rand.

5. Schritt: Die Informationen zusammenfassen
Fasse die Informationen des Textes in wenigen Sätzen und mit eigenen Worten zusammen.

---

1 Gewinne mit dem 1. Schritt der Lesemethode einen Überblick über die folgende Reportage.
Kreuze an, worüber der Text informiert.

Die Reportage informiert über ...

A ☐ kalifornische Mandelbäume.

C ☐ kalifornische Bewässerungsanlagen.

B ☐ kalifornische Wasserknappheit.

D ☐ Kaliforniens Wassersparmaßnahmen.

Der Fluch des ewigen Sonnenscheins

Von Wolfgang Stuflesser und Nicole Markwald

Die Dürre in Kalifornien hält an: Die Wasserreservoirs sind auf rekordverdächtig niedrigem Stand, es fällt nur wenig Regen. Die Regierung hat erste Wassersparmaßnahmen verordnet, doch die reichen nicht aus. Und Experten warnen, dass sich die Situation noch verschlimmern könnte.

Behälter, um Wasser zu speichern

Was kann passieren?

Mark Borba fährt über seine Farm. Sie ist riesig, viereinhalbtausend Hektar beackert er. Seit 42 Jahren baut die Borba-Familie hier mitten im San Joaquin Valley zwischen Sacramento im Norden und Los Angeles im Süden unter anderem Tomaten, Knoblauch, Salat und Melonen an. Sein besonderer Stolz sind die Mandelbäume. 80 Prozent aller Mandeln der Welt kommen aus Kalifornien. „Wir haben allein 120 Hektar mit Mandelbäumen", erzählt Borba. Entlang der Bäume ist ein

Maßeinheit
1 Hektar sind
10 000 m²

Rohrsystem verlegt, eine Tröpfchenbewässerungsanlage, ohne die würden die teuren Bäume ganz schnell eingehen. Wie fast alle kalifornischen Farmer steht Borba
vor einem Dilemma: Sie haben riesige Mengen guten Ackerlandes, aber nicht genug Wasser. 188 Liter Regen pro Quadratmeter fielen in Kalifornien voriges Jahr –
so wenig wie nie zuvor. Und das Jahr 2014 ist drauf und dran, diesen Rekord noch
zu unterbieten. Zum Vergleich: In Deutschland sind es rund 750 Liter pro Quadratmeter im Jahr – fast das Vierfache. Ungefähr so viel braucht auch Mark Borba
für seine Bewässerung. Hat er aber nicht. Wie andere Farmer hat auch er sich in
diesem Jahr entschlossen, einen Teil seines Besitzes nicht zu bepflanzen – aus
Wassermangel.

Selbst Präsident Obama hat die Region schon besucht und finanzielle Hilfe angekündigt, umgerechnet rund 140 Millionen Euro. Die Regierung in Washington beobachtet Kalifornien genau, mehr als die Hälfte der gesamten amerikanischen
Obst- und Gemüseproduktion kommt von hier. Liegen Felder brach, werden außerdem weniger Landarbeiter gebraucht. Hat Kalifornien ein Dürreproblem, dann
treffen die Auswirkungen über kurz oder lang das ganze Land.

Pleasanton, ein gute Autostunde von San Francisco. Der Gouverneur forderte die
Kalifornier auf, ihren Wasserverbrauch um 20 Prozent zu verringern. Pleasanton
geht noch einen Schritt weiter: Die Stadt schreibt allen Haushalten und Geschäften
verpflichtend vor, 25 Prozent weniger Wasser zu verbrauchen. Gemessen wird im
Vergleich zur Vorjahresrechnung, erklärt Rita Di Candia, die von der Stadt einge-
setzte Managerin fürs Wassersparen. „Das ist das erste Mal in der Geschichte von
Pleasanton, dass so etwas passiert. Wir können absehen, dass wir dieses Jahr nur
75 Prozent des Wassers haben, das normalerweise hier im Tal über den Sommer
verbraucht wird. Je nachdem, wie heiß der Sommer wird, könnte sich die Lage sogar noch verschärfen!"

Leider sind die Kalifornier keine Meister im Wassersparen. Das Geräusch der zeit-
gesteuerten Rasensprenger ist typisch für Kalifornien, und der grüne Rasen vorm
Haus bürgerliches Statussymbol, auch und gerade in Gegenden, die fast schon
wüstenhaft trocken sind. Während der durchschnittliche Deutsche um die 120 Liter
Wasser am Tag verbraucht, sind es in Kalifornien mehr als 450 Liter pro Kopf und
Tag. Doch nun, ein halbes Jahr später, sind die tatsächlichen Zahlen ernüchternd:
Der Gesamtverbrauch des bevölkerungsreichsten US-Bundesstaats ist nicht zu-
rückgegangen, sondern sogar um ein Prozent gestiegen. Nun greift die Staatsregierung in Sacramento zu härteren Mitteln: Seit dem 1. August dürfen alle kalifornischen Hausbesitzer ihre Grünflächen nicht mehr so stark gießen, dass
überschüssiges Wasser ungenutzt abläuft. Verboten ist auch das Abspritzen von
Gehwegen und Einfahrten mit dem Gartenschlauch. Als Bußgeld drohen 500 Dol-
lar, umgerechnet rund 370 Euro.

Richard Harasick ist bei den Stadtwerken von Los Angeles verantwortlich für die
Versorgung von rund vier Millionen Angelinos mit Wasser. Manchmal könne er
nachts nicht schlafen sagt er, beim Gedanken, dass die Leute den Hahn aufdrehen
und nichts passiert. Zur Beruhigung hilft der Blick aufs noch erstaunlich gut gefüllte Reservoir: Mit seinem Wasser könnten 10.000 Familien ein Jahr lang versorgt
werden. Gespeist wird es vom Los Angeles Aquädukt, einem schon vor mehr als
hundert Jahren vom damaligen Chefingenieur der Wasserwerke William Mulhol-
land ausgeführten Projekt. Der Aquädukt ist eine technische Meisterleistung: Das
insgesamt 670 Kilometer lange Rinnen- und Rohrsystem führt Regen- und
Schmelzwasser aus den Bergen der Sierra Nevada bis an die Stadt Los Angeles. Der
Aquädukt braucht keine Pumpen, für den Antrieb des Wassers sorgt allein der
Höhenunterschied von der gut 1.200 Meter hohen Gebirgsregion bis zur Stadt am
Meer. Doch diesen Winter sind die Schneefälle ausgeblieben und nun fehlt das
Schmelzwasser.

70 bis 80 Prozent der Wasserrechnung, so schätzen manche Umweltschützer, wanderten in Los Angeles allerdings immer noch direkt ins Bewässern des Gartens. In Seminaren wie z. B. von der Organisation „TreePeople" lernen Teilnehmer unter anderem, wie man Regenwasser „erntet" und wiederverwendet. Die Stadt zahlt
75 ihren Bürgern bares Geld, wenn sie ein Stück Rasen in etwas umwandeln, das besser in die Landschaft passt. Teilnehmerin Linda hat für ihren Garten eine einfache Regel gefunden: „Wir gießen nichts, was wir nicht essen können. Und wenn ich eine Pflanze einsetze und sie nach dem ersten Bewässern nicht angeht, dann hat sie wohl nicht hergehört, und ich suche mir was anderes." Die TreePeople und
80 die üppigen Reservoirs in Los Angeles, die Wassersparer von Pleasanton: Solche Anstrengungen gehen in die richtige Richtung, aber sie werden Kaliforniens Dürreproblem nicht lösen. Experten rechnen damit, dass die Dürre mehrere Jahre anhalten könnte.

Auf seiner Farm bei Fresno bewässert Mark Borba weiter seine Mandelbäume und
85 Salatköpfe. Er glaubt, dass die Zeit reif ist für neue Regulierungen, die genug Wasser ins San Joaquin Valley schaffen. Und Experten halten Verbesserungen an der Infrastruktur für überfällig, Kalifornien brauche mehr Auffangmöglichkeiten für Regenwasser. Oder, wie es Mark Borba formuliert: "It's now everyone's problem, it's not just a few farmers' problem."

2 a Lies im 2. Schritt den gesamten Text zügig durch.
b Gib das Thema des Textes wieder. Schreibe mit
eigenen Worten und in vollständigen Sätzen.

_____

_____

_____

_____

_____

_____

_____

_____

_____

3 a Markiere im 3. Schritt Wörter, die du nicht verstehst.
Kläre ihre Bedeutung und schreibe Worterklärungen neben den Text.
b Notiere Fragen zu Einzelheiten oder zu Textstellen, die dir nach dem Lesen noch unklar sind.

4 a Lies im 4. Schritt die Reportage (▶ S. 26–28) sorgfältig.
Markiere die Schlüsselwörter.
b Gliedere die Reportage in Sinnabschnitte. ⌐
c Notiere in der Randspalte für jeden Sinnabschnitt eine Überschrift.

> **Schlüsselwörter** sind Wörter, die für die Aussage des Textes besonders wichtig sind.

Stärken stärken: Sachtext und Grafik verstehen

Methode	Einen Sachtext zusammenfassen

Im 5. Schritt der Lesemethode fasst du die Informationen aus dem Text zusammen.
- In der **Einleitung** informierst du über die Autorin / den Autor, den Titel, die Textsorte sowie das Thema des Textes.
- Im **Hauptteil** fasst du die wichtigsten Textinformationen sachlich und mit eigenen Worten zusammen. Verwende passende Satzverknüpfungen, z. B.: *anfangs, anschließend, weil, indem.*
- Zum **Schluss** kannst du kurz angeben, wie der Text auf dich gewirkt hat, oder Stellung zu einer Textaussage nehmen.
- Verwende als Zeitform das **Präsens** (bei Vorzeitigkeit das Perfekt).

1 **a** Notiere alle Informationen, die für die <u>Einleitung</u> der Textzusammenfassung wichtig sind.
Tipp: Das Thema des Textes hast du bereits auf Seite 28 in Aufgabe 2b formuliert.

Autor: _____   Textsorte: _____

Titel: _____

b Formuliere die Einleitung.

_____

_____

_____

2 Fasse in deinem Heft jeden Sinnabschnitt mit eigenen Worten zusammen.
Verwende deine Arbeitsergebnisse von Seite 28.

Methode	Eine Grafik entschlüsseln

Eine Grafik kann Zahlen, Sachverhalte oder Ortsangaben (z. B. als Landkarten) anschaulich darstellen.
1. Stelle fest, worum es in der Grafik geht.
2. Untersuche, was die Grafik darstellt, z. B. einen Vorgang, eine Konstruktion oder die Lage von etwas.
3. Prüfe, ob die Grafik Farben, Beschriftungen oder Symbole enthält, die erklärt werden.
4. Schreibe auf, worüber die Grafik informiert.

3 Welche der in der Grafik genannten Orte werden in der Reportage erwähnt? Notiere.

_____

_____

_____

_____

Stärken stärken: Den Text und ein Diagramm auswerten

●●○○ **1** Führe die folgenden im Text vorkommenden Zahlenangaben und Begriffe so zusammen, dass richtige Aussagen entstehen.

> **Wortspeicher**
>
> Niederschlag: 188 Liter • Regen pro Quadratmeter • 750 Liter • in Kalifornien • in Deutschland pro Quadratmeter im Jahr
>
> Wasserverbrauch: der durchschnittlichen Deutschen • 450 Liter pro Kopf und Tag • in Kalifornien • 120 Liter pro Kopf und Tag

●●○○ **2** **a** Lies die Methode „Einen Sachtext zusammenfassen" auf Seite 29.

b Fasse den Sachtext „Der Fluch des ewigen Sonnenscheins" (▶ Seiten 26–28) in deinem Heft zusammen.

Methode	**Ein Diagramm verstehen und auswerten**

Ein Diagramm ist eine **bildliche Darstellung von Daten und Informationen**. Gehe für die Auswertung so vor:

1 Sieh dir das Diagramm genau an. Lies die Überschrift und die übrigen Angaben und Erklärungen.

2 Stelle fest, worüber das Diagramm wie informiert, z. B. in Prozentzahlen (%), Euro (€) oder Jahreszahlen.

3 Setze Angaben in Beziehung zueinander, indem du sie z. B. vergleichst.

4 Fasse zusammen, was im Diagramm gezeigt wird: Was lässt sich ablesen?

●●○○ **3** Antworte in vollständigen Sätzen:

a Worüber informiert das Schaubild?

_____

_____

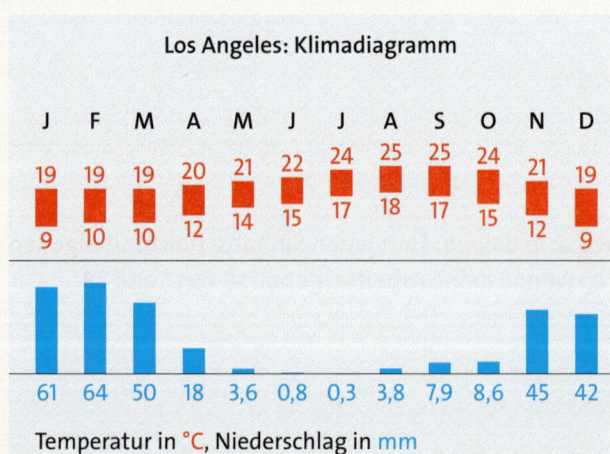

b Für den Niederschlag in Los Angeles sind monatliche Durchschnittswerte angegeben. Wie groß ist die Differenz zwischen der höchsten und der niedrigsten Niederschlagsmenge? Nenne die zugehörigen Monate.

_____

_____

c In welchen Monaten gibt es die größten Temperaturschwankungen? Wie groß sind diese Schwankungen?

_____

_____

●●○○ **4** **a** Welche der folgenden Angaben kannst du dem Diagramm entnehmen? Kreuze an.

A ☐ Jahrestemperatur in Los Angeles B ☐ Jährliche Niederschlagsmenge in Kalifornien

C ☐ Die höchste Tagestemperatur im Monat Juni D ☐ Den durchschnittlichen monatlichen Niederschlag

b Erkläre in zwei bis drei vollständigen Sätzen den Bezug des Diagramms zum Sachtext.

Stärken stärken: Den Text zusammenfassen und bewerten

Zusammenfassungen von Sachtexten sollen sachlich und nüchtern sein.
Minas Zusammenfassung ist noch nicht gelungen, weil sie Ausschmückungen, Umgangssprache und Vermutungen enthält.

●●● 1 **Überarbeite den ersten Teil von Minas Text:**
Streiche Unpassendes durch.
Notiere über jeder Zeile eine geeignetere Formulierung und schreibe den verbesserten Text in dein Heft.

Dieser Mark ist arm dran. Die Familie von ihm baut seit 42 Jahren

leckeres Gemüse und Obst an und er ist megastolz auf seine

Mandelbäumchen. Wenn er denen aber kein Wasser gibt, weil es

nicht regnet, dann vertrocknen die teuren Bäume ganz schnell.

Jetzt kann der Arme nicht mehr alles bepflanzen, total traurig.

Sogar der Obama war schon da und will 140 Millionen Euro geben,

aber ob das reicht?

●●● 2 **Prüfe, ob Mina die Zeilen 34–43 mit eigenen Worten zusammengefasst hat.**
a Unterstreiche Textteile, die zu nahe am Ursprungstext sind.
b Verbessere diese und schreibe den überarbeiteten Text in dein Heft.

In Pleasanton müssen alle Haushalte und Geschäfte 20 Prozent weniger Wasser verbrauchen.

Das ist das erste Mal in der Geschichte von Pleasanton, dass so etwas passiert. Festzustellen ist, dass sie dieses

Jahr nur 75 Prozent des Wassers haben, das normalerweise hier im Tal über den Sommer verbraucht wird.

●●● 3 **Fasse die Zeilen 44–89 im Heft zusammen.**
Achte auf passende Satzverknüpfungen.

●●● 4 **Kläre, wie der Text auf dich gewirkt hat:**
Umkreise in den folgenden Gegensatzpaaren Wertungen, die du für zutreffend hältst.

interessantes Thema ⟷ belangloses Thema

schwer verständliche Sprache ⟷ kurzweiliger und gut lesbarer Text

abstrakte Darstellung ⟷ anschauliche und lebendige Beschreibung

> **Bewerten** kannst du einen Text am Schluss, indem du etwas über den dargestellten Inhalt aussagst oder deine persönliche Leseerfahrung zusammenfasst.

●●● 5 **Schreibe in deinem Heft einen Schluss, der Stellung zu folgender Aussage nimmt:**
„It's now everyone's problem, it's not just a few farmers' problem." (▶ Zeilen 88–89)

Teste dich!

Einen Sachtext und ein Schaubild auswerten

Aktion „Wasser sparen!"

Zunächst war niemand überrascht. Regenarme Zeiten hat es in Melbourne immer mal gegeben. Doch dass die Niederschläge so lange ausbleiben, ist neu. Seit zehn Jahren hält die Trockenzeit schon an. Und die Situation verschlechtert sich weiter. Im letzten Sommer fielen nur 40 Prozent der üblichen Wassermenge. Zunächst versuchte es die Stadt mit Einschränkungen in der Wassernutzung der Haushalte. Als der Wasserspiegel trotzdem sank, wurden schärfere Restriktionen eingeführt. 140 Polizisten patrouillieren durch die Stadt, kontrollieren verdächtig grüne Gärten inmitten der trockenen Rasenflächen und gehen Hinweisen aus der Bevölkerung nach. Die Regierung fordert dazu auf, Verstöße von Nachbarn oder Bekannten über die Hotline 13WATER zu melden. „Mehr als 50 000 Verwarnungen wurden ausgesprochen", sagt Luke Enright vom Wasserversorger South East Water – die „Höchststrafe" müsse aber nur selten verhängt werden. Bei dreimaligem Vergehen bringen die Wasserpolizisten eine Art Klammer am Hausanschluss an. Die Vorrichtung reduziert die Menge des durchfließenden Wassers auf zwei Liter pro Minute. Ausgiebiges Duschen ist so unmöglich. Sollte der städtische Wasservorrat trotzdem weiter sinken, wird am 1. August Level 4 eingeführt. Dann ist jeglicher Wasserverbrauch außerhalb des Hauses verboten. Luke Enright ist optimistisch: „Es wird wieder Regen fallen, die Vorhersagen sind gut." Aber auch er weiß: Viele Alternativen hat die Stadt nicht mehr. Level 4 ist die letzte Stufe im Aktionsplan.

1   Lies den Text. Fasse in einem Satz zusammen, worum es geht. (3 P.)

2   Kreuze an, ob die folgenden Aussagen richtig oder falsch sind. (4 P.)   richtig   falsch

A   Melbourne hatte immer schon regenarme Zeiten. ⬜ ⬜

B   Der Wasserspiegel stieg dank der Einschränkungen.
Im letzten Sommer fielen nur 30 Prozent der üblichen Wassermenge. ⬜ ⬜

C   Wasserklammern drosseln die Mengen des durchfließenden Wassers. ⬜ ⬜

D   Bei Einführung von Level 4 ist in der Stadt jeder Wasserverbrauch verboten. ⬜ ⬜

3   Betrachte das Kreisdiagramm zum täglichen Wasserverbrauch.
a   Inwiefern unterstützen die dort angegebenen Zahlen im Text getroffenen Aussagen? Antworte mit Zeilenangaben. (1 P.)
b   Formuliere zwei Empfehlungen für die Stadt Melbourne zur Einschränkung der Wassernutzung im Haushalt. Verwende dafür die Angaben aus dem Diagramm. (2 P.)

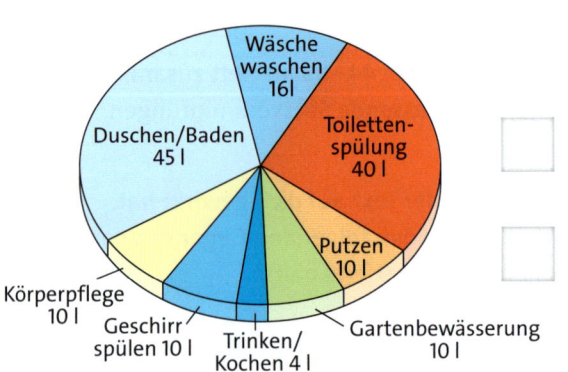

Vergleiche deine Ergebnisse mit dem Lösungsheft. Für jede richtige Angabe erhältst du einen Punkt.

☺ 10–8 Punkte	☺ 7–4 Punkte	☹ 3–0 Punkte
Gut gemacht!	Gar nicht schlecht, aber lies dir die Merkkästen in diesem Kapitel noch einmal genau durch.	Arbeite die Seiten dieses Kapitels noch einmal sorgfältig durch.

Eine Kurzgeschichte zusammenfassen und deuten

1 Lies die folgende Kurzgeschichte.

Ernest Hemingway

Ein Tag Warten

Er kam ins Zimmer, um die Fenster zu schließen, während wir noch im Bett lagen, und ich fand, dass er krank aussah. Er fröstelte; sein Gesicht war weiß und er ging langsam, als ob jede Bewegung weh täte.

5 „Was ist los, Schatz?"

„Ich hab Kopfschmerzen."

„Dann geh lieber wieder ins Bett."

„Nein, ich bin ganz in Ordnung."

„Du gehst ins Bett. Ich komme zu dir, sobald ich an-
10 gezogen bin."

Aber als ich herunterkam, war er angezogen und saß am Feuer und sah wie ein kranker, jämmerlicher, neunjähriger Junge aus. Als ich ihm die Hand auf die Stirn legte, wusste ich, dass er Fieber hatte.

15 „Du gehst rauf ins Bett", sagte ich. „Du bist krank."

„Ich bin ganz in Ordnung", sagte er.

Als der Doktor kam, nahm er die Temperatur des Jungen.

„Wie viel hat er?", fragte ich ihn.

20 „Hundertundzwei."

Unten ließ der Doktor drei verschiedene Medika-mente in verschiedenfarbigen Kapseln zurück mit Anweisungen, wie sie zu nehmen waren. Das eine sollte das Fieber herunterbringen, das zweite war ein
25 Abführmittel und das dritte war gegen Übersäure im Magen. Die Grippebazillen können nur bei Übersäu-re existieren, hatte er erklärt. Er schien alles über Grippe zu wissen und sagte, es wäre nicht weiter Be-sorgnis erregend, falls die Temperatur nicht auf hun-
30 dertvier stiege. Es herrsche eine leichte Grippeepide-mie und es bestände keinerlei Gefahr, wenn keine Lungenentzündung hinzukäme.

Als ich wieder ins Zimmer kam, schrieb ich die Tem-

peratur des Jungen auf und notierte, wann man ihm die verschiedenen Medikamente geben sollte. 35

„Möchtest du, dass ich dir vorlese?"

„Schön. Wenn du willst", sagte der Junge. Sein Ge-sicht war sehr weiß und er hatte dunkle Schatten un-ter den Augen. Er lag reglos im Bett und schien gleichgültig gegen alles, was vorging. Ich las ihm aus 40 Howard Pyles Piratenbuch vor, aber ich sah, dass er nicht bei der Sache war.

„Wie fühlst du dich, Schatz?", fragte ich ihn.

„Genau wie vorhin, bis jetzt", sagte er.

Ich saß am Fußende des Bettes und las für mich, 45 während ich darauf wartete, dass es Zeit war, ihm wieder ein Pulver zu geben. Normalerweise hätte er einschlafen müssen, aber als ich aufblickte, blickte

er das Fußende des Bettes an und hatte einen seltsamen Ausdruck im Gesicht.

„Warum versuchst du nicht einzuschlafen? Ich werde dich wecken, wenn es Zeit für die Medizin ist."

„Ich möchte lieber wach bleiben."

Nach einer Weile sagte er zu mir: „Papa, du brauchst
nicht hier bei mir zu bleiben, wenn es dir unangenehm ist."

„Es ist mir nicht unangenehm."

„Nein, ich meine, du brauchst nicht zu bleiben,
wenn es dir unangenehm wird."

Ich dachte, dass er vielleicht ein bisschen wirr wäre,
und nachdem ich ihm um elf das verschriebene Pulver gegeben hatte, ging ich eine Weile aus.

Es war ein klarer, kalter Tag. Den Boden bedeckte
eine Graupelschicht, die gefroren war, sodass es aussah, als ob all die kahlen Bäume, die Büsche, das Reisig und all das Gras und der kahle Boden mit Eis
glasiert wären. Ich nahm den jungen irischen Hüh-
nerhund zu einem kleinen Spaziergang mit, die
Landstraße hinauf und dann einen zugefrorenen
Bach entlang, aber es war schwierig, auf der glasigen
Oberfläche zu stehen oder zu gehen, und der rot-
braune Hund rutschte aus und schlitterte und ich
fiel zweimal heftig hin und das eine Mal ließ ich meine Flinte dabei fallen, die ein ganzes Stück über das
Eis wegglitt. Wir jagten ein Volk Wachteln unter einem hohen Lehmdamm mit überhängendem Ge-
strüpp auf und ich tötete zwei, als sie über den
Damm hinweg außer Sicht gingen. Einige stießen in
die Bäume nieder, aber die meisten schwärmten in
die Reisighaufen und man musste mehrmals auf
den eisüberzogenen Reisighügeln hin- und her-
springen, bis sie hochgingen. Es war schwierig, sie
zu treffen, als sie aufflogen, während man unsicher
auf dem eisglatten, federnden Reisig stand, und ich
tötete zwei und verfehlte fünf und machte mich auf
den Heimweg, vergnügt, weil ich so dicht von zu
Haus ein Wachtelvolk aufgetrieben hatte, und war
froh, dass für einen anderen Tag noch so viele übrig
waren.

Zu Haus sagte man mir, dass der Junge keinem erlaubt habe, in sein Zimmer zu kommen.

„Du kannst nicht reinkommen", hatte er gesagt. „Du
darfst das nicht bekommen, was ich habe."

Ich ging zu ihm hinauf und fand ihn in genau der-
selben Lage, wie ich ihn verlassen hatte, weißgesich-
tig, aber mit roten Fieberflecken auf den Backen. Er
starrte immer noch, wie er vorher gestarrt hatte, auf
das Fußende des Bettes. Ich nahm seine Temperatur.

„Wie viel habe ich?"

„Ungefähr hundert", sagte ich. Es waren hundertundzwei und vier Zehntel.

„Es waren hundertundzwei", sagte er.

„Wer hat das gesagt?"

„Der Doktor."

„Deine Temperatur ist ganz in Ordnung", sagte ich.
„Kein Grund, sich aufzuregen."

„Ich rege mich nicht auf", sagte er, „aber ich muss
immer denken."

„Nicht denken", sagte ich. „Nimm's doch nicht so
tragisch."

„Ich nehme es nicht tragisch", sagte er und sah starr
vor sich hin. Er nahm sich offensichtlich wegen ir-
gendetwas schrecklich zusammen.

„Schluck dies mit etwas Wasser."

„Glaubst du, dass es helfen wird?"

„Natürlich wird es."

Ich setzte mich hin und schlug das Piratenbuch auf
und begann zu lesen, aber ich konnte sehen, dass er
nicht folgte, darum hörte ich auf.

„Um wie viel Uhr glaubst du, dass ich sterben werde?", fragte er.

„Was?"

„Wie lange dauert es noch ungefähr, bis ich sterbe?"

„Aber du stirbst doch nicht. Was ist denn los mit
dir?"

„Doch, ich werde. Ich habe gehört, wie er hundertundzwei gesagt hat."

„Aber man stirbt doch nicht bei einer Temperatur
von hundertundzwei. Es ist albern, so zu reden."

„Ich weiß aber, dass es so ist. In der Schule in Frankreich haben mir die Jungen erzählt, dass man mit
vierundvierzig Grad nicht leben kann. Ich habe hundertundzwei."

Er hatte den ganzen Tag auf seinen Tod gewartet, die
ganze Zeit über, seit neun Uhr morgens.

„Mein armer Schatz", sagte ich. „Mein armer, alter
Schatz. Es ist wie mit Meilen und Kilometern. Du
wirst nicht sterben. Es ist ein anderes Thermometer.
Auf dem Thermometer[1] ist siebenunddreißig normal. Auf dieser Sorte achtundneunzig."

„Bist du sicher?"

„Völlig", sagte ich. „Es ist wie mit Meilen und Kilometern. Weißt du, so wie: Wie viel Kilometer machen wir, wenn wir siebzig Meilen im Auto fahren?"

„Ach", sagte er.

Aber die Starre schwand langsam aus seinem auf das
Fußende seines Bettes gerichteten Blick; auch seine
Verkrampftheit ließ schließlich nach und war am
nächsten Tag fast ganz weg und er weinte wegen
Kleinigkeiten los, die ganz unwichtig waren.

---

1 Die Temperaturmessung in der Einheit „Fahrenheit" ist in den USA
und England üblich, während in Europa die Temperaturmessung
nach Celsius verbreitet ist.

Stärken stärken: Die Kurzgeschichte verstehen und zusammenfassen

○○ 1 Welche Gedanken und Gefühle gehen dir nach dem Lesen der Kurzgeschichte durch den Kopf? Schreibe sie auf.

_____

_____

○○ 2 Worum geht es in der Kurzgeschichte? Kreuze an.

☐ Eine ganze Familie steckt sich mit der Grippe an.

☐ Ein Junge ist krank und denkt, er muss sterben.

☐ Ein Vater und sein Sohn streiten sich über die Wachteljagd.

○○ 3 In welcher Situation befinden sich die beiden Figuren am Anfang der Geschichte? Nenne die Figuren und beschreibe ihre Situation in Stichworten.

_____

_____

○○ 4 Was geschieht nacheinander in der Kurzgeschichte?

a Lies den Text auf den Seiten 33 und 34 noch einmal genau. Markiere dabei wenige wichtige Wörter zur Handlung.

b Schreibe die Teilüberschriften in der richtigen Reihenfolge in dein Heft.

c Notiere zu jeder Teilüberschrift wenige wichtige Stichworte.

> **Teilüberschriften**
>
> Der Doktor ist da •
> Spaziergang mit Hund •
> Vorlesen ist keine Hilfe • Ein gutes Ende •
> Ein Gespräch zu Tagesbeginn •
> Das Gespräch als Wendepunkt

○○ 5 Um welches Missverständnis geht es in der Geschichte?

a Schreibe auf, was die folgenden Wörter bedeuten:

Fieber (Zeile 24): _____

Grippeepidemie (Zeile 30): _____

b Lies den Lexikoneintrag und erkläre das Missverständnis mit eigenen Worten.

_____

_____

_____

> Die normale **Körpertemperatur** eines Menschen beträgt ungefähr 37°C (Grad Celsius). Umgerechnet sind das etwa 98,6°F (Grad Fahrenheit), der Maßeinheit, die vorwiegend in den USA verwendet wird. Von Fieber spricht man ab einer Temperatur von über 38°C (100,4°F). Temperaturen von über 41°C (106°F) sind lebensgefährlich.

○○ 6 Fasse die Kurzgeschichte mit Hilfe der Aufgaben 2 bis 5 in einem eigenen Text zusammen.

– Schreibe in vollständigen Sätzen und im Präsens.

– Schreibe auch auf, wie du die Geschichte und ihren Titel verstehst und wie beides auf dich wirkt.

– Schreibe zum Schluss deine Meinung zu der Geschichte auf und begründe sie.

In der Kurzgeschichte ... von ... geht es um einen Jungen, der ...

Stärken stärken: Eine Inhaltsangabe schreiben

Information	Schreibplan für eine Inhaltsangabe – Teil 1

In einer Inhaltsangabe fasst du einen Text **mit eigenen Worten** knapp und sachlich zusammen, sodass andere, die den Text nicht gelesen haben, über das Wesentliche informiert werden.
Aufbau: Einleitung – Hauptteil – Schluss
- In der **Einleitung** nennst du die Art des Textes (z. B. Kurzgeschichte), den Titel, den Namen des Autors / der Autorin und das Thema des Textes.

● ● ○ **1** Beschreibe deine ersten Eindrücke nach dem Lesen der Kurzgeschichte „Ein Tag Warten".

_____

_____

● ● ○ **2** **a** Lies den Text noch einmal genau.
b Kläre die Bedeutung folgender Wörter, wenn möglich aus dem Zusammenhang.

Grippebazillen   (Z. 26) _____

Grippeepidemie (Z. 30) _____

● ● ○ **3** Im Mittelpunkt der Kurzgeschichte stehen zwei Figuren. Markiere im Text, was du über sie erfährst, und beantworte die folgenden Fragen.
– Wer sind die wichtigen handelnden Figuren?   – Wo befinden sich die Figuren?

_____

_____

● ● ○ **4** Welche der folgenden Aussagen gibt das Thema der Kurzgeschichte treffend wieder? Kreuze an.

☐ Inhalt der Geschichte ist die Frage, wie eine Grippe richtig behandelt wird.

☐ Die Geschichte handelt von einem großen Missverständnis.

☐ Zentrales Thema ist der Konflikt zwischen Vater und Sohn.

☐ Wichtigstes Motiv der Geschichte ist das Sterben.

● ● ○ **5** Halte nun alle Informationen fest, die für die Einleitung der Inhaltsangabe wichtig sind.

Titel und Textsorte: _____

Autor: _____

Ort und Zeit des Geschehens: _____

Thema/Kernaussage (Worum geht es?): _____

● ● ○ **6** Formuliere nun in deinem Heft einen Einleitungssatz für die Inhaltsangabe.

Information	Schreibplan für eine Inhaltsangabe – Teil 2

- Im **Haupteil** fasst du die wichtigsten Ereignisse der Handlung (Handlungsschritte) sachlich und nüchtern in der zeitlich richtigen Reihenfolge zusammen.
  - Beschränke dich auf das Wesentliche und schreibe im **Präsens.**
  - Gib Zusammenhänge durch passende **Satzverknüpfungen** und **Satzanfänge** wieder, z. B.: *als, denn, weil, nachdem, zuerst …*
  - Verwende **keine wörtliche Rede**. Besonders wichtige Gedanken oder Äußerungen von Figuren werden in der indirekten Rede wiedergegeben oder umschrieben.
- Am **Schluss** deiner Inhaltsangabe gibst du eine persönliche Einschätzung und nimmst in eigenen Worten Stellung zur Handlung, zu den Figuren und zur Aussage des Textes.
  Verwende Formulierungen wie z. B.: *Ich finde …, meiner Meinung nach …, auf mich wirkt der Text …*

●●○ **7** Der Geschichte liegt ein Missverständnis zu Grunde. Erkläre es.

_____

_____

●●○ **8** **a** Gliedere den Text in Handlungsschritte, indem du das Absatzzeichen ⌐ einträgst.
b Arbeite im Heft eine Übersicht aus:
- Gib für jeden Handlungsschritt die Zeilenangaben und eine passende Überschrift an.
- Fasse mit eigenen Worten (in Stichworten, in kurzen Sätzen) zusammen, was geschieht.

Ein **neuer Handlungsschritt** beginnt z. B., wenn
- die Handlung eine Wendung erfährt,
- der Ort wechselt,
- ein Zeitsprung stattfindet,
- eine neue Figur auftaucht.

„Ein Tag Warten" – Handlungsschritte und wichtige Informationen	
Handlungsschritt 1 (Z.1–10):	*Kein guter Tagesanfang* *Ein Junge kommt an einem Morgen weiß im Gesicht und fröstelnd ins Elternschlafzimmer. Der Vater schickt ihn zurück ins Bett.*
Handlungsschritt 2 (Z.11–…)	*…*

●●○ **9** Bestimme den Wendepunkt der Geschichte. Belege deine Einschätzung mit Textauszügen.

_____

_____

_____

●●○ **10** Mache dir in deinem Heft Notizen für den Schlussteil deiner Inhaltsangabe:
- Erkläre den Titel der Kurzgeschichte.
- Formuliere deine persönliche Meinung zum Text und zu seiner Wirkung auf dich.
- Nimm Stellung zur Handlung und zu den Figuren. Begründe.

●●○ **11** **a** Schreibe deine Inhaltsangabe zusammenhängend in dein Heft.
Nutze dazu deine Arbeitsergebnisse von den Seiten 36 und 37.
b Überarbeite deine Inhaltsangabe: Rechtschreibung, Zeichensetzung, sprachliche Gestaltung.

Stärken stärken: Eine Inhaltsangabe selbstständig schreiben und stilistisch überarbeiten

•••1 a Lies die Informationen auf den Seiten 36 und 37.
b Schreibe eine Inhaltsangabe zur Kurzgeschichte „Ein Tag Warten" auf den Seiten 33 und 34.

•••2 a Überarbeite die folgenden Sätze aus einer Inhaltsangabe, indem du die angebotenen Verknüpfungen und Satzanfänge verwendest. Schreibe in dein Heft.
b Überarbeite selbstständig die Verknüpfungen und Satzanfänge in deinem Text.

A Der Junge sieht krank aus. Der Vater schickt den Jungen zurück ins Bett. [deshalb]
B Es herrscht eine kleine Grippeepidemie. Der Arzt sieht keinerlei Gefahr. [obwohl]
C Der Junge erlaubt dem Vater vorzulesen. [schließlich, anschließend]

•••3 a Gib das folgende wörtliche Zitat sinngemäß mit eigenen Worten wieder. Schreibe im Präsens und formuliere in der indirekten Rede.

„Es ist wie mit Meilen und Kilometern. Du wirst nicht sterben." (▶ Z.137 f.)

Der Vater erklärt ihm, dass

b Suche im Text drei weitere Beispiele für wörtliche Rede. Gib auch diese in indirekter Rede wieder und ergänze deine Inhaltsangabe damit.

•••4 a Unterstreiche im folgenden Schlussteil, was du für gut gelungen hältst. Begründe am Rand.
b Was ist weniger gut gelungen? Unterstreiche in einer anderen Farbe und mache Verbesserungsvorschläge.
c Überprüfe nun deine eigene Inhaltsangabe kritisch und überarbeite sie vollständig.

In der Kurzgeschichte „Ein Tag Warten" von Ernest Hemingway gerät ein 9-jähriger Junge in arge Bedrängnis, weil er nicht weiß, dass die Temperatur in Frankreich anders gemessen wird als bei ihm in den USA. Im Laufe der Geschichte zog er sich immer mehr zurück und verrannte sich in dem Gedan-
5 ken, bald sterben zu müssen. Das Missverständnis klärt sich erst, als er diese Furcht endlich ausspricht.
Der Text wirkt dadurch unheimlich spannend und als Leser fiebert man mit dem Jungen richtig mit. Ich finde aber, der Junge hätte sich seinen Eltern schon viel früher anvertrauen müssen, dann wäre ihm eine große Sorge er-
10 spart geblieben. Die Geschichte zeigt, dass es gut ist, über seine Sorgen zu sprechen, weil sie nämlich auch unbegründet sein könnten. Beim Lesen konnte ich die Sorge des Jungen gut nachvollziehen: Er hat sich nicht wohl-gefühlt und er ist durch die Diagnose des Arztes total beunruhigt. So fragt er schließlich seinen Vater: „Um wie viel Uhr glaubst du, dass ich sterben
15 werde?" (Z.120–121) Jetzt erst kann der Vater reagieren und ihn über sein Missverständnis aufklären.

gut: Autor und Titel und werden noch mal aufgegriffen

wichtig fürs Verständnis!

falsche Zeitform!

Teste dich!

Eine Kurzgeschichte zusammenfassen

Pea Fröhlich

Der Busfahrer

Er wusste, dass sie an der nächsten Station einsteigen würde, und freute sich. Wenn Platz war, saß sie immer so, dass er sie im Rückspiegel sehen konnte. Meistens las sie, manchmal schaute sie auch auf die
5 Straße. Er konnte an ihrem Gesicht ablesen, ob es ihr gut ging. Im Winter trug sie einen braunen Pelz mit einem passenden Käppchen und im Sommer weiße oder blaue Kleider.
Einmal hatte sie die Haare aufgesteckt, es stand ihr
10 nicht und jemand musste es ihr gesagt haben, denn am nächsten Tag sah sie wieder aus wie sonst. Sie

war ihm sehr vertraut und er hätte sie gerne angesprochen, aber er wagte es nicht. Er fürchtete sich nur davor, dass sie einmal nicht mehr einsteigen würde. Vielleicht, dass sie die Arbeitsstelle wechsel- 15
te. Für ihn war das die schönste Zeit am Tag, die fünf Stationen, die sie immer mit ihm fuhr.
Diesmal sah er sie schon von Weitem. Sie stand da und lachte einen Mann an, der den Arm um sie gelegt hatte. Sie verpasste das Einsteigen, weil der 20
Mann sie küsste.

1 Hast du das Thema des Textes gut verstanden? Kreuze die richtige Aussage an. (2 P.)

In der Kurzgeschichte „Der Busfahrer" geht es um …

- [ ] eine Begegnung im Bus.
- [ ] das Ende eines Traums.
- [ ] eine heimliche Verliebtheit.
- [ ] ein Gespräch mit dem Busfahrer.

2 Schreibe eine Inhaltsangabe zu der Kurzgeschichte „Der Busfahrer".
Gib am Schluss eine persönliche Einschätzung zu der Geschichte.
Prüfe anschließend anhand der Checkliste, ob du alle Vorgaben berücksichtigt hast. (7 P.)

Checkliste ✔

Fit fürs Zusammenfassen einer Kurzgeschichte? ☺ ☹

- Nennst du in der **Einleitung** Autorin, Titel, Textart und Thema der Geschichte?
- Gibst du im Hauptteil den Inhalt **knapp und sachlich** wieder?
- Nennst du die wesentlichen **Handlungsschritte**?
- Schreibst du im **Präsens**?
- Verwendest du **Satzverknüpfungen** (Konjunktionen) und verschiedene **Satzanfänge**?
- Schreibst du am **Schluss** eine persönliche Einschätzung?

Vergleiche deine Ergebnisse mit dem Lösungsheft. Für jede treffende Angabe erhältst du einen Punkt.

☺ 9–7 Punkte	☺ 6–4 Punkte	☹ 3–0 Punkte
Gut gemacht!	Gar nicht schlecht, aber lies dir die Merkkästen in diesem Kapitel noch einmal genau durch.	Arbeite die Seiten in diesem Kapitel noch einmal sorgfältig durch.

Gedichte lesen und verstehen

Stärken stärken: Ein Gedicht erschließen

Information	Den Inhalt eines Gedichts erfassen

Lasse zunächst das Gedicht als Ganzes auf dich wirken: Wie ist dein erster Leseeindruck?
Beschäftige dich dann mit diesen Fragen zum Inhalt:

- Worum geht es in dem Gedicht? Was ist das Thema?
- Wird eine Handlung oder eine Situation beschrieben? Welche?
- Welche Gefühle, Eindrücke, Gedanken oder Stimmungen werden dargestellt?
- Was erzählt dir die Überschrift?
- Wer spricht im Gedicht? Gibt es ein lyrisches Ich?

Unheilig

Lichter der Stadt

Ich nehme mir die Zeit	a		Ich lehne mich zurück
Auf die Dächer der Stadt zu gehen	b	10	Und genieße dieses Glück
Dem Leben zuzusehen	b		Ich nehme mir die Zeit
Still zu stehen			Auf die Lichter der Stadt zu sehen
5 Alles wirkt so klein			Die Dächer entlangzugehen
Unscheinbar entfernt und weit			Und still zu stehen
Das Leben pulsiert hier		15	Hier fühle ich mich frei
Weit weg von mir			Der Horizont ist grenzenlos und weit
			Die Großstadt unter mir wie ein Lichtermeer
			[...]

 1 Wie wirkt das Gedicht als Ganzes auf dich? Kreuze an und begründe in einem Satz.

☐ bedrückend   ☐ berührend   ☐ langweilend   ☐ befreiend   ☐ mitreißend

_____

2 a Lies die Information oben auf dieser Seite.
   b Notiere in deinem Heft Stichworte zu Thema, Situation und Stimmung im Gedicht.

3 Wer spricht im Gedicht? Welche Gefühle und Gedanken hat der Sprecher?
Formuliere es mit eigenen Worten.

_____

_____

_____

 4 In dem Gedicht gibt es unregelmäßige Reime.
   a Markiere zusammengehörende Reimwörter in der gleichen Farbe.
   b Setze gleiche Buchstaben a, b, c ... neben Zeilen, die sich reimen.

Stärken stärken: Den Aufbau eines Gedichts untersuchen

●○○ 1 Lies die Information auf Seite 40.

●●○ 2 Lies das folgende Gedicht.

Christian Morgenstern

Berlin (1906)

	Reimform
Ich liebe dich bei Nebel und bei Nacht,	*a*
wenn deine Linien ineinanderschwimmen, –	*b*
zumal bei Nacht, wenn deine Fenster glimmen	*b*
und Menschheit dein Gestein lebendig macht.	*a*

5 Was wüst am Tag, wird rätselvoll im Dunkel;
wie Seelenburgen stehn sie mystisch[1] da,
die Häuserreihn, mit ihrem Lichtgefunkel;
und Einheit ahnt, wer sonst nur Vielheit sah.

Der letzte Glanz erlischt in blinden Scheiben;
10 in seine Schachteln liegt ein Spiel geräumt;
gebändigt ruht ein ungestümes Treiben,
und heilig wird, was so voll Schicksal träumt.

_____

1 mystisch: geheimnisvoll

●●○ 3 **a** Kreuze für jede der folgenden Aussagen an, ob sie auf das Gedicht
zutrifft oder nicht zutrifft.
b Begründe deine Wahl im Heft.

	trifft zu	trifft nicht zu
A Es wird eine Handlung dargestellt, ein Ereignis oder Erlebnis steht im Vordergrund.	☐	☐
B Es wird eine Situation, eine Szene beschrieben.	☐	☐
C Es werden Gefühle, Eindrücke, Gedanken, eine Stimmung dargestellt.	☐	☐

●●○ 4 Fasse knapp zusammen, worum es in dem Gedicht geht. Beachte auch den Titel.

_____

_____

●●○ 5 Untersuche, welchen Sprecher und welchen Adressaten es im Gedicht „Berlin" gibt. Notiere deine Ergebnisse.
Hinweis: Achte auf die Anrede und die Pronomen.

_____

_____

_____

Information	Den Aufbau eines Gedichts untersuchen

- **Strophen und Verse:** Wie viele Strophen hat das Gedicht? Sind sie alle gleich aufgebaut? Werden einzelne Strophen oder Verse wiederholt (Refrain)?
- **Reim:** Ist das Gedicht gereimt? Welche Reimform liegt vor?
  Paarreim: a a b b   umarmender Reim: a b b a
  Kreuzreim: a b a b

●●○○ 6 **Untersuche den Aufbau des Gedichts. Gehe so vor:**
a Gib an, wie viele Strophen und Verse das Gedicht hat.

Das Gedicht „Berlin" von Christian Morgenstern besteht aus _____

_____

b Untersuche und notiere in der folgenden Tabelle:
– den <u>Inhalt</u> jeder Strophe kurz mit eigenen Worten,
– die <u>Reimform</u> (nutze die Randspalte auf S. 41 für die Analyse).

	1. Strophe	2. Strophe	3. Strophe
Inhalt			
Reimform			

●●○○ 7 Das Gedicht zeichnet sich durch sprachliche Besonderheiten aus: die Verwendung sprachlicher Bilder.
a Erkläre die Metapher „deine Fenster glimmen".

So verwendet man „glimmen" in der Alltagssprache: _____

_____

Im Gedicht bedeutet „glimmen": _____

_____

_____

b Erkläre ein weiteres sprachliches Bild in deinem Heft, z. B. „Gestein lebendig macht".

Stärken stärken: Ein Gedicht untersuchen und deuten

●●● 1   **a**   Lies die Informationen auf den Seiten 40 und 42.
        b   Lies das Gedicht auf Seite 41.
        c   Informiere über den Inhalt des Gedichts in einem zusammenhängenden Text.
        d   Untersuche den Aufbau des Gedichts. Mache dir dazu Notizen.

Information	Wortwahl und sprachliche Bilder in einem Gedicht deuten

Sprachliche Bilder: Welche sprachlichen Bilder gibt es? Was bedeuten sie? Wie wirken sie?
- Vergleich: Zwei Vorstellungen werden mit einem Vergleichswort verknüpft,
  z. B.: *Sie ist schön wie eine Rose.*
- Metapher: Ein Wort wird in übertragener, bildlicher Bedeutung und ohne Vergleichswort gebraucht,
  z. B.: *Sie ist eine Rose.*
- Personifikation: leblose Gegenstände, Begriffe oder die Natur werden vermenschlicht,
  z. B.: *Die Rose tanzt im Wind.*

Wortwahl: Welche Wörter fallen auf? Gibt es Wörter, die wiederholt werden?
Herrscht eine bestimmte Wortart vor (z. B.: Nomen, Adjektive)? Welche Wirkung wird durch die
Verwendung bestimmter Wörter erzeugt (z. B.: *betonen, hervorheben, veranschaulichen …*)?

●●● 2   **a**   Nacht und Tag bilden im Gedicht einen Kontrast: Markiere die Textaussagen, die diese These belegen.
        b   Wie beeinflusst die Nacht im Unterschied zum Tag die Art, in der das lyrische Ich die Stadt wahrnimmt?
            Schreibe es auf.

Merkmale der Stadt bei Nacht		Merkmale der Stadt am Tag
_____		_____
_____		_____
_____		_____
_____		_____
_____		_____

●●● 3   Untersuche die sprachlichen Bilder des Gedichts:
        a   Markiere zunächst im Gedicht den Vergleich. Beschreibe die Wirkung des Vergleichs in deinem Heft.
        b   Welche der folgenden Aussagen erklärt die Bedeutung der Metapher „in seine Schachteln liegt ein Spiel
            geräumt" (▸ Vers 10) treffend, welche nicht?

   A   Das eingeräumte Spiel steht beispielhaft dafür, dass am Abend in den Wohnungen der Stadt alles aufgeräumt
       worden ist.

   B   Die dunkel und still gewordenen Häuser erinnern das lyrische Ich an Spielschachteln.
       Dass die Spiele eingeräumt sind, bedeutet: Die Menschen ruhen nun (wie Spielfiguren) in den Häusern.

        c   Die Personifikation spielt in diesem Gedicht eine besonders wichtige Rolle.
            Belege diese Aussage auch durch Angabe der entsprechenden Verse. Schreibe in dein Heft.

Teste dich!

Ein Gedicht untersuchen

Mascha Kaléko

Sehnsucht nach dem Anderswo (um 1940)

Drinnen duften die Äpfel nach Spind,

prasselt der Kessel im Feuer.

Doch draußen pfeift Vagabundenwind

Und singt das Abenteuer!

5 Der Sehnsucht nach dem Anderswo

Kannst du wohl nie entrinnen:

Nach drinnen, wenn du draußen bist,

nach draußen, bist du drinnen.

1 **Welche der folgenden Formulierungen gibt den Inhalt gut wieder? Kreuze an. (1 P.)**

☐ Man ist nie wirklich zufrieden.

☐ Man kann Abenteuer nur draußen erleben.

☐ Man sehnt sich immer nach dem Ort, an dem
man sich gerade nicht befindet.

2 **Erstelle eine kurze Einleitung. Nenne Titel, Autorin, Entstehungsjahr und das Thema. (4 P.)**

_____

_____

_____

3 **Untersuche den Aufbau des Gedichts. Ergänze anschließend den Lückentext. (4 P.)**

Das Gedicht „Sehnsucht nach dem Anderswo" besteht aus _____ mit je _____.

Das Reimschema in der 1. Strophe ist ein _____, die 2. Strophe weicht davon ab.

Das Metrum ist unregelmäßig, nur die 2. Strophe folgt einem _____.

4 **Benenne zwei sprachliche Bilder im Gedicht oben und erkläre sie in deinem Heft. (2 P.)**

Vergleiche deine Ergebnisse mit dem Lösungsheft. Für jede richtige Angabe erhältst du einen Punkt.

☺ 11–8 Punkte	☺ 7–4 Punkte	☹ 3–0 Punkte
Gut gemacht!	Gar nicht schlecht, aber lies dir die Merkkästen in diesem Kapitel noch einmal genau durch.	Arbeite dieses Kapitel noch einmal sorgfältig durch.

Eine Dramenszene erschließen

In Friedrich Schillers letztem vollendeten Werk geht es um Tyrannei und Freiheit, um Recht und Unrecht.
Das Stück handelt vom Freiheitskampf der Schweizer, die zu Beginn des 14. Jahrhunderts noch zum Deutschen
Reich gehörten. Neben dem Titelhelden Wilhelm Tell gibt es in diesem Drama weitere Hauptfiguren.
Eine davon – Werner Stauffacher – wird in dieser Szene vorgestellt.

Friedrich Schiller

Wilhelm Tell (1804) – Erster Aufzug, 2. Szene

*Stauffacher setzt sich kummervoll auf eine Bank unter
der Linde. So findet ihn Gertrud, seine Frau, die sich
neben ihn stellt und ihn eine Zeit lang schweigend betrachtet.*

GERTRUD: So ernst, mein Freund? Ich kenne dich
   nicht mehr.
Schon viele Tage seh ich's schweigend an,
Wie finstrer Trübsinn deine Stirne furcht.
5 Auf deinem Herzen drückt ein still Gebresten[1],
Vertrau es mir, ich bin dein treues Weib,
Und meine Hälfte fordr ich deines Grams.
Stauffacher reicht ihr die Hand und schweigt.
Was kann dein Herz beklemmen, sag es mir.
10 Gesegnet ist dein Fleiß, dein Glücksstand blüht,
Voll sind die Scheunen, und der Rinder Scharen,
Der glatten Pferde wohlgenährte Zucht
Ist von den Bergen glücklich heimgebracht
Zur Winterung in den bequemen Ställen.
15 – Da steht dein Haus, reich, wie ein Edelsitz
Von schönem Stammholz ist es neu gezimmert
Und nach dem Richtmaß[2] ordentlich gefügt,
Von vielen Fenstern glänzt es wohnlich, hell,
Mit bunten Wappenschildern ist's bemalt,
20 Und weisen Sprüchen, die der Wandersmann
Verweilend liest und ihren Sinn bewundert.
STAUFFACHER: Wohl steht das Haus gezimmert und
   gefügt,
Doch ach – es wankt der Grund, auf den wir bauten.
25 GERTRUD: Mein Werner sage, wie verstehst du das?
STAUFFACHER: Vor dieser Linde saß ich jüngst wie
   heut,
Das schön Vollbrachte freudig überdenkend,
Da kam daher von Küssnacht, seiner Burg,
30 Der Vogt mit seinen Reisigen geritten.
Vor diesem Hause hielt er wundernd an,
Doch ich erhub mich schnell, und unterwürfig
Wie sich's gebührt, trat ich dem Herrn entgegen,
Der uns des Kaisers richterliche Macht
35 Vorstellt im Lande. „Wessen ist dies Haus?",
Fragt' er bösmeinend, denn er wusst es wohl.
Doch schnell besonnen ich entgegn ihm so:
„Dies Haus, Herr Vogt[3], ist meines Herrn des Kaisers,

Und Eures und mein Lehen"[4] – da versetzt er:
„Ich bin Regent im Land an Kaisers statt, 40
Und will nicht, dass der Bauer Häuser baue
Auf seine eigne Hand und also frei
Hinleb, als ob er Herr wär in dem Lande,
Ich werd mich unterstehn, Euch das zu wehren."
Dies sagend ritt er trutziglich[5] von dannen, 45
Ich aber blieb mit kummervoller Seele,
Das Wort bedenkend, das der Böse sprach.
GERTRUD: Mein lieber Herr und Ehewirt[6]! Magst du
   Ein redlich[7] Wort von deinem Weib vernehmen?
Des edlen Ibergs Tochter rühm ich mich, 50
Des vielerfahrnen Manns. Wir Schwestern saßen,
Die Wolle spinnend, in den langen Nächten,
Wenn bei dem Vater sich des Volkes Häupter
Versammelten, die Pergamente[8] lasen
Der alten Kaiser und des Landes Wohl 55
Bedachten in vernünftigem Gespräch.
Aufmerkend hört ich da manch kluges Wort,
Was der Verständ'ge denkt, der Gute wünscht,
Und still im Herzen hab ich mir's bewahrt.
So höre denn und acht auf meine Rede, 60
Denn was dich presste, sieh, das wusst ich längst.
– Dir grollt der Landvogt, möcht gern dir scha-
   den,
Denn du bist ihm ein Hindernis, dass sich
Der Schwyzer nicht dem neuen Fürstenhaus 65
Will unterwerfen, sondern treu und fest
Beim Reich beharren, wie die würdigen
Altvordern es gehalten und getan. –
Ist's nicht so Werner? Sag es, wenn ich lüge!
STAUFFACHER: So ist's, das ist des Geßlers Groll auf 70
   mich.

---

1 Gebresten: Leiden

2 Richtmaß: Norm

3 Vogt (Landvogt): vom Kaiser eingesetzter Verwaltungsbeamter und
Richter

4 Lehen: vom Kaiser zur Bewirtschaftung verliehenes Land

5 trutziglich: trotzig, stur

6 Ehewirt: Ehemann

7 redlich: ehrlich

8 Pergamente: Unterlagen (auf Lederhäute geschrieben)

GERTRUD: Er ist dir neidisch, weil du glücklich
    wohnst,
Ein freier Mann auf deinem eignen Erb
75 – Denn er hat keins. Vom Kaiser selbst und Reich
Trägst du dies Haus zu Lehn, du darfst es zeigen,
So gut der Reichsfürst seine Länder zeigt,
Denn über dir erkennst du keinen Herrn
Als nur den Höchsten in der Christenheit –
80 Er ist ein jüngrer Sohn nur seines Hauses,
Nichts nennt er sein als seinen Rittermantel,
Drum sieht er jedes Biedermannes Glück
Mit scheelen⁹ Augen gift'ger Missgunst an,
Dir hat er längst den Untergang geschworen –
85 Noch stehst du unversehrt – Willst du erwarten,
Bis er die böse Lust an dir gebüßt?
Der kluge Mann baut vor.
STAUFFACHER: Was ist zu tun?
GERTRUD *tritt näher:* So höre meinen Rat! Du weißt,
90   wie hier
Zu Schwyz sich alle Redlichen beklagen
Ob dieses Landvogts Geiz und Wüterei.
So zweifle nicht, dass sie dort drüben auch
In Unterwalden und im Urner Land
95 Des Dranges müd sind und des harten Jochs –
Denn wie der Geßler hier, so schafft es frech
Der Landenberger drüben überm See –
Es kommt kein Fischerkahn zu uns herüber,
Der nicht ein neues Unheil und Gewalt-
100 Beginnen von den Vögten uns verkündet.
Drum tät es gut, dass eurer etliche,
Die's redlich meinen, still zu Rate gingen,
Wie man des Drucks sich möcht erledigen.
So acht ich wohl, Gott würd euch nicht verlassen
105 Und der gerechten Sache gnädig sein –
Hast du in Uri keinen Gastfreund, sprich,
Dem du dein Herz magst redlich offenbaren?
STAUFFACHER: Der wackern Männer kenn ich viele
    dort,
110 Und angesehen große Herrenleute,
Die mir geheim sind und gar wohl vertraut.
Er steht auf.
Frau, welchen Sturm gefährlicher Gedanken
Weckst du mir in der stillen Brust! Mein Inners-
115   tes
Kehrst du ans Licht des Tages mir entgegen,
Und was ich mir zu denken still verbot,
Du sprichst's mit leichter Zunge kecklich aus.
– Hast du auch wohl bedacht, was du mir rätst?
120 Die wilde Zwietracht und den Klang der Waffen
Rufst du in dieses friedgewohnte Tal –
Wir wagten es, ein schwaches Volk der Hirten,
In Kampf zu gehen mit dem Herrn der Welt?
Der gute Schein nur ist's, worauf sie warten,
125 Um loszulassen auf dies arme Land

Die wilden Horden ihrer Kriegesmacht,
Darin zu schalten mit des Siegers Rechten
Und unterm Schein gerechter Züchtigung¹⁰
Die alten Freiheitsbriefe zu vertilgen.
GERTRUD: Ihr seid auch Männer, wisset eure Axt zu 130
führen, und dem Mutigen hilft Gott!
STAUFFACHER: O Weib! Ein furchtbar wütend
    Schrecknis ist
Der Krieg, die Herde schlägt er und den Hirten.
GERTRUD: Ertragen muss man, was der Himmel 135
sendet,
Unbilliges erträgt kein edles Herz.
STAUFFACHER: Dies Haus erfreut dich, das wir neu
    erbauten.
Der Krieg, der ungeheure, brennt es nieder. 140
GERTRUD: Wüsst ich mein Herz an zeitlich Gut
    gefesselt,
Den Brand würf ich hinein mit eigner Hand.
STAUFFACHER: Du glaubst an Menschlichkeit! Es
    schont der Krieg 145
Auch nicht das zarte Kindlein in der Wiege.
GERTRUD: Die Unschuld hat im Himmel einen
Freund!
– Sieh vorwärts, Werner, und nicht hinter dich.
STAUFFACHER: Wir Männer können tapfer fechtend 155
    sterben,
Welch Schicksal aber wird das eure sein?
GERTRUD: Die letzte Wahl steht auch dem Schwächs-
ten offen,
Ein Sprung von dieser Brücke macht mich frei. 160
STAUFFACHER *stürzt in ihre Arme:* Wer solch ein
    Herz an seinen Busen drückt,
Der kann für Herd und Hof mit Freuden fechten.
Und keines Königs Heermacht fürchtet er –
Nach Uri fahr ich stehnden Fußes gleich, 165
Dort lebt ein Gastfreund mir, Herr Walther Fürst,
Der über diese Zeiten denkt wie ich.
Auch find ich dort den edlen Bannerherrn
Von Attinghaus – obgleich von hohem Stamm
Liebt er das Volk und ehrt die alten Sitten. 170
Mit ihnen beiden pfleg ich Rats, wie man
Der Landesfeinde mutig sich erwehrt –
Leb wohl – und weil ich fern bin, führe du
Mit klugem Sinn das Regiment des Hauses –
Dem Pilger, der zum Gotteshause wallt, 175
Dem frommen Mönch, der für sein Kloster
    sammelt,
Gib reichlich und entlass ihn wohlgepflegt.
Stauffachers Haus verbirgt sich nicht. Zuäußerst
Am offnen Heerweg steht's, ein wirtlich Dach 180
Für alle Wandrer, die des Weges fahren.

---

9 scheel: neidisch
10 Züchtigung: Strafe

Stärken stärken: Die Figuren kennen lernen

Information	Das Drama

Ein Drama ist ein **Theaterstück,** das für die Aufführung auf einer Theaterbühne geschrieben wurde. In einem Drama gibt es **Figuren,** die auf der Bühne von Schauspielerinnen und Schauspielern gesprochen und dargestellt werden. Die **Handlung** eines Dramas entwickelt sich durch Gespräche zwischen den Figuren **(Dialoge)** oder durch Selbstgespräche **(Monologe).**

●○○ 1   **a**   Lies die Information.
      b   Welche Aufgabe haben Dialoge in einem Theaterstück? Antworte in einem Satz.

_____

●●○ 2   Welche Figuren lernst du in der Szene auf Seite 45 und 46 kennen?
      Schreibe die zwei Namen auf. Lies dazu noch einmal die angegebenen Zeilen.

Zeilen 8, 69: _____

Zeile 1: _____

●○○ 3   Worum geht es in dem Gespräch zwischen den beiden Figuren hauptsächlich?
      a   Kreuze an.
      b   Nenne drei Zeilen, aus denen du das erkannt hast.

    ☐   Die Ehefrau ist unzufrieden mit dem gemeinsamen Leben. Der Ehemann überlegt, wegzugehen und sich an einem anderen Ort niederzulassen.

    ☐   Der Ehemann befürchtet, dass sein freies und selbstbestimmtes Leben durch den neuen Landvogt bedroht wird. Er überlegt zusammen mit seiner Frau, was er tun kann.

Das erkenne ich besonders an diesen Zeilen: _____

●●○ 4   Was erfährst du über die Eigenschaften, Pläne, Gedanken und Gefühle der beiden Figuren?
      a   Lies im Text nach, besonders in den angegebenen Zeilen.
      b   Mache dir Notizen.

> **Stauffacher:** Regieanweisung am Anfang, Zeilen 4–5, 10–11, 15, 24, 30–32, 47–48, 64–68, 72–73, 108–157
> **Gertrud:** Zeilen 1–3, 6–7, 48–56, 88–89, 113–118

_____

_____

_____

●●○ 5   Was passierte bei der Begegnung mit dem Vogt (▶ Z. 26–47)? Fasse es in deinem Heft zusammen.

●●○ 6   Welche Entscheidung trifft Stauffacher am Ende der Szene? Warum? Schreibe einen kurzen Text in dein Heft.

Stärken stärken: Die Szene untersuchen

Information	Die Exposition

Die Eingangsszene eines Dramas bezeichnet man auch als **Exposition** (Einführung).
Die Exposition stellt die **Hauptfiguren** vor und führt in **Ort und Zeit** ein. Falls nötig, wird die Vorgeschichte der Handlung vorgestellt. Gleichzeitig zeichnet sich der zentrale **Konflikt** ab, der die Handlung des Dramas vorantreibt.

1 Lies die Auszüge aus der zweiten Szene des ersten Aufzugs aus „Wilhelm Tell" (▶ S. 45–46) und markiere mit gelbem Stift die Textstellen, die zeigen, dass sich hier ein Konflikt anbahnt.

2 Wer steht Stauffacher in diesem Konflikt gegenüber?
Sammle stichwortartig alle Informationen, die du über diese Figur aus dem Text erhältst.

_____

_____

_____

_____

3 Der Konflikt spielt sich nicht nur zwischen diesen zwei Männern ab.
Belege dies durch Textaussagen (mit Zeilenangaben), die du mit eigenen Worten zusammenfasst.

_____

_____

_____

_____

4 Kreuze die richtige Antwort an: „Denn über dir erkennst du keinen Herrn / Als nur den Höchsten in der Christenheit" (▶ Z. 78–79) – damit ist gemeint:

☐ Gott   ☐ der Vogt   ☐ der Kaiser

5 a Lies den Text auf Begriffe hin, die eine Stimmung wiedergeben.
b Beschreibe die Stimmung zu Beginn und am Ende der Szene. Sammle dazu passende Adjektive und Umschreibungen in deinem Heft.
c Wenn du die Stimmungen vergleichst, wirst du einen Stimmungswandel feststellen.
Beschreibe diesen knapp. Berücksichtige auch, was dazu geführt hat. Schreibe ins Heft.

6 Der Titelheld Wilhelm Tell kommt in dieser Szene gar nicht vor.
Notiere, was du über ihn weißt.
Du kannst auch im Internet recherchieren.

Teste dich!

Eine Dramenszene erschließen

1 Welche der folgenden Aussagen ist zutreffend?
Kreuze an. (3 P.)

                                                            richtig   falsch

A Werner Stauffacher ist ein adeliger Burgherr. ☐ ☐

B Werner Stauffacher ist ein freier, wohlhabender Bauer. ☐ ☐

C Gertrud spricht aus, was Stauffacher selbst auch schon gedacht hat. ☐ ☐

D Gertrud überzeugt ihren Ehemann von der Notwendigkeit zu handeln. ☐ ☐

E Stauffacher ist zu feige, sich gegen den Landvogt zu wehren. ☐ ☐

F Gertrud hat in ihrer Kindheit erlebt, wie ihr Vater einen Aufstand organisiert hat. ☐ ☐

G Gertrud ist in einer angesehenen Familie groß geworden,
in der sie auch bei politischen Besprechungen einiges gelernt hat. ☐ ☐

2 Wähle die drei Adjektive aus, die das Verhältnis der Eheleute Stauffacher zueinander passend benennen. (3 P.)

☐ nörglerisch   ☐ vertrauensvoll   ☐ misstrauisch   ☐ unaufrichtig

☐ verständnisvoll   ☐ unzufrieden   ☐ offen   ☐ hinterhältig

3 In der Szene I, 2 zeichnet sich ab, dass sich im dramatischen Konflikt zwei Parteien bilden werden:
Kennzeichne die Figuren, die zu Stauffachers Seite zu rechnen sind, mit A und die Figuren,
die auf der gegnerischen Seite anzusiedeln sind, mit B. (4 P.)

☐ Geßler   ☐ Der Landenberger   ☐ Gertrud   ☐ Walther Fürst

4 Formuliere drei Bedenken, die Stauffacher gegen einen bewaffneten Kampf äußert.
Lies dazu noch einmal aufmerksam die Zeilen 120–157. (3 P.)

1 _____

2 _____

3 _____

5 Was leistet diese Szene für das Verständnis des Zuschauers bzw. des Lesers?
Nenne zwei Funktionen, die diese Szene hat. (2 P.)

1 _____

2 _____

Vergleiche deine Ergebnisse mit dem Lösungsheft. Für jede richtige Angabe erhältst du einen Punkt.

☺ 15–13 Punkte	☺ 12–8 Punkte	☹ 7–0 Punkte
Gut gemacht!	Gar nicht schlecht. Lies noch einmal die Information auf der Seite 47 und die Szene.	Arbeite die Seiten in diesem Kapitel noch einmal sorgfältig durch.

Was kannst du schon? – Grammatik

1   **a** Markiere in den folgenden Sätzen vier <mark>Verbformen</mark>, drei <mark>Adverbien</mark> und vier <mark>Pronomen</mark> in unterschiedlichen Farben. (11 P.)

Neulich verlor Tim sein Handy. Er suchte es überall, zu Hause und in der Schule.

Tim wollte unbedingt diesen Verlust verhindern.

b Trage die Pronomen aus den Sätzen oben richtig in die folgende Übersicht ein. (4 P.)

Personalpronomen	Possessivpronomen	Demonstrativpronomen

2   Untersuche in den folgenden Sätzen die markierten Verben 1 bis 6 :
a Gib jeweils an, um welches Tempus es sich handelt. (6 P.)
b Kreuze an: In welchem Satz steht ein Verb im Konjunktiv? (1 P.)
c Forme die wörtliche Rede in Satz D ins Passiv um. (1 P.)

A ☐   Tim 1 hofft nun, dass er sein Handy bald 2 zurückbekommen wird.

1 = _____   2 = _____

B ☐   Nachdem er sich eine Zeit den Kopf 3 zerbrochen hatte, 4 sprach Julia ihn an.

3 = _____   4 = _____

C ☐   Ob Tim sie zu einem Eis 5 einlade, fragte sie ihn fröhlich.

5 = _____

D ☐   Sie fügte hinzu: „Ich 6 habe dein Handy im Bus gefunden!"

6 = _____

Passiv = _____

3   Wende die Umstellprobe an, um den Satzanfang interessanter zu gestalten:
Stelle das Akkusativobjekt an den Anfang und schreibe den umgeformten Satz auf. (1 P.)

Ein goldener Ring machte jahrelang eine besonders kuriose Reise.

_____

4   **a** Bestimme in den folgenden Sätzen alle Satzglieder. Trage über jedem Satzglied die richtige Ziffer ein:
1 Prädikat – 2 Subjekt – 3 Akkusativobjekt – 4 Dativobjekt – 5 adverbiale Bestimmung (11 P.)
b Zeichne in Satz B eine Satzklammer ein ⌒___⌐ (1 P.)

A Eine 72-jährige Frau | vermisste | seit drei Jahren | ihren Ring.

B Aus Versehen | hatte | sie | ihn | zusammen mit Küchenabfällen | im Kompost | entsorgt.

5 **a** Trenne in den folgenden Sätzen die Satzglieder mit senkrechten Strichen | voneinander ab. (3 P.)

b Einige Satzglieder enthalten Attribute. Unterstreiche die Attribute. (6 P.)

c Auf welches Wort beziehen sich die Attribute jeweils? Setze Pfeile. (6 P.)

d Eines der Attribute ist eine Apposition. Unterstreiche die Apposition doppelt. (1 P.)

Nach drei Jahren fand ihr überraschter Ehemann das verlorene Schmuckstück in einer Kartoffel wieder.

Die Freude über den Ring, eine Goldschmiedearbeit der Tochter, war riesengroß.

Keiner hatte jetzt noch mit dem Fund des Ringes gerechnet.

6 **Kreuze für jeden Satz an:**
Satzreihe oder Satzgefüge? (5 P.)

	Satzreihe	Satzgefüge
A In manchen Ländern gehen ganze Straßenzüge auf Reisen, sie verschwinden über Nacht.	☐	☐
B In einer nächtlichen Aktion hat in Russland ein 40-jähriger Mann eine Straße gestohlen, ohne dass es zunächst bemerkt wurde.	☐	☐
C Der Dieb hatte mit einem Kranwagen 82 Betonplatten einer Landstraße abgebaut, er wollte sie Rohstoffhändlern verkaufen.	☐	☐
D Erst beim Verladen der Einzelteile auf Laster wurden Anwohner auf den Mann aufmerksam, sie alarmierten die Polizei.	☐	☐
E Nachdem der Anruf eingegangen war, konnte die Polizei den Straßendieb bei einer Verkehrskontrolle wenig später festnehmen.	☐	☐

7 **a** Unterstreiche in jedem Satzgefüge den Nebensatz und markiere das einleitende Wort. (je 1 P. = 3 P.)

b Setze die fehlenden Kommas an die richtigen Stellen. (je 1 P. = 3 P.)

c Kreuze jeweils an, um welche Art von Nebensatz es sich handelt. (je 1 P. = 3 P.)

A Mitte Mai 2013 wurde in der Darmstädter Liebigstraße ein Brief abgegeben der 1951 in Karlsruhe losgeschickt worden war und zwischendurch irgendwie in die USA gelangt sein musste.

KOMMA-FEHLER!

☐ Subjektsatz ☐ Temporalsatz ☐ Relativsatz

B Da der Brief in einer Plastikhülle mit einer freundlichen Entschuldigung in englischer Sprache steckte war die deutsche Adresse gut lesbar.

☐ Modalsatz ☐ Kausalsatz ☐ Konditionalsatz

C Allerdings musste der Postbote den Brief wieder mitnehmen weil niemand von den heutigen Mietern schon im Jahre 1951 dort gewohnt hatte.

☐ Finalsatz ☐ Kausalsatz ☐ Objektsatz

8 **a** Überprüfe deine Lösungen mit Hilfe des Lösungsheftes. Für jede richtige Angabe bekommst du einen Punkt. Trage neben jede Aufgabe deine erreichte Punktzahl ein.

b Trage hier ein, wie du die Aufgaben bewältigt hast: ✓ = das meiste richtig ? = noch etwas unsicher

Aufgabe	1	2	3	4	5	6	7
	☐	☐	☐	☐	☐	☐	☐

Weitere Übungen: Seite 52   Seite 53   Seite 62   Seite 60–61   Seite 60–61   Seite 64   Seite 65–71

Wiederholung: Die Wortarten erkennen

Stärken stärken: Nomen, Adjektive, Präpositionen

Information	Wortarten	
Wortart	**Besonderheit**	**Merkmale**
Nomen (Hauptwörter)	▪ großschreiben ▪ veränderbar	▪ Begleiter ▪ *-ung, -heit, -keit* usw.
Adjektive (Eigenschaftswörter)	veränderbar: ▪ Endungen ▪ Steigerung	▪ als Begleiter: veränderbare Endung ▪ adverbial: endungslos
Präpositionen (Verhältniswörter)	nicht veränderbar	fordern Kasus

Wie entstehen Polarlichter?

Auf der nördlichen Erdhalbkugel kann man unter bestimmten Bedingungen Nordlichter beobachten. Ganz im Süden der Erde sieht man Südlichter. Polarlichter haben unterschiedliche Erscheinungsformen. Sie können als weißliche Bögen oder als helle Licht-
5 flecken über dem Horizont schweben. Verursacht werden sie durch Sonnenwinde, die mit extrem hoher Geschwindigkeit durch das All rasen. Prallen diese elektrisch geladenen Sonnenteilchen in der oberen Erdatmosphäre auf Luftteilchen, werden diese zum Leuchten angeregt. Dann scheint der Himmel in verschiedensten Farben zu
10 glühen.

1 **a** Bestimme die Wortarten der unterstrichenen Wörter. Schreibe in dein Heft.
  b Steigere das Adjektiv in Zeile 6. Schreibe die drei Formen in dein Heft.
  c Schreibe drei Wortgruppen mit Präpositionen aus dem Text in dein Heft.

2 **a** An welchen Begleitern erkennst du Nomen? Schreibe drei Beispiele aus dem Text in dein Heft.
  b Finde im Text das gesteigerte Adjektiv. Steigere zwei andere Adjektive aus dem Text.
  c Welchen Fall fordern die zwei Präpositionen in Zeile 5? Frage danach.
     Schreibe die Fragen und die Wortgruppen mit Präposition in dein Heft.

3 **a** Welche Wortarten können zu Nomen werden?
     Nenne zwei Wortarten und schreibe Beispielsätze in dein Heft.
     Finde das Beispiel im Text. Begründe, warum die Wörter zu Nomen werden.
  b Wie heißen die drei Steigerungsformen der Adjektive?
     Schreibe Beispiele in dein Heft.
  c Einige Präpositionen fordern zwei Fälle.
     Schreibe drei solcher Präpositionen mit Beispielen in dein Heft.

Verbformen erkennen und verwenden

Stärken stärken: Die Zeitformen der Verben wiederholen

Information	Die Tempora (Zeitformen) der Verben				
Plusquamperfekt	**Perfekt**	**Präteritum**	**Präsens**	**Futur**
Das Plusquamperfekt gibt etwas wieder, was **vor der Vergangenheit geschehen** ist.	Das Perfekt verwendet man vorwiegend **mündlich**, um von etwas **Vergangenem** zu berichten.	Das Präterium ist die **einfache Zeitform der Vergangenheit**.	Das Präsens wird verwendet, wenn etwas in der **Gegenwart** geschieht.	Das Futur drückt ein **zukünftiges Geschehen** aus.
Nachdem es stark geregnet hatte, kam es zu Überflutungen.	*Im Sommer 2014 hat es stark geregnet.*	*Im Sommer 2014 regnete es stark.*	*Es regnet gerade stark.*	*Hoffentlich wird es im Sommer nicht so viel regnen.*

1   **a**   Unterstreiche im folgenden Text die Zeitformen der Verben.

     b   Notiere im Heft für jeden Satz die Zeitform(en) und bestimme sie so: *A bestand = Präteritum, ...*

Bauernregeln und Wettervorhersagen

A Bis über das Mittelalter hinaus <u>bestand</u> die Wetterkunde aus Beschreibungen und Bauernregeln. **B** Diese meist gereimten Sprüche erwuchsen aus langjährigen Wetterbeobachtungen. **C** Sie geben
5   regionale Erfahrungen wieder. **D** Im 20. Jahrhundert hatte man die Bauernregeln zunächst für Aberglauben gehalten. **E** Sie erwiesen sich jedoch als recht zuverlässig. **F** „Wir haben jetzt bei der Prüfung auf das Entstehungsgebiet der Bauernregeln geachtet", erklärt ein wissenschaftlicher Mitarbeiter 10
des Deutschen Wetterdienstes. **G** „Was der Volksmund an der Nordküste überliefert, wird für die Küstenbewohner auch zukünftig hilfreich sein, aber natürlich nicht für die Bauern am Alpenrand."

2   Trage alle Zeitformen aus dem Text „Bauernregeln und Wettervorhersagen" in eine Tabelle ein. Fülle für alle Verben alle Spalten aus. Schreibe in dein Heft.

Infinitiv	Plusquamperfekt	Perfekt	Präteritum	Präsens	Futur
bestehen	*hatte bestanden*	*hat bestanden*	*bestand*	*besteht*	*wird bestehen*
...	*...*	*...*	*erwuchsen*	*...*	*...*

3   Berichte mit Hilfe der folgenden Informationen über einige Meilensteine der Wetterforschung. Schreibe einen zusammenhängenden Text und verwende dabei möglichst viele unterschiedliche Zeitformen.

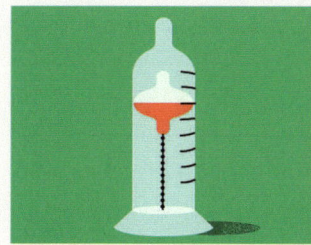   

1592 Galileo Galilei erfindet das Thermometer.

1634 Sein Schüler Evangelista Torricelli entwickelt das erste Barometer.

1901 Zwei Meteorologen steigen mit ihrem Wetterballon in elf Kilometer Höhe auf.

Heutzutage helfen Satelliten bei der Wetterforschung.

Die Modalverben

Information	Aussagen verändern mit Modalverben

Mit **Modalverben** verändert man den **Aussagewert** des **Vollverbs.** Man zeigt an, ob man z. B. etwas *darf* oder *muss*. Das Modalverb steht in der **Personalform,** das Vollverb im **Infinitiv.**
Modalverb und Vollverb bilden die **Satzklammer,** z. B.: *Ilka kann sehr gut surfen.*

Durch ein Modalverb wird der Bedeutung des Vollverbs ein bestimmter Aspekt hinzugefügt:

können	sollen	müssen	dürfen	wollen	mögen
Möglichkeit	Vorschrift	Gebot	Erlaubnis	Absicht	Wunsch
Fähigkeit	Empfehlung	Zwang	Möglichkeit	Bereitschaft	Möglichkeit

1 Markiere im folgenden Text jede Satzklammer aus Modalverb und jeweils dazugehörigem Vollverb.

Auf dem Campingplatz

Neue Gäste müssen sich bei Ankunft an der Rezeption melden. Die Fahrzeuge

und Campinganhänger sollen zunächst auf dem Parkplatz bleiben. Nach der

Anmeldung darf man sich einen Stellplatz frei wählen. Wer Strom nutzen

möchte, kann an der Rezeption einen Stromkastenschlüssel sowie Verlänge-

rungskabel ausleihen. Die Duschen dürfen kostenlos benutzt werden. Camper,

die in der Nacht abreisen wollen, müssen bis 18 Uhr an der Rezeption bezahlen.

2 Auf einem Campingplatz findet man den folgenden, etwas umständlich ausgedrückten Aushang.
Verwende passende Modalverben und schreibe den Aushang sprachlich flüssiger auf.

Bei Gewitter zu beachten:

A Sie haben keine Erlaubnis, im Meer oder im Pool zu baden.

B Es besteht die Vorschrift, sich von hohen Bäumen fernzuhalten.

C Für Kinder gilt das Gebot, die Spielgeräte auf dem Campinggelände sofort zu verlassen.

D Wer den Wunsch hat, sich über die aktuelle Wetterlage zu informieren, hat die Möglichkeit, folgende Hotline zu wählen: 12 37 89 10.

E Es besteht der Zwang, alle elektrischen Geräte auszuschalten.

F Bei extremem Unwetter haben Sie die Möglichkeit, in den Räumen der Campingplatzverwaltung Schutz zu suchen.

A Sie dürfen nicht

Der Konjunktiv II und die *würde*-Ersatzform

> **Information**   Den Konjunktiv II bilden (Irrealis)
>
> Verben haben einen **Modus** (Aussageweise): Er zeigt an, wie wirklich und sicher eine Aussage ist.
> Wenn man eine Aussage als **unwirklich**, nur vorgestellt, unwahrscheinlich oder gewünscht kennzeichnen
> möchte, verwendet man den Konjunktiv II. Man bezeichnet den Konjunktiv II daher auch als **Irrealis.**
>
> **Bildung des Konjunktivs II**
> Der Konjunktiv II wird in der Regel **vom Präteritum Indikativ abgeleitet.**
> Bei unregelmäßigen Verben werden **a, o, u** im Wortstamm zu **ä, ö, ü**, z. B.: *er sah → er sähe* (Infinitiv: *sehen*).
>
> Anstelle des Konjunktivs II kann die *würde*-**Ersatzform** verwendet werden, z. B. wenn der Konjunktiv II (im
> Textzusammenhang) **nicht vom Indikativ Präteritum zu unterscheiden ist:**
> *Wir ~~gingen~~ wieder auf allen Vieren. → Wir <u>würden</u> wieder auf allen Vieren <u>gehen</u>.*

1 **a** Markiere im folgenden Text die fünf Konjunktivformen und die zwei *würde*-Ersatzformen.

Leben im Rückwärtsgang – Gedankenexperiment

Wieso muss die Zeit eigentlich voranschreiten? Unser Leben könnte doch auch umgekehrt
ablaufen. Wir kämen aus einem dunklen Grab als alte Menschen in die bunte, lebendige
Welt. Im Altersheim ginge es uns von Monat zu Monat besser, wir verlören langsam unsere
Falten aus dem Gesicht und würden uns körperlich erholen. Sobald das letzte weiße Haar
verschwände, würden wir als rüstige Rentner das Altersheim verlassen.

b Erkläre, warum im Text oben die beiden *würde*-Ersatzformen verwendet wurden.

_____

2 Ergänze im folgenden Text jeweils die Personalform des angegebenen Verbs im Konjunktiv II.

Nach der Zeit im Altersheim _____ [stehen] jetzt ausgedehnte Reisen und die Erfüllung von

Lebensträumen in unserem Kalender. Erst wenn diese Zeit voll weiser Gelassenheit vorbei _____ [sein] ,

_____ [beginnen] auf einem interessanten, gehobenen Posten unser Berufsleben.

Das anschließende Studium und der Schulbesuch _____ [nehmen] die Last der Verantwortung

von unseren Schultern und _____ [geben] uns einen Vorgeschmack auf die Freiheit der Kindertage:

spielen, toben und vieles ausprobieren. Oder _____ [gefallen] es dir gar nicht, mit der

Erfahrung eines 80-Jährigen zur Welt zu kommen und im Kinderwagen dein Leben zu beenden? Immerhin

_____ [erhalten] du am letzten Schultag eine Tüte voller Süßigkeiten statt nur ein bedrucktes

Stück Papier mit der Überschrift „Abgangszeugnis". Wie _____ [finden] du diesen Lebenslauf?

3 Wie wäre es, wenn du immer jünger würdest? Was tätest du Ungewöhnliches?
Schreibe einen kurzen zusammenhängenden Text in dein Heft. Verwende den Konjunktiv II.

Der Konjunktiv I in der indirekten Rede

> **Information**   **Den Konjunktiv I verwenden**
>
> Um Äußerungen Dritter wiederzugeben, verwendet man die **indirekte Rede** mit dem **Konjunktiv I,** z. B.:
> - **Indikativ:** *Die Wetterstation meldet: „Es schneit seit Tagen."*
> - **Indirekte Rede mit Konjunktiv I:** *Die Wetterstation meldet, es schneie seit Tagen.*
>
> **Bildung:** Stamm des Verbs (Infinitiv ohne *-en*) + *-e-* + Personalendung:
>
> | Singular | | Plural | | |
> |---|---|---|---|---|
> | **Indikativ Präsens** | **Konjunktiv I** | **Indikativ Präsens** | **Konjunktiv I** | |
> | *ich komm-e* | *ich komm-e* | *wir komm-en* | *wir komm-en* | |
> | *du komm-st* | *du komm-est* | *ihr komm-t* | *ihr komm-et* | ____ |
> | *er/sie/es komm-t* | *er/sie/es komm-e** | *sie komm-en* | *sie komm-en* | * Das *t* entfällt in der 3. Person Singular. |
>
> **Ersatzform:** Wenn der Konjunktiv I nicht vom Indikativ zu unterscheiden ist, verwendet man den
> **Konjunktiv II** oder die *würde*-**Ersatzform,** z. B.:
> Konjunktiv I = Indikativ Präsens: *Er sagt, viele ~~sehen~~ in ihrem ganzen Leben kein Polarlicht.*
> → Konjunktiv II: *Er sagt, viele <u>sähen</u> …*   → würde-Ersatzform: *Er sagt, viele <u>würden</u> … <u>sehen</u>.*

1 **a Unterstreiche im folgenden Text die Verbformen im Indikativ.**
   b Kreise die Verbformen im Konjunktiv I ein.

Die Initiative „für mich. für uns. für alle" vergibt jährlich Auszeichnungen für herausragendes ehrenamtliches

Engagement. Im Jahr 2013 informiert sie, dass sie einen Sonderpreis „Hochwasser-Helfer" auslobe. Der Preis

würdige die zahlreichen Helferinnen und Helfer in den Hochwassergebieten. Aus den 140 Vorschlägen wählt eine

Jury schließlich drei Preisträger. Einen Preis erhält auch die Initiative „Passau räumt auf". Diese Hilfsaktion mittels

Facebook zeige, dass eine Hand voll Studenten eine Welle der Hilfsbereitschaft auslösen könne.

2 **a Wähle für jeden der folgenden Sätze das passende Verb**
   und setze die Verbform im Konjunktiv I ein.

> Wortspeicher
>
> behindern • erhalten • finden • räumen • schließen

Eine Kleinstadt ist eingeschneit

A Die Brüder Paul und Julius berichten jubelnd, die Schule _____ eine ganze Woche.

B Die ältere Nachbarin sorgt sich, wie sie bei diesem Wetter frische Lebensmittel _____ .

C Der Mann vom Winterdienst stöhnt, er _____ jetzt Tag und Nacht Schnee fort.

D Ein Autobesitzer meldet, er _____ seit Einsetzen der Schneefälle sein Auto nicht mehr.

E Die Polizei wirft Schaulustigen vor, sie _____ die Räumungsarbeiten.

   b In einem der Sätze ist der Konjunktiv I nicht vom Indikativ zu unterscheiden.
   Schreibe den Satz mit dem Konjunktiv II und mit der *würde*-Ersatzform in dein Heft.

Texte überarbeiten

Stärken stärken: Den Konjunktiv I richtig verwenden

1 Die folgenden Sätze sollen indirekte Rede wiedergeben.
a Markiere die Verben des Sagens in einer Farbe, die weiteren Verbformen in einer anderen Farbe.
b Schreibe die Sätze überarbeitet in dein Heft: Ersetze die anderen Verbformen durch die Konjunktive am Rand.

Projektwoche: Sternschnuppen

In seinem Referat erklärte Rafi, das Wort „Meteor" stammt aus der griechischen Sprache und bedeutet „in der Luft schwebend". Er wies auch darauf hin, dass man mit „Meteor" und „Sternschnuppe" die gleiche Himmelserscheinung bezeichnet. Mit Hilfe von Fotos legte Rafi zum Schluss dar, wie ein Meteorit durch die Erdatmosphäre abgebremst wird und die Hitze ihn aufleuchten lässt.

> **Konjunktiv I**
>
> es stamme
> es bedeute
> man bezeichne
> er werde abgebremst
> sie lasse aufleuchten

2 Im folgenden Text wurde die indirekte Rede im Indikativ wiedergegeben. Markiere die Verbformen im Indikativ und notiere am Rand die passende Verbform im Konjunktiv oder die Ersatzform mit *würde*.

Projektwoche: Lichtspiele am Nachthimmel des August

VORSICHT FEHLER!

Sebastian und Nils erzählen, sie treffen sich immer im August zur Sternschnuppennacht. Bei klarem Himmel bewundern sie in einer solchen Nacht über hundert Sternschnuppen. Der Himmel sieht dann zeitweilig aus wie bei einem Feuerwerk, behaupten die beiden. Sie schwärmen, sie wissen dann gar nicht mehr, was sie sich noch wünschen sollen. Auch wenn die beiden Jungen etwas übertreiben, bestätigen auch Astronomen, dass man im August auffällig häufig Sternschnuppen beobachten kann.

3 Der folgende Text ist wenig abwechslungsreich, weil ausschließlich die *würde*-Ersatzform verwendet wurde. Verbessere den Text: Streiche die *würde*-Ersatzformen.
Schreibe den Text mit passenden Konjunktivformen in dein Heft.

Projektwoche: Astronomen informieren

VORSICHT FEHLER!

Beim Projekttag erklären einige Astronomen, die Erde würde sich immer im August durch einen Meteorschauer hindurchbewegen. Dieser würde aus Staub und Gestein bestehen. Ein Komet würde diese Reste hinterlassen haben. In dem Moment, in dem diese Kometenreste in die Erdatmo-
5 sphäre eindringen würden, würden sie die Atmosphäre zum Glühen bringen. Da die Erde auf ihrer Umlaufbahn um die Sonne immer den gleichen Kometenspuren zur selben Zeit im Jahr begegnen würde, würde in bestimmten Monaten eine Häufung von Sternschnuppen auftreten. Sebastian und Nils würden also nicht besonders viel Glück gehabt haben,
10 so die Astronomen, sondern sie würden nur im richtigen Monat am Lagerfeuer gesessen haben.

Teste dich!

Das Verb – Modalverben, Konjunktiv I und II

1 Welches Modalverb kann welche Formulierung ersetzen? Verbinde. (4 P.)

Es ist verboten ...	müssen
Man ist verpflichtet ...	nicht dürfen
Es steht Ihnen frei ...	sollen
Es ist wünschenswert ...	dürfen

VERBOTEN!

2 Unterstreiche im folgenden Text die Verbformen im Indikativ <u>grün</u> und die Verbformen im Konjunktiv I <u>blau</u>. (12 P.)

Der Grünspecht – Zorro der Lüfte

„Fliegender Zorro" lautet der Spitzname eines heimischen Vogels: Der Grünspecht mit rötlicher Kappe und schwarzem Bereich um die Augen ist der Vogel des Jahres 2014. Die Jury gibt an, mit der Prämierung wolle man auf das Verschwinden der Streuobstwiesen hinweisen, wo sich der Grünspecht besonders gern aufhalte. Die Tierschützer heben hervor, der Vogel des Jahres sei nicht wie viele seiner Vorgänger vom Aussterben bedroht. Der Grünspecht zähle zu den wenigen heimischen Brutvögeln, deren Bestand deutlich zugenommen habe. „Es gibt in Deutschland derzeit etwa 42 000 Brutpaare und damit mehr als doppelt so viele wie vor 20 Jahren. Die letzten drei kalten Winter haben jedoch gezeigt, dass es auch für den Grünspecht schnell wieder abwärtsgehen kann", erklärt der Naturschützer Helmut Opitz (NABU) die Entscheidung für den Vogel des Jahres 2014.

3 Kreuze für jede der folgenden Verbformen an: Konjunktiv I oder Konjunktiv II? (5 P.)

	Konjunktiv I	Konjunktiv II
A sie arbeite	☐	☐
B ich wolle	☐	☐
C er sänge	☐	☐
D sie lögen	☐	☐
E er komme	☐	☐

4 Kreuze für jede der folgenden Aussagen an, ob sie richtig oder falsch ist. (4 P.)

	richtig	falsch
A Der Konjunktiv I wird in der indirekten Rede verwendet.	☐	☐
B Der Indikativ wird auch Irrealis genannt, weil das Gesagte als möglich gilt.	☐	☐
C Anstelle ungebräuchlicher Formen des Konjunktivs II tritt die Ersatzform mit „würde".	☐	☐
D Der Konjunktiv II wird in der indirekten Rede verwendet, wenn der Konjunktiv I nicht vom Indikativ Präsens zu unterscheiden ist.	☐	☐

5 Zu jedem der folgenden Sätze passt eine der Aussagen von Aufgabe 3.
Trage den richtigen Buchstaben ein. (3 P.)

Biologen betonen, der Flug der Zugvögel sei auch nach neuesten Forschungen kaum eindeutig zu erklären.

Kinder glauben manchmal, sie sähen die Zugvögel infolge des Winterschlafs nicht.

Würden die Zugvögel nicht vor dem kalten Winter fliehen, würden sie erfrieren.

6 Was wäre, wenn die Menschen wie Zugvögel lebten? Führe ein Gedankenexperiment durch.
Formuliere dazu aus den folgenden Stichworten vollständige Sätze mit dem Konjunktiv II oder
der *würde*-Ersatzform. (4 P.)

— alle Mitteleuropäer:
   verbringen Winter im Süden, z. B. in … _____
— nicht mehr benötigen:
   Winterkleidung, z. B. … _____
— Städte und Dörfer, Schulen, Betriebe …:
   komplett menschenleer sein _____
— im Spätsommer:
   Abreise vorbereiten, Fahrkarten buchen _____

7 Gib die folgenden Aussagen in indirekter Rede wieder. (4 P.)

A Viele Wissenschaftler vertreten die Meinung: „Zugvögel haben einen Kompass im Schnabel."

_____

B Forscher der Universität Wien widersprechen: „Wir können im Schnabel keinen Orientierungssinn finden."

_____

_____

C Ein Biophysiker aus Illinois behauptet: „Ich weiß, dass die Zugvögel das Magnetfeld der Erde sehen können."

_____

_____

D Vogelforscher aus dem Mittelmeerraum teilen mit: „Wir beobachten fortlaufend, wie klug die Vögel ihre Höhe
für die Überquerung des Meeres wählen."

_____

_____

Vergleiche deine Ergebnisse mit dem Lösungsheft. Für jede richtige Angabe erhältst du einen Punkt.

☺ 36–27 Punkte	☺ 26–18 Punkte	☹ 17–0 Punkte
Gut gemacht!	Gar nicht schlecht, aber lies dir die Informationskästen auf den Seiten 51 bis 56 noch einmal genau durch.	Arbeite die Seiten 51 bis 57 noch einmal genau durch.

Wiederholung: Satzglieder unterscheiden

- Ein Satz besteht mindestens aus Subjekt und Prädikat, z. B.: *Reisen bildet.*
- In vielen Sätzen wird ein Objekt hinzugefügt, z. B.: *Reisen bildet jeden Menschen.*
- Adverbiale Bestimmungen sind Satzglieder, die im Satz zusätzliche Informationen geben, z. B.:
  Reisen bildet auf ganz unterschiedliche Weise jeden Menschen.
- **Attribute** bestimmen ein Bezugswort (meist ein Nomen) näher und sind immer Teil eines Satzglieds, z. B.:
  Weites Reisen bildet auf ganz unterschiedliche Weise jeden wissbegierigen Menschen.

Satzglied	Subjekt	Akkusativobjekt	Dativobjekt	Genitivobjekt	adverbiale Bestimmung
Frageprobe	*Wer/Was ...?*	*Wen/Was ...?*	*Wem ...?*	*Wessen ...?*	*Wann? Wo? Warum? Wie?*
					(weitere Fragewörter ▶ Aufgabe 4)

1
a Unterteile die folgenden Sätze in Satzglieder.
b Erfrage die Satzglieder.
c Bestimme alle Satzglieder.

Couchsurfing – Ein neuer Trend für Sparfüchse

Familie Kross | reist | in den Sommerferien | nach Neuseeland.
   Wer?   *Verb*   *Wann?*   *Wohin?*
   Subjekt   *Prädikat* *adv. Best. temporal*   *adv. Best. lokal*

A Aus Kostengründen vermeiden die Reisenden Hotels oder Gasthöfe.

_____

_____

B Lieber übernachtet die Familie in Privatunterkünften.

_____

_____

C Die Gastgeber überlassen den Gästen großzügig ihre Couch.

_____

_____

2 Gestalte die folgenden Sätze mit jeweils zwei weiteren Satzgliedern aus und schreibe sie auf.

Familie Lustig reist. Die Reiseroute liegt fest. Sie segeln.

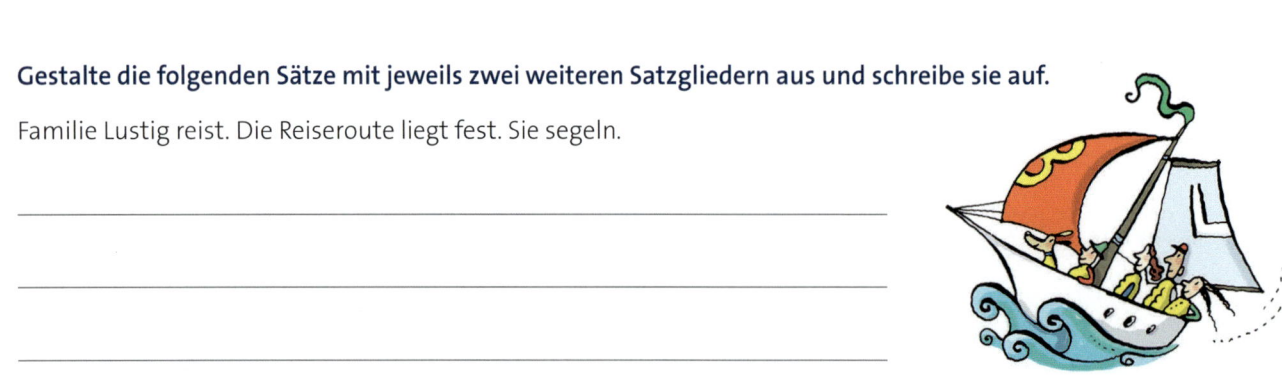

_____

_____

Information	Die Grundstruktur des Satzes – Das Feldermodell

Das Prädikat als Kern des Satzes kann aus einem oder mehreren Teilen bestehen. Mehrteilige Prädikate bilden im Aussagesatz eine Satzklammer und unterteilen den Satz in Felder.

Vorfeld	linke Satzklammer	Mittelfeld	rechte Satzklammer	Nachfeld
Kurz vor dem Urlaub	*haben*	*viele Leute Reisefieber.*	–	–
Kurz vor dem Urlaub	*bricht*	*bei vielen Leuten das Reisefieber*	*aus.*	–

Satzklammer

---

3 Jedes Satzglied aus dem Mittelfeld kann auch im Vorfeld stehen.
Stelle die zwei Sätze aus dem Info-Kasten jeweils zweimal um.

Viele Leute haben _____

_____

_____

_____

---

4 Trage die angebotenen Fachbegriffe richtig in die folgende Übersicht ein.

lokal	Objekte	modal	Subjekt	kausal	adverbiale Bestimmungen	Prädikat	temporal

Satz

Satzglieder

Satzgliedteil Attribut

A _____ B _____ C _____ D _____

_____

E _____ F _____ G _____ H _____

Ort	Richtung	Grund/Ursache	Zeitpunkt	Dauer	Art und Weise
Wo?	*Woher?*	*Warum?*	*Wann?*	*Wie oft?*	*Wie?*
Wie weit?	*Wohin?*	*In welchem Fall?*	*Seit wann?*	*Wie lange?*	*Wie viel?*
		Mit welcher Folge?	*Bis wann?*		*Wie sehr?*
		Wozu?			*Womit?*
		Trotz wessen?			*Wodurch?*

Stärken stärken: Texte überarbeiten mit Hilfe von Proben

Methode	Die Textlupe anwenden: Texte überarbeiten

Die folgenden Proben helfen dir, **genauer zu schreiben** und Texte **stilistisch zu verbessern.**

■ Die **Umstellprobe** kannst du anwenden, um Satzanfänge abwechslungsreicher zu gestalten:

Manche Menschen träumen ihr Leben lang von einer Weltreise.

Von einer Weltreise träumen manche Menschen ihr Leben lang.

■ Die **Ersatzprobe** hilft dir, Wortwiederholungen zu vermeiden. Ersetze z. B. ein Subjekt durch ein anderes: *die Reise → der Urlaub, die Unternehmung* oder durch ein Pronomen: *sie.*

■ Mit der **Erweiterungsprobe** kannst du aussagekräftiger und genauer schreiben, indem du einem Satz Objekte, adverbiale Bestimmungen oder Attribute hinzufügst, z. B.:

um die Welt   Wochen

Eine Reise ↓ *kann* ↓ *dauern.*

■ Die **Weglassprobe** erleichtert es, Wiederholungen oder Überflüssiges zu streichen:

Ein Student verbindet während seines Studiums seine Weltreise um die Welt mit einem Projekt.

●○○ **1** **a Lies den folgenden Text und unterstreiche Wiederholungen, Überflüssiges oder ungenaue Stellen.**

b Wähle ein bis zwei Sätze aus. Schreibe sie verbessert in dein Heft.

Der Student Florian Luxenburger studierte Kommunikationsdesign an der Fachhochschule in Trier, Bereich Kommunikationsdesign. Für seine Diplomarbeit reiste der Diplom-Student Florian Luxenburger um die Welt. Von der Fachhochschule in Trier aus fuhr Luxenburger zunächst mit dem Auto nach Istanbul. Von Istanbul aus ging es mit dem Flugzeug weiter.

●●○ **2** **Überarbeite den Text von Aufgabe 1 mit Hilfe der Proben und schreibe den verbesserten Text in dein Heft.**

●●● **3** **a Der folgende Text ist wenig abwechslungsreich. Kennzeichne im Text, was verbessert werden muss.**

b Notiere vor jedem der Sätze, welche Probe du zur Verbesserung angewendet hast. Trage ein:

A Formulierung doppelt → weglassen

B Subjekt steht immer am Satzanfang → umstellen

C Wörter wiederholen sich → ersetzen

D genauere Angaben fehlen → erweitern

c Schreibe den Text verbessert in dein Heft.

◻ Luxenburger ging es um ein ungewöhnliches ~~Tauschprojekt~~. *Projekt*

◻ *Sein* ~~Luxenburgers~~ Ziel war es, Gegenstände zu tauschen, die für ihre Besitzer etwas Besonderes bedeuten.

◻ Luxenburger besuchte zum Beispiel Menschen wie Maler, Fotografen, Bildhauer.

◻ Jedes Mal, bevor er abreiste, bat er diese Menschen jedes Mal darum, etwas mit ihm zu tauschen.

◻ Er bekam zum Beispiel eine Bronzepyramide oder ein Spielzeugboot.

◻ Er selbst hatte das Kaleidoskop seiner Oma weggegeben.

◻ Er fotografierte seine Tauschpartner und schrieb dann ihre Geschichten auf.

Teste dich!

Satzglieder und Attribute

1 **Welche der folgenden Begriffe bezeichnen keine Satzglieder? Umkreise diese. (5 P.)**

A Nominativ   B Akkusativobjekt   C Subjekt   D Präposition   E Genitivobjekt

F temporale adverbiale Bestimmung   G Konjunktion   H Relativpronomen   I Apposition   J Prädikat

2 **Wie viele Satzglieder hat der folgende Satz? Kreuze die richtige Anzahl an. (1 P.)**

A ☐ 5   B ☐ 6   C ☐ 7   D ☐ 8

Auf Island brach in den vergangenen Jahren der Flugverkehr wegen einiger Vulkanausbrüche mehrfach zusammen.

3 **a Stelle im Satz von Aufgabe 2 das Subjekt in das Vorfeld und schreibe den Satz auf. (1 P.)**
b Markiere die Satzklammer. (1 P.)

_____

_____

c Welche Probe hat dir geholfen, den Satz zu verändern? Kreuze an. (1 P.)

A ☐ Ersatzprobe   B ☐ Erweiterungsprobe   C ☐ Umstellprobe   D ☐ Weglassprobe

4 **Welche der Aufzählungen bestimmt die Satzglieder des folgenden Satzes richtig? Kreuze an. (2 P.)**

Weltweit strandeten hunderttausende Passagiere wegen einer als gefährlich erachteten Aschekonzentration in der Luft auf den Flughäfen.

	richtig	falsch
A lokale adverbiale Bestimmung, Prädikat, Subjekt, Akkusativobjekt, temporale adverbiale Bestimmung	☐	☐
B lokale adverbiale Bestimmung, Prädikat, Subjekt, kausale adverbiale Bestimmung, lokale adverbiale Bestimmung	☐	☐

5 **a Bestimme die im folgenden Text unterstrichenen Attribute: Markiere Adjektivattribute gelb, Präpositionalattribute grün und Genitivattribute blau. (4 P.)**
b Umkreise zu jedem Attribut das Bezugswort, das näher bestimmt wird. (4 P.)

A Oft entdecken Bahnreisende viele Gelegenheiten für Reiseerleichterungen.

B Vor ein paar Jahren aber blieben nicht nur Bahnreisende aus dem Norden in Mainz einfach stecken.

C Die digitalen Hinweistafeln des Hauptbahnhofs zeigten dort ausschließlich einen Hinweis: Zug fällt aus.

Vergleiche deine Ergebnisse mit dem Lösungsheft. Für jede richtige Angabe bekommst du einen Punkt.

☺ 19–14 Punkte	☺ 13–9 Punkte	☹ 8–0 Punkte
Gut gemacht!	Gar nicht schlecht, aber lies dir die Informationskästen auf den Seiten 60 bis 62 noch einmal genau durch.	Arbeite die Seiten 60 bis 62 noch einmal sorgfältig durch.

Wiederholung: Satzreihe und Satzgefüge

| Information | Satzreihe (Hauptsatz + Hauptsatz) und Satzgefüge (Hauptsatz + Nebensatz) |

- Eine **Satzreihe** besteht aus **zwei oder mehr Hauptsätzen.** Die einzelnen Hauptsätze werden durch ein Komma voneinander getrennt. Häufig werden die Hauptsätze durch eine nebenordnende Konjunktion (z. B.: *und, denn, oder, aber, doch*) miteinander verbunden. Vor dieser Konjunktion steht ein **Komma,** z. B.: *Reisende würden kleinere Haustiere oft gern mitnehmen,* aber *Flugreisen sind für diese zu anstrengend.* Nur vor den Konjunktionen *und* bzw. *oder* kann das Komma entfallen.
- Ein **Satzgefüge** besteht aus mindestens einem **Hauptsatz** (Hs) und einem **Nebensatz** (Ns). Ein Nebensatz kann hinter, vor oder innerhalb eines Hauptsatzes stehen. Er wird mit einer unterordnenden Konjunktion (z. B.: *weil, dass, nachdem, wenn*) oder mit einem Relativpronomen (▶ S. 68) eingeleitet. Hauptsatz und Nebensatz werden immer durch **Komma** voneinander getrennt, z. B.: *Manche Menschen verzichten auf weite Reisen,* weil *sie sich nicht von ihrem Haustier trennen* möchten. Im Nebensatz steht die Personalform des Verbs an letzter Stelle.

1 Verbinde jeweils zwei Hauptsätze zu einer Satzreihe.
Verwende die angegebenen nebenordnenden Konjunktionen und setze die Kommas.

A Ein junger Chinese möchte eine Urlaubsreise antreten. Auf die Begleitung seiner geliebten Schildkröte will er nicht verzichten. | aber |

_____

_____

B Er befürchtet Probleme am Flughafen. Tiere benötigen für die Ausreise oft besondere Genehmigungen. | denn |

_____

C Da kommt er auf eine ausgefallene Idee. Er setzt sie auch in die Tat um. | und |

_____

2 Formuliere die Satzreihen von Aufgabe 1 in Satzgefüge um.
Verwende die angegebenen unterordnenden Konjunktionen bzw. das Relativpronomen.

A _____ | ohne dass |

B _____ | weil |

C _____ | die |

3 **a** Unterstreiche in jedem der folgenden Satzgefüge den Nebensatz und umkreise die nebenordnende Konjunktion.
b Prüfe: Wo steht das Komma im Satzgefüge? Ergänze den Satz unten.

Der Mann steckte das Tier, nachdem er es zwischen Brotstücke gelegt hatte, in die Verpackung einer Fastfood-Kette. Als das Handgepäck des Reisenden durchleuchtet wurde, wunderte sich das Sicherheitspersonal am Flughafen von Guangzhou sehr. „Verdächtige Ecken" hätten aus dem angeblichen Fleischklops herausgeschaut, sodass die Tarnung als Burger auflog.

Das Komma im Satzgefüge steht immer _____

Satzgefüge im Feldermodell

Information	Die Position von Nebensätzen im Satz – Das Feldermodell

Nebensätze können – wie die anderen Satzglieder auch – in allen drei Feldern stehen.

Vorfeld	linke Satzklammer	Mittelfeld	rechte Satzklammer	Nachfeld
Weil sie etwas Neues ausprobieren wollten,	*traten*	*die Müllers ihren ersten Urlaub in einem Landhotel auf Mallorca*	*an.*	–

4 Führe die Umstellprobe durch: Setze den Nebensatz aus der Information einmal in das Mittelfeld und einmal in das Nachfeld. Markiere jeweils die Satzklammer.

Die Müllers traten, weil _____

_____

_____

_____

Information	Der Aufbau von Nebensätzen im Feldermodell

Nebensätze werden auch als Verbletztsätze bezeichnet, weil das gebeugte Verb am Ende steht.
Die linke Satzklammer wird oft von einer einleitenden Konjunktion oder einem Relativpronomen gebildet.

Vorfeld	linke Satzklammer	Mittelfeld	rechte Satzklammer	Nachfeld
–	*Obwohl*	*sich die Müllers für einen Urlaub auf dem Land entschieden*	*hatten,*	–

... fühlten sie sich bald belästigt und schrieben an das Reisebüro.

5 Finde im folgenden Brief die drei Nebensätze.
a Markiere jeweils die Konjunktion oder das Relativpronomen und das gebeugte Verb am Ende.
b Formuliere die Nebensätze in Hauptsätze um. Schreibe in dein Heft.
Markiere jeweils das gebeugte Verb.

Sehr geehrte Damen und Herren, nachdem wir in dem von Ihnen empfohlenen Landhotel angekommen waren, erlebten wir eine große Enttäuschung. Wir mussten schlimmstes Geschrei und Geschnatter von sechs Eseln und zahllosen Gänsen aushalten, obwohl wir einfach nur Ruhe genießen wollten. Wir fordern von Ihnen für die Urlaubs-freuden, die uns entgangen sind, eine Entschädigung.

Mit verärgerten Grüßen, Fred Motz

Nebensätze unterscheiden

Subjekt- und Objektsätze: Nebensätze als Satzglieder

Information	Nebensätze unterscheiden: Subjektsätze und Objektsätze

Subjektsätze und Objektsätze sind Gliedsätze, weil sie **für den Hauptsatz die Rolle der Satzglieder Subjekt bzw. Objekt** übernehmen. Sie werden **immer** durch ein **Komma** vom Hauptsatz abgetrennt.

- **Subjektsatz:** Das Subjekt eines Satzes kann von einem Nebensatz gebildet werden, z. B.:
  Wer einen Segelflugschein machen möchte, muss mindestens 16 Jahre alt sein.
  Satzgliedfrage: **Wer oder was** muss mindestens 16 Jahre alt sein? (→ Subjektsatz)
- **Objektsatz:** Das Objekt eines Satzes kann von einem Nebensatz gebildet werden, z. B.:
  Man erlebt beim Fliegen, was man nicht für möglich hielt.
  Satzgliedfrage: **Wen oder was** erlebt man beim Fliegen? (→ Objektsatz)

---

1   **a**   Unterstreiche in jedem der folgenden Sätze den Gliedsatz und setze die Kommas.
      b   Führe die Frageprobe durch und bestimme: Subjekt- oder Objektsatz?

KOMMAS FEHLEN!

„Mars One" – Reise zum Roten Planeten

	Subjektsatz	Objektsatz
<u>Wie viele Interessenten es für eine geplante Mars-Reise im Jahre 2023 gibt</u>, zeigen tausende E-Mails von Reisewilligen an eine niederländische Stiftung.	☐	☒

Frageprobe: _Wen oder was zeigen tausende E-Mails von Reisewilligen?_

| A   Noch ist keineswegs sicher wer die anspruchsvollen Reisebedingungen erfüllen wird. | ☐ | ☐ |

Frageprobe: _____

| B   Wer diese Reise tatsächlich antritt kann lebenslang nur noch über Telefon, E-Mail oder Skype mit den Menschen auf der Erde in Kontakt treten. | ☐ | ☐ |

Frageprobe: _____

| C   Der Fluglehrer Stephan G. aus Magdeburg will das erleben was noch kein Mensch erlebt hat: die Reise zum Mars. | ☐ | ☐ |

Frageprobe: _____

---

2   Wandle die folgenden Sätze in Satzgefüge mit Subjekt- oder Objektsatz um.

                Subjekt
<u>Der eine Reise zum Mars Buchende</u> bekommt nur ein „One-Way-Ticket".

_____

_____

                           Objekt
Stephans hartes Trainingsprogramm zeigt <u>den Ernst seines Weltraumvorhabens</u>.

_____

_____

Stärken stärken: Subjekt- und Objektsätze verwenden

| Information | Formen von Subjekt- oder Objektsätzen |

Subjekt- und Objektsätze können auf unterschiedliche Weise gebildet werden:

Satzform	Subjektsatz (Wer oder was ...?)	Objektsatz (Wen oder was ...?)
dass-Satz	*Es ist bekannt, dass Ballonfahren ein faszinierendes Erlebnis ist.*	*Viele glauben, dass Ballonfahren für „Freiheit" steht.*
indirekter Fragesatz (z. B. mit *ob, warum, wie, wo*)	*Es hängt vom Wind ab, wo ein Ballon landen kann.*	*Ich frage mich, warum es heißt, „ein Ballon fährt" und nicht „ein Ballon fliegt".*

○○ 1 **a** Unterstreiche in den folgenden Sätzen die Subjekt- und Objektsätze. Setze die Kommas.
b Trage für jede Satzform die Buchstaben der Sätze ein, in denen sie vorkommen.

KOMMAS
FEHLEN!

A <u>Dass man mit Ballonfahren Geld verdienen kann</u>, haben schon einige Reiseunternehmen entdeckt.

B Der Ballonfahrer will wissen wie das Wetter in den nächsten Tagen wird. **C** Verrückt ist dass kuriose Ballonformen wie die Nachbildung der Stiftskirche aus St. Gallen weiteren Anreiz bieten sollen. **D** Mich interessiert eher wie schnell ein Ballon fährt. **E** Ich bin ausgesprochen neugierig ob man die Welt von oben bei etwa 20 km/h anders wahrnimmt.

dass-Satz in den Sätzen: _____   indirekter Fragesatz in den Sätzen: _____

●○ 2 Verbinde die folgenden Satzteile und Sätze zu sinnvollen *dass*-Sätzen. Schreibe sie ins Heft.

Die **Konjunktion *dass*** schreibt man immer mit **ss**.

| Ich bin erstaunt, ... |
| Der Ballonfahrer ist sich sicher, ... |
| Jans Freundin findet, ... |
| Er meint, ... |
| Ich weiß, ... |
| Wir denken, ... |
| Du siehst, ... |
| Jan freut sich sehr, ... |

| Ballonfahren gleicht einem Traum. |
| Die Sicht ist heute besonders gut. |
| Der Sturm von gestern hat sich gelegt. |
| Der Himmel ist blau und die Sonne scheint. |
| Der leichte Wind gibt Auftrieb. |
| Jan bekommt eine Ballonfahrt geschenkt. |
| Jan wollte schon immer einmal mit einem Ballon fahren. |
| Es ist das schönste Geburtstagsgeschenk für ihn. |

●● 3 Gib die folgenden Äußerungen zusammengefasst wieder. Verwende dazu Subjekt- oder Objektsätze. Schreibe in dein Heft.

Subjekt- und Objektsätze werden oft bei der **Wiedergabe von Äußerungen Dritter** verwendet.

Der Ballonführer sagt bedauernd zu Familie Flug: „Leider muss ich die Ballonfahrt für morgen absagen." Er fügt hinzu: „Das Wetter ist morgen zu schlecht." Familie Flug fragt: „Woher wollen Sie das jetzt schon wissen?" Der Ballonführer antwortet: „Ich beobachte die Wolken und prüfe den Wetterbericht." Am nächsten Morgen staunt Frau Flug: „Das Wetter ist wunderbar!" Ihr Mann weist sie auf etwas hin: „Jetzt schau dort. Da sind acht Ballons am Himmel!" Die Kinder fragen: „Warum bloß dürfen wir nicht mitfahren?"

Relativsätze: Attribute in Form von Nebensätzen

Information	Der Relativsatz

Nebensätze, die ein Nomen im Hauptsatz näher bestimmen, heißen **Relativsätze.**

- Sie folgen ihrem Bezugswort meist direkt und beginnen mit einem **Relativpronomen** *(der, die, das/ welcher, welche, welches).*
- Relativsätze nehmen im Satz die **Rolle eines Attributs** ein und werden deshalb auch Attributsätze genannt, z. B.: *Das schwarz-weiß gestreifte Tier frisst Gras. – Das Tier, welches schwarz-weiße Streifen hat, frisst Gras.*
- Ein Relativsatz wird immer durch ein Komma vom Hauptsatz abgetrennt. Wird er in einen Hauptsatz eingeschoben, dann setzt man vor und hinter den Relativsatz ein Komma.
  Das Tier, ⎡*das*⎤ *auf der Weide steht, sieht aus wie ein Zebra.*

  Bezugswort Relativpronomen   Relativsatz

---

1 Bilde aus je zwei Sätzen ein Satzgefüge mit Relativsatz und beachte dabei die Kommasetzung.
Tipp: Der Relativsatz steht im Satzgefüge dicht hinter dem Bezugswort.

A Herr Fron ist ein Reitsportfan. Seinen letzten Sommerurlaub verbrachte er auf einem Reiterhof.

_____

_____

B Der Besitzer des Hofes führte ein Reittier am Zügel. Es trug einen Streifen-Look und sah aus wie ein Zebra.

_____

_____

C Tierfreund Fron lachte lauthals auf. Er glaubte zunächst an einen Scherz.

_____

2 Unterstreiche in jedem der folgenden Sätze das Attribut und forme es in einen Relativsatz um. Schreibe die umgeformten Sätze ins Heft und achte auf die Kommasetzung.

A Der keine Miene verziehende Besitzer blieb wortkarg.

B Dann händigte ihm dieser für das Pferd eine Kopfmaske und eine Fliegendecke mit Zebrastreifen aus.

C Die perfekte Verwandlung zum Pseudo-Zebra hinterließ nur Kopfschütteln beim Urlauber.

D Erst am Abend las er in der in seinem Zimmer ausliegenden Pferdesportzeitung einen Artikel: „Bremsenfrei dank Zebrastreifen?"

3 Erkläre die Schreibweise der farbig markierten Wörter. Schreibe ins Heft.

A Ein Pferd, das häufig von Bremsen attackiert wird, fühlt sich unwohl.   B Wissenschaftler haben herausgefunden, dass Zebras weitgehend von stechenden Quälgeistern verschont werden.   C Das Streifenmuster, das anscheinend Insekten bereits beim Anflug verwirrt, soll nun auch Pferden helfen.   D Das Farbrezept, das ganz einfach und preiswert ist, lautet: Mischen Sie Mehl, Wasser und Essig oder verwenden Sie weiße Fingerfarbe!

Adverbialsätze: Adverbiale Bestimmungen als Nebensätze

Information	Zusammenhänge herstellen mit Adverbialsätzen

Adverbialsätze sind **Gliedsätze,** weil sie im Satz die Rolle einer adverbialen Bestimmung übernehmen. Sie werden mit einer **unterordnenden Konjunktion** (z. B.: *weil, als, nachdem, damit, obwohl, indem, wenn, falls, sodass*) eingeleitet und durch **Komma** vom Hauptsatz abgetrennt, z. B.:

Bei Auffinden eines fremden Gegenstandes soll man diesen in einem Fundbüro abgeben.
konditionale adverbiale Bestimmung (Unter welcher Bedingung ...?)
↓
Wenn man einen fremden Gegenstand findet, soll man diesen in einem Fundbüro abgeben.
Adverbialsatz (konditional)

1 **a** Unterstreiche in den folgenden Sätzen die adverbialen Bestimmungen.
b Wandle jeden Satz in ein Satzgefüge mit einem Adverbialsatz um.
Wähle dafür eine der angebotenen unterordnenden Konjunktionen aus und setze die Kommas.

obwohl	falls	damit

A Bei Auffinden oder Verlust eines Gegenstandes kann man auch über das Internet ein Fundbüro kontaktieren.

Falls man _____

_____

B Als zusätzlicher Anreiz für die Abgabe von Fundstücken wird manchmal ein Finderlohn in Aussicht gestellt.

_____

_____

C Viele Reisende lassen trotz nachdrücklicher Erinnerungen durch das Zugpersonal etwas im Zug liegen.

_____

_____

2 **a** Unterstreiche in den folgenden Sätzen die adverbialen Bestimmungen.
b Wandle jeden Satz in ein Satzgefüge mit einem Adverbialsatz um.

A Herr K. aus W. konnte wegen des Vergessens seines Gebisses im Hotel einige Zeit keine feste Nahrung zu sich nehmen.

B Erst nach Zuschicken seines Kauwerkzeugs durch das aufmerksame Hotelmanagement konnte Herr K. wieder herzhaft zubeißen.

_____

_____

_____

Arten von Adverbialsätzen

Mit der **Frageprobe** kannst du ermitteln, welche Art von Adverbialsatz vorliegt:

Adverbialsatz	Frageprobe	Konjunktionen/ Adverbien	Beispiel
Lokalsatz (Ort, Richtung)	Wo …? Wohin …? Woher …?	wo, wohin	*Um schöne Fotos zu machen, kannst du fahren, wohin du willst.*
Kausalsatz (Grund, Ursache)	Warum …? Aus welchem Grund …?	da, weil	*Ich besuche einen Fotokurs, weil ich schöne Fotos machen will.*
Konditionalsatz (Bedingung)	Unter welcher Bedingung …?	wenn, falls, sofern	*Wir werden die gesamte Reise dokumentieren, sofern der Akku hält.*
Finalsatz (Ziel, Absicht)	Wozu …? In welcher Absicht …?	damit, dass	*Ich mache viele Fotos, damit ich eine schöne Erinnerung habe.*
Konsekutivsatz (Folge, Wirkung)	Mit welcher Folge/ Wirkung …?	sodass, dass	*Die Reise dauerte lange, sodass ich viele Fotos machen konnte.*
Temporalsatz (Zeitpunkt/-dauer)	Wann …? Seit/Bis wann …? Wie lange …?	als, nachdem, während, bevor, seit, ehe, bis	*Nachdem die Reise beendet war, gestaltete ich ein Fotobuch.*
Konzessivsatz (Einräumung)	Trotz welcher Umstände …?	obwohl, auch wenn	*Obwohl ich gut fotografieren kann, waren manche Bilder unscharf.*
Modalsatz (Art und Weise)	Wie …? Wodurch …?	indem, wobei, dadurch … dass	*Ich kam selbst nur ins Bild, indem ich Passanten meine Kamera in die Hand drückte.*

3 **a** Unterstreiche in den folgenden Sätzen die Adverbialsätze.
   b Notiere in der Randspalte die richtige Frageprobe und umkreise die Konjunktion im Adverbialsatz.

Die kuriose Reise eines Fotoapparates

(Als) der aus Aalen stammende Lars Etzinger das deutsche Generalkonsulat in Shang-   *wann?* _____

hai aufsuchte, lernte er die in Shanghai lebende Philippinerin Jennifer kennen.   _____

Gemeinsam reisten sie nach Deutschland, damit Jennifer seine Heimat und seine   _____

Eltern kennen lernen konnte. Auf einer Rundreise machten sie am Tegernsee halt   _____

und bestiegen den Wallberg, sodass sie einen herrlichen Blick über Bayerns schönste   _____

Berge hatten. Dort oben machten sie einen überraschenden Fund: einen Fotoapparat.   _____

Da sich die Sonne in der Linse der Kamera spiegelte, sprang ihnen das Fundstück ins   _____

Auge. Sie nahmen die Kamera mit nach Aalen, obwohl sie diese besser in einem   _____

bayerischen Fundbüro hätten abgeben sollen.   _____

Stärken stärken: Adverbialsätze verwenden

1 **Trage die jeweils passende unterordnende Konjunktion in die Lücken ein.**

Lars und Jennifer erzählten die ganze Geschichte, _____ sie bei Lars' Eltern eingetroffen waren.

nachdem/sodass

_____ es ein großer Zufall gewesen wäre, einen Hinweis auf den Besitzer zu finden, durchforsteten sie

obwohl/während

die 500 Fotos auf dem Speicherchip. Sie schauten jedes Detail an, _____ sie einen Anhaltspunkt

sofern/damit

dafür fanden, wem diese Kamera gehörte. _____ auf einem Foto ein Auto mit einem Nummern-

weil/wenn

schild zu sehen war, stellte sich Überraschendes heraus: Der Besitzer musste aus der Nachbarschaft der Eltern

stammen. _____ die Kamera doch zurück zu ihm gelangte, brachten die Eltern Etzinger sie zur Polizei.

nachdem/damit

_____ kaum jemand daran glaubte, ermittelte diese den Glücklichen: einen Mann aus Heidenheim.

dass / auch wenn

2 **a Unterstreiche in den folgenden Satzgefügen den Adverbialsatz.**
b Überprüfe mit der Frageprobe, ob für den Adverbialsatz die richtige Konjunktion gewählt wurde.
Bestimme die Art des Adverbialsatzes und notiere gegebenenfalls die verbesserte Konjunktion.
Tipp: Beachte die Fragen und Konjunktionen in der Übersicht im Informationskasten auf Seite 70.

Die kuriose Geschichte des Fotoapparates ging ihnen immer noch im Kopf herum,
<u>weil die Eltern Etzinger an einem Sonntag zu einem Musikfestival in Stuttgart gingen</u>.

VORSICHT
FEHLER!

Wann …? Temporalsatz: als, während

A Weil sich das Musikfestival immer mehr füllte, fiel ihnen ein bestimmter Mann auf.

_____

B Sie erkannten ihn wieder, weil der Mann einen prachtvollen Lockenkopf hatte.

_____

C Weil sie ihn angesprochen hatten, bestätigte sich ihre Vermutung.

_____

D Jenem Mann war im Winterurlaub auf dem Wallberg die Kamera entglitten, weil sie
im Tiefschnee unauffindbar verschwand.

_____

3 **a Kläre, um welche Art von Adverbialsatz es sich handelt. Kreuze an.**
b Schreibe für jede Art von Adverbialsatz ein eigenes Beispiel in dein Heft.
A Obwohl die Etzingers dem Mann ihre Kontaktdaten gaben, meldete er sich bisher noch nicht.

☐ Temporalsatz ☐ Konzessivsatz

B Wenn der Besitzer der Kamera sich wider Erwarten bei ihnen melden sollte, würden sie sich sicher freuen.

☐ Konditionalsatz ☐ Temporalsatz

Teste dich!

Satzreihe und Satzgefüge

1 a Kreuze für jeden Satz an: Satzreihe oder Satzgefüge? (4 P.)

b Setze die fünf fehlenden Kommas. (5 P.)

Satzreihe   Satzgefüge

A Familie Heim hatte genug von stressigen Urlaubsreisen bei denen sie auf
Autobahnen im Stau oder auf Flughäfen in langen Schlangen stand. ‥‥‥‥

B Sie hatte auch hinreichend viele schlechte Erfahrungen damit gemacht in
lauten Unterkünften zu wohnen. ‥‥‥‥‥‥‥‥‥‥‥‥‥‥‥‥‥‥‥‥

C Doch nicht nur die Lautstärke machte den Familienmitgliedern zu schaffen
auch das Schlafen in fremden Betten fanden sie wenig erholsam. ‥‥‥‥

D Da sie wussten dass sie unbekannte Gerichte mit fremden Gewürzen nicht
wirklich gern aßen schreckten sie auch davor zurück. ‥‥‥‥‥‥‥‥

2 a Markiere in den folgenden Sätzen jeweils den Nebensatz. (4 P.)

A Weil es Erholung für unbegrenzte Zeit bietet, ist das Traumland für Familie Heim nun „Balkonien".

B Die Verkehrsverhältnisse erlauben es, Balkonien in weniger als 30 Sekunden zu erreichen.

C Die über der Straße schwebende Freizeitoase liegt so nah, dass selbst der kürzeste Kurzurlaub möglich ist.

D Der neueste Trend, dem sich jeder problemlos anschließen kann, heißt Ein-Tages-Urlaub.

b Notiere für jede Nebensatzart, welchen der Sätze A bis D sie bestimmt. (4 P.)

Subjektsatz:　　　　　Objektsatz:　　　　　Relativsatz:　　　　　Adverbialsatz:

3 Untersuche das folgende Satzgefüge nach dem Feldermodell. Trage den Satz in die Felder-Tabelle ein. (5 P.)

Familie Heim hat sich für Balkonien entschieden, weil sie nicht mehr
über die Versorgung ihrer Haustiere im Urlaub nachdenken möchte.

Vorfeld	linke Satzklammer	Mittelfeld	rechte Satzklammer	Nachfeld
Familie				

4 Wohin setzt man das Komma im Satzgefüge? Formuliere zwei Regeln. Ergänze dazu die Satzanfänge. (2 P.)

Wenn der Nebensatz am Anfang steht, setzt man das Komma _____

_____

Wenn der Nebensatz am Ende steht, setzt man das Komma _____

_____

5 Erkläre für jeden der folgenden Adverbialsätze, um welche Art von Satz es sich handelt:
Verbinde A bis D mit der richtigen Art aus a bis d. (4 P.)

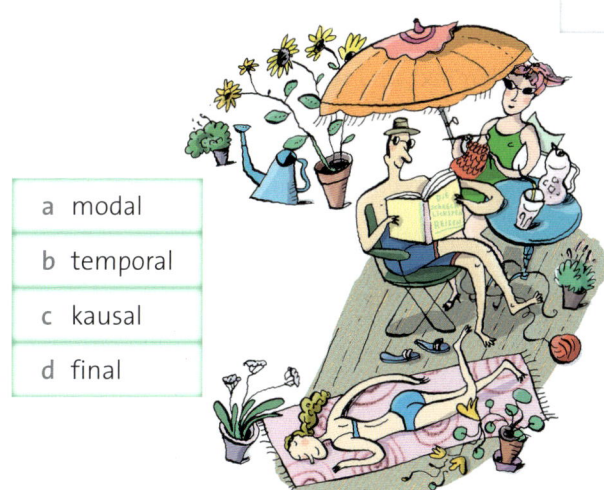

A Familie Heim benötigt zwei Sonnen-
schirme, damit ihr die sommerliche
Hitze nicht zu Kopf steigt.

B Die Tochter hingegen liegt in der prallen
Sonne, weil sie braun werden möchte.

C Bevor sie sich auf das Badetuch legt,
hat sie sich aber sorgfältig eingecremt.

D Einen Sichtschutz zum Nachbarn hat
Herr Heim geschaffen, indem er riesige
Sonnenblumen gezüchtet hat.

a modal

b temporal

c kausal

d final

6 Formuliere die Sätze in Satzgefüge mit Relativsätzen um. Setze auch die Kommas. (3 P.)

A Am Abend werden die „Balkonier" hellwach. Sie haben eine Party geplant.

_____

_____

B Kerzen sind am Abend die stilvollste Beleuchtung für Balkonien. Ihr sanftes Licht wirkt romantisch.

_____

_____

C Lampions besitzen eine besondere Ausstrahlung. Sie verwandeln Balkonien in einen Zaubergarten.

_____

_____

7 Trage in den folgenden Sätzen die fehlenden Kommas ein. (4 P.)

KOMMAS FEHLEN!

Eine Übernachtung auf Balkonien hat ihren ganz besonderen Reiz denn
Campingspaß und Abenteuerlust werden kombiniert. Wenn man etwas
Wert auf Gemütlichkeit legt sollte man auf eine Isomatte oder normale
Luftmatratze verzichten. Damit man ein bequemes Nachtlager hat stellt
man besser einen Liegestuhl mit Auflage oder ein Klappbett auf. Sofern
man über eine Hängematte verfügt kann man auch diese aufbauen.

Vergleiche deine Ergebnisse mit dem Lösungsheft. Für jede richtige Angabe bekommst du einen Punkt.

☺ 35–25 Punkte	☺ 24–17 Punkte	☹ 16–0 Punkte
Gut gemacht!	Gar nicht schlecht, aber lies dir die Informationskästen auf den Seiten 64 bis 71 noch einmal genau durch.	Arbeite die Seiten 64 bis 71 noch einmal sorgfältig durch.

Was kannst du schon? – Rechtschreibung

VORSICHT FEHLER!

1 Im folgenden Text sind zehn Nomen kleingeschrieben. Unterstreiche die Nomen. (10 P.)

Bionik ist seit Beginn der 1990er jahre eine ziemlich anerkannte wissenschaft. Es handelt sich hierbei um ein Forschungsfeld, das eine verbindung zwischen Biologie und Technik herstellt. Der bionik haben wir zum beispiel die erfindung der Schwimmanzüge zu verdanken, deren Oberfläche an eine haihaut erinnert. Die Hautschuppen schnell schwimmender haie sind nämlich so angeordnet, dass die Rillen einer Schuppe in die rillen der nächsten übergehen. So verringern die zusammenhängenden Längslinien den unerwünschten reibungswiderstand.

2 Prüfe für die markierten Wörter, ob es sich um Nominalisierungen handelt, und umkreise den richtigen Anfangsbuchstaben. (6 P.)

Der Bionik geht es um das systematische E/erkennen von Lösungen der Natur. Forscher wollen sich also etwas von der Natur A/abschauen, um die gewonnenen Erkenntnisse auf die Alltagswirklichkeit zu Ü/übertragen. Zum Beispiel ist die Schleiereule für ihr geräuschloses G/gleiten bekannt. Die Form der Flügel ist es, die E/erstaunliches bewirkt und zum Beispiel als Vorbild für das rasche K/kühlen durch einen Ventilator dient.

3 Trenne die Wörter und schreibe die Sätze in der richtigen Groß- und Kleinschreibung auf. (2 P.)

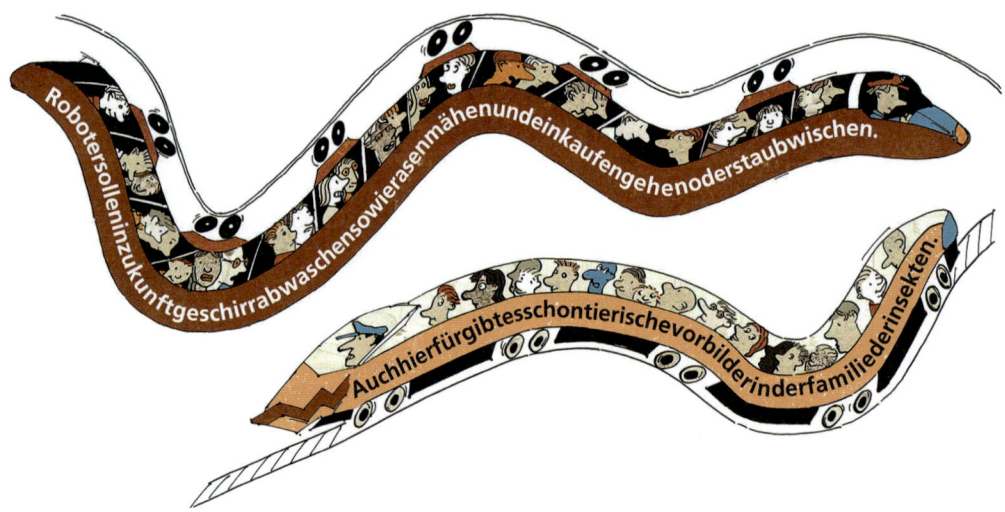

_____

_____

4 Zusammen oder getrennt? Kreuze für jede Unterstreichung an, ob hier falsch oder richtig geschrieben wurde. (5 P.)

VORSICHT FEHLER!

	falsch	richtig
A Wenn wir in lockerem Schnee <u>spazieren gehen</u>, sinken wir tief ein.	☐	☐
B Das Alpenschneehuhn bewegt sich auf Schnee, ohne <u>ein zu sinken</u>.	☐	☐
C Grund ist ein Federkranz, der um seinen Fuß <u>herumwächst</u>.	☐	☐
D Die nordische Sportindustrie konnte sich Ähnliches <u>ausdenken</u>.	☐	☐
E Es sind Schneeschuhe mit Holzreifen, die sogar <u>bequemsein</u> sollen.	☐	☐

5 Trage in den Lückenwörtern die fehlenden Konsonanten ein. (10 P.)

Die Natur hat nicht nur geschi_____te Läufer, so_____dern auch flo_____e Schwimmer hervorgebra_____t.

Einige Käferarten, wie zum Beispiel der Furchenschwi_____er, sind perfe_____t an das Leben unter Wa_____er

angepa_____t. Der Mensch ka_____ von ihrer Techni_____ des Ruderschlags lernen.

6 Trage die Wörter in die nachfolgende Übersicht ein und
ergänze dabei das *i* in der richtigen Schreibung: *i, ie, ih* oder *ieh*. (10 P.)

Wortspeicher

diskut **?** ren • s **?** t • **?** deal • Masch **?** ne • **?** nen • v **?** lfach • **?** re • fl **?** t • Kl **?** ma • Garant **?**

i	ie	ih	ieh
_____	_____	_____	_____
_____	_____	_____	_____
_____	_____	_____	_____

7 a Achte auf den *s*-Laut: Jeweils ein Wort in jedem Block ist falsch geschrieben.
Streiche es durch. (6 P.)

VORSICHT FEHLER!

A grüssen – Grußkarte – grüßt – gruselig
B fließen – Fluß – Fließgeschwindigkeit – Floß
C Größe – grossartig – Großbetrieb – größer
D wissbegierig – wusste – Wissensdrang – bewußt
E mäßigen – maßvoll – massig – Massregelung
F schließen – Schlüssel – schliesslich – Schließfach

b Schreibe die falsch geschriebenen Wörter verbessert auf. (6 P.)

_____

8 *das* oder *dass*? Kreuze für jeden der folgenden Sätze an,
ob die Schreibung richtig oder falsch ist. (4 P.)

VORSICHT FEHLER!

	falsch	richtig
A Wer hätte früher gedacht, dass uns die Natur mit ihren Lösungen etwas zeigt.	☐	☐
B Das man von der Natur lernen kann, erfährt heutzutage jedes Schulkind.	☐	☐
C Bionik ist ein wissenschaftliches Gebiet, das noch populärer werden muss.	☐	☐
D Es ist sehr erfreulich, das sich das Fernsehen der Bionik nun verstärkt annimmt.	☐	☐

9 a Überprüfe deine Lösungen mit Hilfe des Lösungsheftes. Für jede richtige Angabe bekommst du einen Punkt.
Trage neben jede Aufgabe deine erreichte Punktzahl ein.
b Trage hier ein, wie du die Aufgaben bewältigt hast: ✓ = das meiste richtig   **?** = noch etwas unsicher

Aufgabe	1	2	3	4	5	6	7	8
Weitere Übungen	Seite 76–79	Seite 76–79	Seite 76–79	Seite 81–85	Seite 87	Seite 90	Seite 89	Seite 92

Groß- und Kleinschreibung

Wiederholung: Nominalisierungen

Verben oder Adjektive schreibt man **groß,** wenn sie **im Satz als Nomen verwendet** werden. Diesen Vorgang nennt man **Nominalisierung.** Nominalisierte Wörter erkennst du an den **Nomenbegleitern,** meist:

1 ein **Artikel,** z. B.: *eine Entdeckung, das Nachahmen,*
2 eine **Präposition,** die mit einem Artikel verschmolzen sein kann, z. B.: *durchs (durch das) Untersuchen,*
3 ein **Adjektiv,** z. B.: *genaues Fragen, hartnäckiges Beobachten,*
4 ein **Pronomen** (Possessiv-, Demonstrativ- oder Indefinitpronomen), z. B.: *unser Ausprobieren, dieses Überraschende, viel Interessantes.*

Nicht immer wird ein nominalisiertes Wort durch einen Nomenbegleiter angekündigt.
Prüfe in Zweifelsfällen mit der Erweiterungsprobe: Wenn du vor einem Wort einen Nomenbegleiter einfügen kannst, ist das Wort ein Nomen oder eine Nominalisierung, z. B.:

Tunnel ermöglichen ↓ *das* *Fortbewegen unter der Erde.* Oder: *Tunnel ermöglichen* ↓ *schnelles* *Fortbewegen unter der Erde.*
Tipp: Beim Schreiben kannst du das Begleitwort in Gedanken einfügen.

---

1 **a** Wähle passende Verben aus und trage sie in der richtigen Schreibung in den folgenden Lückentext ein.
 b Umkreise bei nominalisierten Verben den Nomenbegleiter.

Tiere sind perfekte Baumeister

Tiere sind uns ein Vorbild beim *Bauen* von Behausungen, die Wind und

Wetter _____. Neben einigen Insekten sind vor allem viele

Schwalbenarten für das professionelle _____ von Nestern aus

Erde, Lehm und Speichel bekannt. Indem sie ihre Behausungen unter Dä-

chern und in Mauernischen _____, _____ sie sich

vor ihren Feinden. Die Ureinwohner Nordamerikas und einige arabische Völker

konnten die Architektur der Schwalbennester _____. Ihr Re-

zept zum _____ des Baustoffs war das _____

des Lehms mit Tierdung, gehäckseltem Stroh und anderen Materialien. Eini-

ge Wüstenregionen erstaunten durch das _____ gan-

zer Städte aus Lehm. Das Material trägt außerdem durch _____ der Temperaturunterschiede

zum gesunden Leben bei, denn es kann zum Beispiel die Feuchtigkeit _____, die der Mensch

täglich beim _____ abgibt.

> **Wortspeicher**
>
> ~~bauen~~ • übernehmen •
> herstellen • hervorbringen •
> aufnehmen • abhalten •
> verfeinern • schlafen •
> errichten • ausgleichen •
> schützen • vermischen

- **Nominalisierte Adjektive** schreibt man **groß,** z. B.: *alles Interessante, nichts Gutes.*
- **Adjektive im Superlativ mit *am*** schreibt man **klein,** z. B.: *Mit am interessantesten ist die Nestbauweise vieler Schwalbenarten. Am besten schaut man sich das genau an.*

2 Prüfe im folgenden Text die Schreibung der markierten Wörter und umkreise den richtigen Anfangsbuchstaben.
Tipp: Wende in Zweifelsfällen die Erweiterungsprobe an.

Auch von den Tunnelbauten einiger Tierarten kann der Mensch N/nützliches lernen. Die Technik des H/herstellens eines unterirdischen Röhrensystems zeigt uns
5 mit am B/besten der Maulwurf. Seine Technik zeichnet sich durch gezieltes E/einsetzen der Nase zum S/stochern sowie der Vorderbeine als Grabschaufeln aus. Für Ingenieure mit am
10 I/interessantesten ist es, dass der Maulwurf beim A/anlegen von unterirdischen Gangsystemen vorwärts- und rückwärtskriechen kann.

Mit Abstand am I/imponierendsten ist die unterirdische Teamarbeit der in Ostäthiopien leben-
15 den Nacktmulle. Beim G/graben, Z/zerbrechen und B/befördern von Erde und Steinen sind sie gemeinsam am S/stärksten.
20 Unter vielen Großstädten hat der Mensch ähnliche unterirdische Gangsysteme angelegt, etwa für U-Bahnen. Damit wurde V/vorteilhaftes bewirkt, weil der überirdische Verkehr so am Z/zügigsten entlastet wurde.
25

3 a Unterstreiche im folgenden Text die nominalisierten Adjektive und Verben.
  b Lass dir den Text von einer Lernpartnerin/einem Lernpartner diktieren.
     Tipp: Wende die Erweiterungsprobe an, wenn du unsicher bist.
  c Überprüfe mit Hilfe der Lösungen, ob du alles richtig geschrieben hast.

DER TRAUM VOM FLIEGEN

AUF DEN MEISTEN FLUGHÄFEN DIESER WELT KANN MAN IMMER AUFS NEUE

TÄGLICH HUNDERTE VON FLUGZEUGEN BEIM STARTEN UND LANDEN BEOBACH-

TEN, VIELLEICHT ERREICHT DEREN ZAHL AUCH DIE TAUSEND. WAHRHAFT ERSTAUNLICH IST, DASS DAS FLIEGEN EIN

ERGEBNIS MENSCHLICHEN FORSCHENS ÜBER MEHR ALS 2000 JAHRE HINWEG IST.

5 DIE SAGEN DER GRIECHEN ZEIGEN, DASS DER „TRAUM VOM FLIEGEN" DIE FANTASIE DER MENSCHEN SCHON FRÜH

BESCHÄFTIGTE. IKARUS UND DÄDALUS NUTZTEN VOGELFLÜGEL ALS VORBILD ZUM KONSTRUIEREN EINES FLUG-

APPARATES. DAS BEFESTIGEN DER FEDERN MIT WACHS WAR ALLERDINGS RISKANT. ALS DIE BEIDEN DER SONNE ZU

NAHE KAMEN, FÜHRTE DAS ZUM SCHMELZEN DER FLÜGEL UND DAS SCHLIMMSTE TRAT EIN: IKARUS STÜRZTE INS

MEER.

10 ES WAR OTTO LILIENTHAL, DER DANN GEGEN ENDE DES 19. JAHRHUNDERTS ENTSCHEIDENDES ENTDECKTE, NÄM-

LICH DASS FÜR DEN AUFTRIEB DIE NACH OBEN GEWÖLBTE FORM DER FLÜGEL AM ALLERWICHTIGSTEN IST. OBER-

HALB DES FLÜGELS ENTSTEHT EIN UNTERDRUCK UND UNTERHALB EIN ÜBERDRUCK, DER AUFTRIEB WIRD SO AM

STABILSTEN ERREICHT UND DIE ERDANZIEHUNG ÜBERWUNDEN. ETWAS WICHTIGES IST HIERBEI JEDOCH AUCH,

DASS DER FLÜGEL GEGENÜBER DER STRÖMUNG LEICHT NACH OBEN ANGEHOBEN IST. DIESES SO GENANNTE

15 ANSTELLEN DES FLÜGELS VERSTÄRKT DEN AUFTRIEB MIT AM NACHDRÜCKLICHSTEN.

Die Schreibung von Eigennamen und Herkunftsbezeichnungen

Information   **Groß- und Kleinschreibung bei Eigennamen und Herkunftsbezeichnungen**

- **Eigennamen** schreibt man **groß**. In mehrteiligen Eigennamen schreibt man alle Wörter groß, mit Ausnahme der Artikel, Konjunktionen und Präpositionen, z. B.: *das Kap der Guten Hoffnung, Institut für Biochemie.*
- **Herkunftsbezeichnungen:**
  - Die von geografischen Namen abgeleiteten **Wörter auf -er** werden immer **großgeschrieben,** z. B.: *Altenberger Dom, ein Schweizer Messer, die Düsseldorfer Altstadt, das Münchner Hofbräuhaus.*
  - Die von geografischen Namen abgeleiteten **Adjektive auf -isch** werden **kleingeschrieben,** z. B.: *badische Städte, englische Landschaftsbilder, chinesische Vasen.*
  Achtung: Als Bestandteil mehrteiliger Eigennamen werden auch geografische Namen mit Adjektiv großgeschrieben, z. B.: *das Bergische Land, die Lippische Rose.*

---

1 Prüfe für jede der folgenden Bezeichnungen, ob es sich um einen Eigennamen handelt:
Schreibe sie dann in der richtigen Groß- und Kleinschreibung auf.
Tipp: Wenn du unsicher bist, schlage in einem Rechtschreib-Wörterbuch nach.

A DIE STUTTGARTER S-BAHN

E VEREINIGTE STAATEN VON AMERIKA

_____

_____

B ROTTWEILER FASNET

F WESTFÄLISCHER FRIEDEN

_____

_____

C INSTITUT FÜR DEUTSCHE SPRACHE

G DER BESTE FRANZÖSISCHE PRÄSIDENT

_____

_____

D EINE ENGLISCHE TAGESZEITUNG

H INDISCHER OZEAN

_____

_____

2 Prüfe die Groß- und Kleinschreibung für die im Text markierten Wortanfänge. Umkreise den richtigen Anfangsbuchstaben.

Touristische Superlative

In Deutschland ist eine der meistbesuchten Attraktionen der K/kölner Dom. Aber auch das H/heidelberger Schloss und das berühmte B/brandenburger Tor in Berlin gehören dazu. In den F/französischen Alpen findet man viele Liebhaber des Montblanc. Tausende lassen
5 sich täglich auf der S/spanischen Treppe in Rom fotografieren, versuchen, mit optischen Tricks den S/schiefen Turm V/von Pisa gerade zu stellen, oder lassen sich von I/italienischer Mode begeistern. In A/afrikanischen Naturschutzgebieten können Besucher die fantastische Tierwelt beobachten oder in China die G/große Mauer entlangwandern, das einzige Bauwerk, das man sogar vom Weltall aus sehen kann. Auf dem A/amerikanischen Kontinent sind die G/großen Seen mit den Niagarafällen, das W/weiße Haus in
10 Washington oder der K/kalifornische Yosemite-Nationalpark millionenfach besuchte Ziele.

3 Notiere acht weitere mehrteilige Eigennamen im Heft. Tipp: Schlage in einem Wörterbuch nach.

Die Schreibung von Tageszeiten und Wochentagen

Information   Groß- und Kleinschreibung bei Tageszeiten und Wochentagen

- **Tageszeiten** und **Wochentage** werden **großgeschrieben,** wenn sie **Nomen** sind.
  Du erkennst sie an den Nomenbegleitern (▶ S. 76), z. B.: *am Dienstag, diesen Sonntag, für Freitag.*
- **Tageszeiten** und **Wochentage** werden **kleingeschrieben,** wenn sie **Adverbien** sind, z. B.:
  nachts, gestern, morgen, übermorgen früh, tagsüber, montags.
- Bei **kombinierten Zeitangaben** schreibt man die **Adverbien klein** und die **Nomen groß,** z. B.:
  heute Morgen, gestern Mittag, morgen Abend.
- **Tipp:** Für **zusammengesetzte Zeitangaben** aus Wochentag und Tageszeit gilt: Sie werden großgeschrieben, wenn sie Nomen sind, und kleingeschrieben, wenn sie Adverbien sind, z. B.:
  der Dienstagnachmittag – dienstagnachmittags, am Montagabend – montagabends.

---

1 Die folgende SMS des Chefs der Stadtwerke ist zu knapp geraten: Formuliere mit den Informationen eine zusammenhängende E-Mail an den Ausschuss „Fahrplan". Verwende die rechts passend angebotenen Zeitangaben in der richtigen Schreibung. Setze die unten begonnene E-Mail in deinem Heft fort.

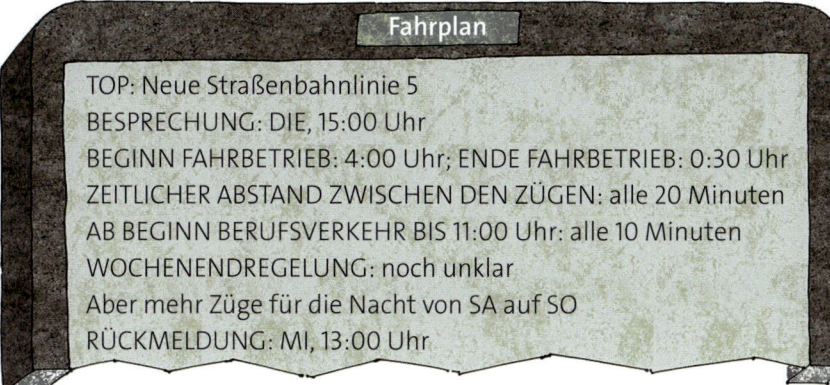

Fahrplan

TOP: Neue Straßenbahnlinie 5
BESPRECHUNG: DIE, 15:00 Uhr
BEGINN FAHRBETRIEB: 4:00 Uhr; ENDE FAHRBETRIEB: 0:30 Uhr
ZEITLICHER ABSTAND ZWISCHEN DEN ZÜGEN: alle 20 Minuten
AB BEGINN BERUFSVERKEHR BIS 11:00 Uhr: alle 10 Minuten
WOCHENENDREGELUNG: noch unklar
Aber mehr Züge für die Nacht von SA auf SO
RÜCKMELDUNG: MI, 13:00 Uhr

Zeitangaben

DIENSTAGNACHMITTAG •
MORGENS • AMABEND •
WERKTAGS •
AMWOCHENENDE •
SAMSTAGNACHTS •
MORGENMITTAG •

Sehr geehrte Mitglieder des Ausschusses „Fahrplan",
zur Ausgestaltung des Fahrplans für die neue Linie 5 laden wir Sie für Dienstagnachmittag um 15:00 Uhr ein. Der Linienbetrieb soll …

2 Stell dir vor, es ist <u>Mittwochabend</u>: Schreibe einen kurzen Blogbeitrag über das Programm deiner Klassenfahrt ins „Auto & Technik Museum" in Sinsheim. Verwende kombinierte Zeitangaben und schreibe ins Heft.
Beginne so: *Gestern Morgen kamen wir …*

	Dienstag	Mittwoch	Donnerstag
10:00 Uhr	Anreise mit der Bahn	Workshop „Sinnvolle Sensoren" Experimente mit Robotern	Abreise mit der Bahn
15:00 Uhr	Workshop „Schaumfabrik" Kreative Schaumschlägerei!	Vortrag „Volle Ladung" Elektrisierendes über Energie	

3 Die Schulleitung macht eine Umfrage: Beschreibe, wann und wie du zur Schule und zu deinen Nachmittagsaktivitäten gelangst. Verwende die angebotenen Zeitangaben und schreibe in dein Heft.

Wortspeicher

DIENSTAGS • JEDEN MORGEN • MITTAGS • AM SPÄTEN NACHMITTAG • AM NÄCHSTEN MORGEN •
ABENDS • AM DONNERSTAG • AN WERKTAGEN • AM FREITAGABEND

Teste dich!

Groß- oder Kleinschreibung?

1 Erkläre im Heft für jede in diesem Text unterstrichene Wendung kurz die Schreibung. (4 P.)

Stabil wie ein Blatt

Manchmal entstehen Innovationen durch genaues **A** <u>Hinschauen</u>. Anlässlich der **B** <u>Londoner</u> Weltausstellung im Jahr 1851 gelang dem **C** <u>englischen</u> Gartenbauarchitekten Sir Joseph Paxton die Konstruktion eines neuartigen Rippen-Glasdaches. Dass ihm dafür das Blatt einer Riesenseerose als Vorbild diente, überrascht vielleicht. Doch am **D** <u>verblüfftesten</u> ist man, wenn man sieht, dass es nur zwei Millimeter dick ist. Es beflügelte den Bau riesiger Gewächshäuser, z. B. in Berlin-Dahlem in einem Park namens **E** <u>Botanischer Garten</u> und dem Botanischen Museum.

A Großschreibung, da Nominalisierung eines Verbs – B...

2 Setze die angegebenen Wörter in der richtigen Form und Schreibung in die Lücken ein. (8 P.)

Dass er etwas absolut _____ | ungewöhnlich |

erlebte, verstand Joseph Paxton sofort, als ein Blatt der Königlichen

Riesenseerose mühelos seine achtjährige Tochter trug. Er wollte beim

_____ | betrachten | zunächst kaum seinen

Augen _____ | trauen | . Die Pflanze trug sein Kind

mühelos, sogar ohne sich zu _____ | verbiegen | . Durch anschließendes _____

| untersuchen | der Blattunterseite konnte er am _____ | leicht | das _____ | geniale |

System aus Rippen _____ | erkennen | , welches ihm als Architekt später Weltruhm einbrachte.

3 Vorsicht – Fehler! Schreibe folgende Zeitangaben in der richtigen Schreibung auf. (10 P.)

> **Wortspeicher**
>
> GESTERNFRÜH • MORGENABEND • SONNTAGABEND • FREITAGS • SPÄTABENDS •
> SAMSTAGNACHMITTAGS • HEUTEMORGEN • ÜBERMORGEN • GESTERNMITTAG • AMMONTAG

Vergleiche deine Ergebnisse mit dem Lösungsheft. Für jede richtige Angabe bekommst du einen Punkt.

☺ 22–16 Punkte	☺ 15–10 Punkte	☹ 9–0 Punkte
Gut gemacht!	Gar nicht schlecht, aber lies dir die Informationskästen auf den Seiten 76 bis 79 noch einmal genau durch.	Arbeite die Seiten 76 bis 79 noch einmal sorgfältig durch.

Getrennt- und Zusammenschreibung

1   Warum schreibt man zusammen? Warum schreibt man getrennt?
Begründe die Schreibungen der unterstrichenen Verbindungen aus Nomen und Verb.
- Gibt es vor den Verbindungen Begleiter wie Artikel, Pronomen oder Präpositionen? Markiere sie.
- Worauf beziehen sich die Begleiter? Setze Pfeile.
- Kannst du nach dem Nomen oder nach der Verbindung fragen? Schreibe die Frage an den Rand.

Auf dem Jahrmarkt

Bei der Zaubershow müssen wir Eintritt zahlen.   *Was müssen wir zahlen? – Eintritt.*

Das Eintrittzahlen übernimmt heute meine Kusine.   *Was übernimmt meine*

Dafür lade ich alle zum Eisessen ein.

Fast alle möchten auch tatsächlich Eis essen.

Nach so vielen Süßigkeiten müssen wir dringend

unseren Durst löschen.

Nach dem Durstlöschen geht es direkt weiter zum

Kettenkarussell.

2   Notiere die hervorgehobenen Verbindungen in der richtigen Schreibung in der Randspalte.
Tipp: Achte auf Nominalisierungen und schreibe diese zusammen und groß.

Eine Kirmes zu besuchen, das A-C-H-T-E-R-B-A-H-N-F-A-H-R-E-N und das

Z-U-C-K-E-R-W-A-T-T-E-E-S-S-E-N – all dies kann große F-R-E-U-D-E-M-A-C-H-E-N.

Im Schaustellermuseum in Essen kann man bestaunen, mit welchen Gerät-

schaften die Schausteller früher ihr G-E-L-D-V-E-R-D-I-E-N-T-E-N.

Wissenschaftler, die am Schaustellerwesen I-N-T-E-R-E-S-S-E-H-A-B-E-N, können

im Museum F-O-R-S-C-H-U-N-G-B-E-T-R-E-I-B-E-N. Vor einem Besuch muss

man rechtzeitig vorher einen T-E-R-M-I-N-A-B-S-P-R-E-C-H-E-N.

Verbindungen aus **Verb und Verb** werden in der Regel getrennt geschrieben, z. B.: *spazieren gehen*.
Achtung: Nominalisiert schreibt man sie zusammen und groß, z. B.: *Zum Fahrenüben lädt ein Simulator ein.*

3 Der Buchstabensalat im Text ergibt jeweils zwei Verben. Schreibe diese in richtiger Schreibung auf.

Von der Pferdebahn zur Straßenbahn

Das hätte sich das „Finchen" sicher nicht | A ~~TRMNLSSNÄUEAE~~ |, dass es einmal der Star des Straßenbahn-Museums in Köln-Dellbrück sein würde. Mit „Finchen", deren Name sich von der Linienbezeichnung F | B BLTNLSSTAEIEÄ |, konnten sich 1914 die ersten Fahrgäste von Frechen nach Köln | C FHRNLSSNAEAE |. Mit den ersten elektrischen Bahnen fuhr man ins Grüne: Dort konnte man schön | D BDNGHNAEEE |. Oder man fuhr in die Stadt, denn hier konnte man besser | E NKFNGHNEIAUEEE |. Den öffentlichen Nahverkehr hatten aber schon seit 1877 die ersten Pferdebahnen | F RLLNLSSNOEAE |. Dieses und vieles andere zeigt das Straßenbahnmuseum, wo auf 2 500 Quadratmetern 26 Bahnen zu | G BNDRCKENWSSNEEIUE |.

A träumen lassen, _____

_____

4 Setze in die Lücken den passenden Ausdruck mit *sein* ein:
Achte dabei auf Zeitform und Personalform.

Wann die Zeit der Pferdebahnen endgültig _____, welche

historischen Bahnen im Museum _____ und welche

Anstrengungen _____, damit eine solch imposante

Präsentation _____, all das kannst du erfahren, wenn

du bei einer Führung im Museum _____. Du solltest

dich vorher erkundigen, wann das Museum _____ und

ob dort vielleicht auch gerade etwas Besonderes _____.

> Wortgruppen mit *sein* werden immer getrennt geschrieben, z. B.: *vorbei sein, los sein, vorhanden sein.*

> **Wortspeicher**
>
> vorbei • los • offen • vonnöten • dabei • möglich • vorhanden

5 Bilde mit den nachfolgenden Präpositionen jeweils fünf Verben. Verwende dazu die angebotenen Verben und schreibe die Verbindungen in dein Heft.

> **Wortspeicher**
>
> ziehen • gehen • arbeiten • laufen • sehen • sprechen • kommen • rechnen • wirken • lassen • stimmen • machen • nehmen • fragen • legen

| durch... | | mit... | | hinter... | | auf... | | über... |

> Bei zusammengesetzten Verben aus Präposition und Verb liegt die Hauptbetonung auf der Präposition, z. B. *aufmachen, durchgehen.*

Getrennt oder zusammen? – Adjektiv und Verb

- Getrennt: Verbindungen aus **Adjektiv und Verb** werden **meist getrennt geschrieben**, z. B.:
  flugsicher machen, lebensecht darstellen, interessant gestalten.
- Zusammen: Entsteht durch die Verbindung von Adjektiv und Verb **ein Wort mit einer neuen Gesamt-bedeutung, schreibt man zusammen**, z. B.: *freistellen* (= beurlauben), *leichtfallen* (= keine Mühe machen), *kleinschreiben* (= ein Wort mit kleinem Buchstaben beginnen).

Tipp: Wenn du unsicher bist, ob du getrennt oder zusammenschreiben musst, sieh im **Wörterbuch** nach.

6 **a** Verbinde die | Adjektive | und | Verben | durch Linien zu sinnvollen Wortgruppen.

| vollständig | gut | willkommen | möglich | unterhalten | heißen | erhalten | machen |

b Setze diese Wortgruppen sinnvoll in die folgenden Lückensätze ein.

Einige Ausstellungsstücke sind beschädigt, aber andere sind _____.

Sie möchten zusätzlich eine Museumsführung buchen? Das können wir _____.

Unsere Ausstellungsleiterin wird Sie persönlich _____.

Wir tun alles, damit Sie sich in unserer Ausstellung _____.

7 Diese mit Adjektiven zusammengesetzten Verben passen zu den Erklärungen am Rand:
bereitstehen, sichergehen, schwerfallen, nahebringen.
a Schreibe die Verben mit den passenden Erklärungen auf.
b Bilde Beispielsätze mit den Verben. Schreibe sie in dein Heft.

Erklärungen

Entscheidungen können ... •
Freiwillige können ... •
gute Ideen möchte man jemandem ... •
nichts riskieren, sondern ... wollen

_____

_____

8 Setze in den folgenden Lückentext passende Verbindungen aus den Aufgaben 6 und 7 ein.
Tipp: Zwei der Wortgruppen werden getrennt-, vier werden zusammengeschrieben.

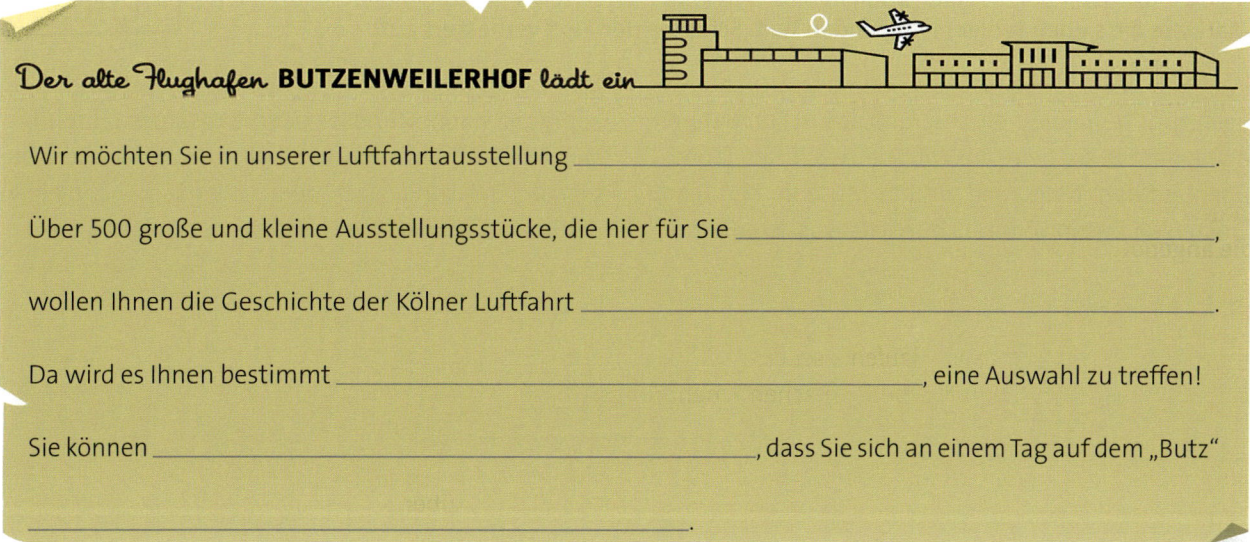

Der alte Flughafen **BUTZENWEILERHOF** *lädt ein*

Wir möchten Sie in unserer Luftfahrtausstellung _____.

Über 500 große und kleine Ausstellungsstücke, die hier für Sie _____,

wollen Ihnen die Geschichte der Kölner Luftfahrt _____.

Da wird es Ihnen bestimmt _____, eine Auswahl zu treffen!

Sie können _____, dass Sie sich an einem Tag auf dem „Butz"

_____.

Stärken stärken:
Regeln der Getrennt- und Zusammenschreibung anwenden

●○○ **1** Wende die Regeln zu den Verbindungen aus Adjektiv und Verb (▶ S. 83) an.

a Im folgenden Gitterrätsel verstecken sich waagerecht vier Wortgruppen aus (Farb-)<u>Adjektiv und Verb</u>, die eine neue Gesamtbedeutung haben. Markiere sie.

b Formuliere mit jedem der Verben einen Satz. Schreibe ins Heft.

A	R	O	S	C	H	W	A	R	Z	F	A	H	R	E	N	X
B	H	Y	M	R	O	T	S	E	H	E	N	Z	L	Ä	M	B
C	I	C	K	S	C	H	W	A	R	Z	Ä	R	G	E	R	N
D	Z	B	L	A	U	M	A	C	H	E	N	K	I	D	A	F

●●○ **2** Wende die Regeln zu den Wortgruppen aus Nomen und Verb (▶ S. 81) an.

a Verbinde jeweils ein Nomen und ein Verb zu einer sinnvollen Verbindung.

b Schreibe den folgenden Text ab und setze die jeweils passende Verbindung ein.
<u>Tipp</u>: Achte bei Nominalisierungen auf die richtige Schreibung.

Nomen

Entchen • Freunde • Riesenrad • Glücksrad •
Lust • Autoscooter • Reiz • Paradiesapfel

Verben

drehen • haben • treffen • haben •
fahren • essen • fahren • angeln

Ich muss gestehen, dass ich wenig ❓, auf die Kirmes zu gehen. Das ❓ finde ich langweilig. Beim ❓ habe ich noch nie etwas gewonnen. Beim ❓ bekomme ich Höhenangst und nach dem ❓ tun mir immer alle Knochen weh. Das Einzige, was für mich einen gewissen ❓, ist, dass ich auf dem Kirmesplatz ❓ und leckeren ❓ kann.

_____

_____

_____

_____

●●○ **3** Wende die Regeln zu den Wortgruppen aus Verb und Verb (▶ S. 82) an.
Markiere die sieben Fehler im folgenden Text. Schreibe den Text verbessert auf.

VORSICHT FEHLER!

Wenn ihr unser Museum Besuchen kommt, bieten wir euch zum kennenlernen unserer historischen Bahnen etwas ganz Besonderes an: Wir laden euch zum fahren-üben auf dem Gleis rund um das Museum ein! Beim Einsteigen lassen könnt ihr zunächst kassierenlernen.

Dann lernt ihr, die Bahn in Bewegung zu setzen, und könnt sie dann schneller oder langsamer fahren lassen. Für das Bremsen üben bekommt ihr vorher eine genaue Erklärung. Nach dem sicheren stehenbleiben der Bahn dürft ihr eure Fahrgäste aussteigen lassen.

_____

_____

_____

_____

Stärken stärken: Schreibentscheidungen treffen

●● 1 Trenne in den folgenden Sätzen die Wörter voneinander ab und schreibe sie auf.
Achte dabei auf die Getrennt- und Zusammenschreibung sowie auf die Groß- und Kleinschreibung.

Haus Safari – Museum für Kuriositäten in Lindlar

Ichmussesgleichvorwegnehmen:

_____

Derbeiname„museumdergutenlaune"istnichtübertrieben.

_____

werhiernichtlautauflachenoderzumindestinsichhineinkichernmuss,istselbstschuld.

_____

Übersehenkannmandasmuseumnicht:

_____

schonvordertürlasseneinigemonsterfigurendenbesucherzusammenzucken.

_____

hinterdermuseumstüristeinewildemischungzusammengekommen.

_____

allesdarfangefasstundausprobiertwerden,nurmitnehmendarfmannatürlichnichts!

_____

wersichgruselnmöchte,mussindenkellerhinabsteigen,woeinegeisterbahnaufgebautist.

_____

●●● 2 Bilde Verbindungen aus <u>Adverb und Verb</u>, die zu den folgenden Umschreibungen passen. Schreibe sie auf.

A die Zukunft deuten: _____

B zwei Streithähne trennen: _____

C ohne Zwischenräume schreiben: _____

D in die Einzelteile zerlegen: _____

E betrügen: _____

F zu laufen beginnen: _____

> **Wortspeicher**
>
> gehen • auseinander •
> rennen • zusammen •
> gehen • voraus •
> schreiben • nehmen •
> dazwischen • los •
> sagen • hinter

Teste dich!

Getrennt- oder Zusammenschreibung?

1 **a** Unterstreiche im folgenden Text sechs Fehler. (6 P.)
   b Schreibe die verbesserten Wörter in die Randspalte. (6 P.)

Rundherum im Flug

Genauergründen können die Historiker nicht, wann das Karussell

_____

entstandenist. Dass der Spaß zunächst der höfischen Gesellschaft

_____

vor behalten war, ist hingegen gesichert – und auch, dass es aus einem

_____

Zweikampf zu Pferde hervorgegangen ist. Zu einem Ziel zu jagen und

_____

als Erster einen dort aufgehängten Ring zu durch stoßen – diesen

_____

Wettkampf soll das Karussell fahren letztlich nach ahmen.

_____

2 Getrennt oder zusammen? Schreibe die Verbindungen richtig auf. (8 P.)

Sonnenkönig Ludwig XIV. hat für seine Versailler Gäste immer neue Attraktionen

_____ | erfinden **?** lassen | , und so

ließ er auch das Ringturnier _____

| weiter **?** entwickeln | : Hölzerne Pferde, die sich im _____

_____ | Kreis **?** drehen | – diese

weniger anstrengende Neuerung sollte bald an vielen europäischen Höfen

_____ | Einzug **?** halten | . In der Französischen

Revolution wurden adlige Privilegien auch dem Volk _____ | zugänglich **?** gemacht | –

so auch die Karussells. Nostalgische Karussells können heute neben modernen Fahrgeschäften die Erinnerung an

die frühen Zeiten des Karussells _____ | wach **?** halten | . Ein Karussell zu

_____ | unter **?** halten | , ist bis heute ein Beruf, der nicht _____ | leicht **?** fällt | .

Vergleiche deine Ergebnisse mit dem Lösungsheft. Für jede richtige Angabe bekommst du einen Punkt.

☺ 20–16 Punkte	☺ 15–10 Punkte	☹ 9–0 Punkte
Gut gemacht!	Gar nicht schlecht, aber lies dir die Informationskästen auf den Seiten 81 bis 83 noch einmal genau durch.	Arbeite die Seiten 80 bis 85 noch einmal genau durch.

Rechtschreibung verstehen – Regeln anwenden

Doppelte Konsonanten – Achte auf die erste Silbe

Information	Regeln für doppelte Konsonanten

- **Offene Silben** enden mit einem **Vokal**. **Geschlossene** Silben enden mit einem **Konsonanten**.
- **Doppelte Konsonanten** schreibt man **nur**, wenn die **erste Silbe** im **zweisilbigen Wort** geschlossen ist.
- Stehen an der **Silbengrenze zwei verschiedene Konsonanten, verdoppelt** man **nicht**, z. B.: *bummeln* – aber: *pumpen*.
- Um die Regel anzuwenden, muss man Einsilber verlängern und Wortzusammensetzungen zerlegen, z. B.:

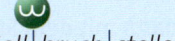

soll – denn: *sollen; die Soll|bruch|stelle* – denn: *sollen.*

---

1 Entscheide, ob der Konsonant in der Wortmitte doppelt geschrieben wird.

l/ll:	brü____en	die Pu____te	so____en	be____en	die Wä____der	ho____en
m/mm:	su____en	die Pu____pe	der Na____e	fli____ern	das Zi____er	
t/tt:	ra____en	die Wa____e	der Bo____e	lö____en	der Schli____en	
n/nn:	ne____en	die To____e	we____den	die Ka____te	wei____en	ke____en

---

2 **a** Ordne die Wörter aus Aufgabe 1 in die Tabelle ein.
   b Ergänze die Überschriften und setze ein: offen/geschlossen; gleiche/verschiedene.

Erste Silbe	Erste Silbe _____	
_____	Zwei _____ Konsonanten	Zwei _____ Konsonanten
ho len, ...	*die Pul te, ...*	*brül len, ...*

---

3 Trage die Verlängerungswörter der folgenden einsilbigen Wörter in die Tabelle von Aufgabe 2 ein:

der Schritt • welk • das Bild • rot • der Fall • der Knall • nett • braun • hell

Wörter mit *h* – Wenn die erste Silbe offen ist, ...

Information	Regeln für Wörter mit *h*

- Bei **manchen zweisilbigen Wörtern** steht das *h* in der **zweiten Silbe**. Es **öffnet** die **zweite Silbe hörbar**, z. B.: *dre hen*.
- Steht das *h* in der **ersten Silbe** eines zweisilbigen Wortes, ist es **nicht hörbar**. Diese Wörter sind **Merkwörter**, z. B.: *fah ren*.
- Bei **einsilbigen Wörtern** kann man versuchen, das *h* **durch Verlängern hörbar zu machen**, z. B.: *er geht* – denn: *ge hen*; aber: *die Bahn* – *die Bah nen*.

---

1 Kann man das *h* in den folgenden Wörtern hören oder nicht? Markiere das *h* mit dem Strategiezeichen oder .

> Wortspeicher
>
> gähnen • gehen • Nahrung • erwähnen • fahren • bestehen • vergehen • die Röhre • unzählig • lehren

---

2 **a** Prüfe durch Verlängern, ob es sich bei den nachstehenden Wörtern um Merkwörter handelt.
   b Trage die verlängerten Wörter in die richtige Spalte der Tabelle ein.

> Wortspeicher
>
> wahr • zehn • Uhr • Reh • Zeh • der Stahl • die Bahn • das Jahr • die Wahl • die Zahl • das Mahl

Wörter mit silbenöffnendem *h*	Merkwörter mit *h*

– Die erste Silbe ist offen/geschlossen.   – Die erste Silbe ist offen/geschlossen.
– Das *h* gehört zur ersten/zweiten Silbe.   – Das *h* gehört zur ersten/zweiten Silbe.
– Man spricht das Wort ohne *h* / mit *h*.   – Man spricht das Wort ohne *h* / mit *h*.

   c Streiche in der jeweiligen Tabellenspalte unten die falschen Teile der Aussagen durch.

---

3 Markiere in den folgenden Sätzen alle Merkwörter mit *h* durch das Strategiezeichen .

Ungefähr zur Zeit der ersten Weltausstellung im Jahr 1851 beschäftigte sich der Gärtner Joseph Monier mit der Frage, wie man Blumentöpfe stabilisieren könnte. Es gefiel ihm nicht, dass sie so leicht zerbrechen. Er entdeckte bei Kakteen eine netzartige Struktur, die wie ein stützendes Skelett wirkte. Das regte ihn dazu an, ein Drahtgitter in die Formen der Blumentöpfe zu legen, die er aus Zement goss. So wurden sie haltbarer. Später dehnte er seine Erfindung auf Bahnschwellen aus und legte so die Basis für modernen Stahlbeton.

---

4 Bilde einen Satz, der mindestens drei Merkwörter mit *h* enthält.

ss und ß in einer Wortfamilie – Achte auf die erste Silbe

Information	Regeln für Wörter mit s-Laut

- Man schreibt **ß**, wenn **die erste Silbe offen** ist und man den **s-Laut zischend** spricht, z. B.: *drau ßen*.
- Man schreibt **ss,** wenn die **erste Silbe geschlossen** ist, z. B.: *die Ros se*.
- In Wörtern einer **Wortfamilie** kann die Schreibung wechseln. Um sicher zu sein, braucht man das **zweisilbige Wort,** z. B.: *das Maß – die Ma ße; aber: er misst – wir mes sen*.

1 Entscheide: *ß oder ss?*

hei____en   hi____en   vermi____en   pre____en   gie____en   flie____en   bei____en

2 Die folgenden zusammengehörenden Wortpaare hat der PC fälschlicherweise <u>alle</u> mit *ss* geschrieben.
a Verbinde die Wörter einer Wortfamilie mit Pfeilen.
b Schreibe die Wörter einer Wortfamilie in richtiger Schreibung nebeneinander.

VORSICHT FEHLER!

giessen	der Biss	reissen	der Frass	der Beschluss	vergessen	muss
der Guss	müssen	beissen	der Riss	fressen	schliessen	liess
das Schloss	wissen	messen	weiss	vergass	lassen	beschliessen	mass

_____

_____

3 **a** Setze ein: *ss oder ß?*

das Gebi____   der Bei____ring   er bei____t   er bi____   die Bi____wunde   er hat gebi____en

b Finde zu folgenden Wörtern verwandte Wörter und Zusammensetzungen, die mit *ss oder ß* geschrieben werden.

essen: *ich aß* _____

fließen: _____

schießen: _____

4 **a** Setze ein: *ss oder ß?*

A Das Wa____er eines Flu____es flie____t nicht überall gleichmä____ig schnell.

B Ein Hund, der bei____t, kann mit seinem Gebi____ gro____e Bi____wunden verursachen.

   Deshalb sollte er immer einen Bei____schutz tragen.

C Weil der Regengu____ ausblieb, mu____ Gustav das Beet mit der Gie____kanne bewä____ern.

b Lass dir einen Satz aus Aufgabe 4 a diktieren. Schreibe in dein Heft.

i oder *ie?* – Achte auf die Silbenzahl

Information	Regeln für Wörter mit *i* oder *ie*

- Man schreibt **immer *i*,** wenn die **erste Silbe** geschlossen ist, z. B.: *der Win ter.*
- Bei **zweisilbigen deutschen Wörtern** schreibt man in der Regel **in der ersten Silbe *ie*,** wenn sie **offen** ist, z. B.: *die Bie ne.*
- In **mehrsilbigen Fremdwörtern** schreibt man auch in offenen Silben *i*, z. B.: *die Ma schi ne.*
- Die Endung ***-ieren*** muss man sich als Ausnahme merken, z. B.: *buchstabieren.*

1 Setze ein: *i* oder *ie?*

Graff___t___   die Emot___on   die Informat___on   das Prakt___kum   die Z___le   die B___onik

das Lex___kon   der Opt___mist   der Pess___mist   der Z___genkäse   das S___l___z___um   die Turb___ne

2 **a** Vervollständige die folgenden Verben mit der Nachsilbe *-ieren.*

b Ordne ihnen ihre Bedeutung zu. Schreibe die richtige Ziffer 1 bis 12 hinter die Worterklärung.

1		F	I	N	G					
2		P	A	R	O	D				
3		S	T	U	D					
4	K	A	P	I	T	U	L			
5		P	L	O	M	B				
6		F	L	A	M	B				
7		H	A	L	B					
8		B	L	O	C	K				
9		P	R	O	B					
10	V	E	R	B	A	R	R	I	K	A	D
11		R	A	D						
12	M	A	R	S	C	H				

im gleichmäßigen Schritt gehen ☐ •

unterbinden ☐ • vortäuschen ☐ •

aufgeben ☐ • absperren ☐ •

lernen ☐ • Löcher in Zähnen füllen ☐ •

etwas komisch nachmachen ☐ •

Alkohol in Speisen anzünden ☐ •

verkleinern ☐ • versuchen ☐ •

Bleistiftschrift beseitigen ☐

3 **a** Trenne in der Wörterschlange die 13 Wörter mit *-ine* mit Strichen voneinander ab.

UKRAINE|MASCHINEKABINETURBINEGARDINEAPFELSINEMANDARINEVASELINESULTANINETERRINERUINEBEDUINELAWINE

b Schlage die Bedeutung im Wörterbuch nach, wenn du sie nicht kennst. Schreibe die 13 Wörter auf.

_____

_____

4 Formuliere in deinem Heft eine Merkhilfe für die *i*-Schreibung bei Fremdwörtern.
<u>Hinweis</u>: Beachte die fehlerträchtigen Nachsilben *-ine* und *-ieren.*

Stärken stärken: Fremdwörter mit *ph, th, ch* und *y*

| Information | Schreibung von Fremdwörtern mit *ph, th, ch* und *y* |

Fremdwörter weisen häufig die Schreibungen **ph, th, ch** und **y** auf, z. B.: *Physik, Theologie, Chemie*.
Bei **einigen Fremdwörtern** kann man neben der Originalschreibweise eine **eingedeutschte Form** nutzen, z. B.:
Delphin oder *Delfin*.

○○ **1** **a** Unter den folgenden Wörtern stehen drei spanische. Das erkennst du an ihrer Schreibung. Kreise sie ein.

b Markiere in den deutschen Fremdwortschreibungen alle Merkstellen mit dem Strategiezeichen Ⓜ.

> **Wortspeicher**
>
> die Physik • Fisika • das Chlorophyll • die Theologie • das Theater • der Chor • Coro •
>
> die Physiotherapie • Fisioterapia • die Phrase • der Rhythmus

c Ordne die Fremdwörter aus dieser Aufgabe den folgenden Bedeutungen zu:

eine Wissenschaft = _____   Blattgrün = _____

Gruppe von Sängern = _____   Religionswissenschaft = _____

Schauspielhaus = _____   Heilbehandlung = _____

leere Redensart = _____   Takt, z. B. in der Musik = _____

●○ **2** **a** Schlage die folgenden Fremdwörter im Wörterbuch nach.

b Kreuze an, zu welchen es eine eingedeutschte Schreibung gibt.

c Schreibe die Wörter in deiner bevorzugten Schreibung in dein Heft.

☐ das Photo   ☐ die Graphik   ☐ das Diktaphon   ☐ das Theater   ☐ die Phrase

☐ der Thunfisch   ☐ die Phantasie   ☐ die Apotheke   ☐ das Phantom   ☐ die These

●● **3** **a** Lies die folgenden Fremdwörter mit *y* laut. Wie spricht man das *y* aus?
Ziehe einen entsprechenden Pfeil, z. B.:

das Gymnasium   das Acrylglas   typisch   das Baby   die City   die Story   der Body

hydraulisch   die Dynamik   die Party   das Dynamit   der Dynamo   psychisch   das Symbol

Man sprich das *y* wie ein *i.*   Man spricht das *y* wie ein *ü.*

b Schreibe die Wörter in dein Heft.

●● **4** **a** Markiere in den Sätzen A und B alle Fremdwörter mit Merkstellen.

A In der Physikstunde ist das Thema „Die Leistung des Dynamos".
B Im Theater gibt es einen Themenabend rund um das Stück „Das Phantom der Oper".

b Formuliere in deinem Heft eigene Sätze mit möglichsten vielen Fremdwörtern.

Stärken stärken: *das* oder *dass?*

Am Anfang eines Nebensatzes wird das **Relativpronomen *das*** häufig verwechselt mit der **Konjunktion *dass***. Prüfe mit der **Ersatzprobe:**

- Kann ***das*** durch ***welches*** ersetzt werden, wird es mit einem **s** geschrieben, z. B.:
  Das Gefühl, ~~das~~ welches wohl die meisten Menschen erstreben, ist das Glück.
- Die Konjunktion ***dass*** kommt oft nach Verben des Redens und Meinens vor und kann nicht ersetzt werden, z. B.: *Das Gefühl, dass die Zeit zu schnell verrinne, quält viele Menschen.*

●○○ **1**　**a** Schreibe die folgenden Sätze mit *das* bzw. *dass* in dein Heft.
　　b Führe mit den Relativsätzen die Ersatzprobe durch. Schreibe die neuen Sätze auf.
　　c Tausche in den Sätzen mit *dass* die Verben des Sagens und Meinens gegen andere aus, z. B.
　　　sagen, finden, äußern, bemerken, andeuten, zu verstehen geben, darauf hinweisen.

　　A Carl meint, dass heute der Schulbus gar nicht schnell genug fahren kann.
　　B Denn er möchte endlich ein neues Spiel herunterladen, das ihm Ben empfohlen hat.
　　C Beim Aussteigen ruft er Ben noch schnell zu, dass sie ja morgen ins Kino gehen können.
　　D Fast hätte er das Fahrrad nicht bemerkt, das dicht am Bus vorbeisaust.

●●○ **2**　**a** Formuliere die nachfolgenden Sätze in Relativsätze (▶ S. 68) um und schreibe sie in dein Heft.
　　b Unterstreiche in deinen Sätzen das Relativpronomen *das*.

　　A Das neu heruntergeladene Spiel lässt Carl die Zeit vergessen.
　　B Ebenso aus dem Blick gerät das für morgen vorzubereitende Referat über Zeitmanagement.
　　C Als schließlich alles zu spät ist, denkt Carl sich für den nächsten Tag ein den Lehrer besänftigendes Märchen aus.

●●○ **3**　Gib die nachfolgende direkte Rede in Objektsätzen (▶ S. 66–67) wieder.
　　Verwende die Konjunktion *dass*. Schreibe ins Heft.

　　A Carl erzählt seinem Lehrer: „Das Ticken der Uhr ging im Lärm des neuen Spiels unter, bis es zu spät war."
　　B Der Lehrer denkt: „Carl scheint mich für dumm zu halten."
　　C Er sagt grinsend: „Carl, mit deiner Erfindungsgabe solltest du Schriftsteller werden."

●●● **4**　Entscheide mit Hilfe der Ersatzprobe, ob es sich um das Relativpronomen
　　das oder um die Konjunktion *dass* handelt. Streiche das falsche Wort.

Menschen ohne Zeitgefühl

Habt ihr schon bemerkt, das/dass Erwachsene kein Zeitgefühl haben? Meine Eltern zum Beispiel: Morgens rufen sie ungeduldig ins Bad, das/dass ich gerade erst betreten habe, um mir mitzuteilen, das/dass auch andere duschen möchten. Für das Frühstück, das/dass man nun wirklich blitzschnell erledigen kann, planen sie dagegen eine halbe Ewigkeit ein. Das/dass der Bus nicht auf mich warten würde, höre ich jeden Morgen, obwohl ich ihn fast nie verpasse. Jeden Tag aufs Neue sind unsere Lehrer überrascht, das/dass die Stunde schon zu Ende ist, während wir das Ende, das/dass sich extrem schleichend nähert, immer im Blick haben. Das/dass Erwachsene kein Zeitgefühl haben, wird abends besonders deutlich: Kaum fasse ich mein Handy an, das/dass in der Schule beiseitegelegt werden musste, höre ich, das/dass ich meine Zeit nicht damit verschwenden solle. Auch das/dass ausgerechnet dann Schlafenszeit sein soll, wenn man endlich chillen könnte, kann nur mit fehlendem Zeitgefühl erklärt werden.

Textlupe: Strategien und Regeln anwenden

1 Überarbeite den folgenden Text:
  a Unterstreiche die Fehler: Achte besonders auf die Schreibung der langen Vokale, die Konsonantenschreibung nach betonten kurzen Vokalen sowie die *s*-Laute.
  b Schreibe die Fehlerwörter verbessert in die Randspalte.

Kennst du den „Wahl-O-Mat"?

Was mag wol ein „Wahl-O-Mat" sein? Villeicht ist das ein Roboter, der mit _____

aufgeladenem Aku am Wahltag fleissig zum Wahllokal marschiert. Dort gibt _____

er die Stimen derer ab, die nicht mehr gut zu Fuss sind oder deren Kinder lieber _____

etwas draußen im Wald unternemen möchten. Er läuft wiselflink ständig in die _____

Wahlkabiene, um dort für jemanden ein Kreuzchen zu machen. Sicher liese _____

sich so der sinkenden Wahlbeteiligung entgehgenwirken. Oder es handelt sich _____

um einen Automahten, in den mann bei der Wahl seine Wahlbenachrichtigung _____

stecken muß? Auf seinem Dissplay würden dann alle Parteien aufleuchten, _____

von denen eine anschliessend mit Fingerdruck ausgewält werden kann. _____

2 **a** Lasse dir den folgenden Text von einer Lernpartnerin oder einem Lernpartner diktieren.
  Hinweis: Bereite das Diktat vor, indem du den Text vorher liest und schwierige Wörter unterstreichst.
  b Überprüfe deinen Text sorgfältig mit Hilfe der Lösungen, um deine <u>Fehlerschwerpunkte</u> bei der Groß- und Kleinschreibung sowie der Getrennt- und Zusammenschreibung zu erkennen.

Ein „Wahl-O-Mat" kommt nicht erst am Tag des Wählens, sondern lange vorher

zum Tragen. Auffinden kannst du ihn im Internet. Hineingestellt wurde er dort

von der Bundeszentrale für politische Bildung. Die Regierung der Bundesrepublik

Deutschland möchte besonders den jungen Wählern beim Ankreuzen des Wahl-

5 zettels behilflich sein. Der „Wahl-O-Mat" kann die Aussagen aller Parteien so

miteinander mischen, dass man nicht erkennen kann, welche Positionen woher

kommen. Er formuliert diese in Fragen an den Wählenden um. Durch das Fragen-

stellen will der „Wahl-O-Mat" dazu anregen, über eigene Einstellungen und

Ansichten nachzudenken. Alle Antworten kann man aufschreiben, und das

10 Computerprogramm übernimmt anschließend das Auswerten. Ist dieses abge-

schlossen, wird es eine Art Meinungsbild auswerfen, das darstellt, welche Über-

einstimmung man mit welcher Partei aufweist. Schon für manch einen gab es

dabei ein böses Erwachen! Nicht selten ist es aber auch lustig zu sehen, bei

welcher Partei man sich mit der eigenen Meinung unerwartet wiederfindet.

Teste dich!

Dein Regelwissen

1 **Kreuze an, welche der Aussagen A bis F richtig und welche falsch sind. (6 P.)**

richtig   falsch

A Doppelkonsonanten schreibt man, wenn die erste Silbe in einem zweisilbigen Wort offen ist. .... ☐ ☐

B Zwei gleiche Konsonanten schreibt man, wenn die erste Silbe geschlossen ist. .... ☐ ☐

C Das *ie* kommt besonders häufig in Fremdwörtern vor. .... ☐ ☐

D *-ieren* ist eine Nachsilbe für Fremdwörter. Man schreibe diese mit *ie*. .... ☐ ☐

E *ch, th* und *ph* sind typisch für viele Fremdwörter. .... ☐ ☐

F Das *y* spricht man je nach Wort verschieden aus: als *i* oder als *ü*. .... ☐ ☐

2 **Berichtige die 16 Fehlerwörter im Text. Ordne sie dem Fehlerschwerpunkt in der Tabelle unten zu. (16 P.)**

VORSICHT FEHLER!

Wolkenkratzer nach Art der Ackerschachtelhalme

Wolkenkratzer sind ein Sümbol für eine leistungsstarke Wirtschaft. Daher arbeiten Architekten süstematisch daran, Häuser zu bauen, die mehr als einen Kilometer hoch sind. Wenn der Mensch aber immer höher bauen
5 will, dann braucht er neue statische Konzepte und matematische Berechnungen. Hier können die Archietekten von der Natur lernen. Vile Gräser bilden Halme aus, die hoch hinaus wachsen, dünn sind und trotzdem den starken Belastungen durch Wind und Wasser
10 standhalten können. Sie schwanken im Wind, ohne zu knicken. Welche Bauprinzipien könten sich die Hochhauskonstrukteure zum Vorbild nehmen? Der Risenackerschachtelhalm, der mehrere Meter hoch werden kann, verdankt seine Festigkeit zwei verschie-
15 denen Merkmalen. Seine Halme bestehen aus verschie-

denen Abschniten. Ihre tragenden Strukturen sind nach aussen gestellt und sehen aus wie auf den Kopf gestellte Pagoden. Dadurch werden die Halme sehr stabil.
20 Ein zweites Bauprinzip sind senkrechte Furchen, die die Schachtelhalme durchzihen. Sie versteifen und festigen die Halme zusätzlich. In Taiwan hat man 2004 einen Wolkenkratzer eröffnet, der die Skiline der Stadt Taipeh überragt. Desen Strukturen lehnen sich an den Ackerschachtelhalm an: Er hat einen festen Sockel
25 und acht umgedrehte pagodenförmige Bauelemente, die wie der Ackerschachtelhalm ineinandergeschachtelt sind. Dadurch wird der riesige Turm stabiel, aber doch flexiebel. Das ist besonders wichtig, weil er in Taiwan häufig heftigen Stürmen und Erdbeben ausgesetzt
30 ist. Aber er schwankt nur leicht hin und her.

Doppelkonsonanten	i-/ie-Schreibung	ss-/ß-Schreibung	Fremdwörter
_____	_____	_____	_____
_____	_____	_____	_____
_____	_____	_____	_____
_____	_____	_____	_____

3 a Markiere im ersten Textabschnitt fünf zweisilbige Wörter, deren erste Silbe offen ist. ☐
b Unterstreiche im ersten Textabschnitt fünf Wörter, deren erste Silbe geschlossen ist. ☐

4 Prüfe deine Lösungen und die Punktzahl mit Hilfe des Lösungsheftes.

Zeichensetzung

Das Komma zwischen Sätzen

Information	Die Kommasetzung in Satzreihe (Hs + Hs) und Satzgefüge (Hs + Ns)

- Die einzelnen **Hauptsätze einer Satzreihe** (▶ S. 64) werden durch ein Komma voneinander getrennt, z. B.:
  Kaum jemand versteht Gebrauchsanweisungen, die meisten sind rätselhaft.
  Satzbauplan: ——————— Hs ———————, ——————— Hs ———————.
- Häufig sind Hauptsätze durch **nebenordnende Konjunktionen** (Bindewörter) wie *und, oder, aber, denn, doch,* verbunden, z. B.: *Aber leider benötigt man diese Anweisungen, denn ohne ist man hilflos.*
  Nur vor den Konjunktionen *und* bzw. *oder* darf das Komma entfallen: *Man liest sie und verzweifelt daran.*
- In einem **Satzgefüge** (▶ S. 64) wird der Nebensatz mit einer **unterordnenden Konjunktion** *(nachdem, wenn, obwohl, weil, dass …)* eingeleitet und durch ein **Komma** vom Hauptsatz getrennt.
  Die gebeugte Form des Verbs (Prädikat) steht am Ende des Nebensatzes, z. B.:
  Man kann nur ohne Bedienungsanleitung zurechtkommen, wenn man weiß, wie es geht.
  Satzbauplan: ——————— Hs ———————,
  ——— Ns ———,
  ——— Ns ———.

1
a **Setze in den folgenden Sätzen die fehlenden Kommas.**
b **Begründe deine Zeichensetzung: Trage für jeden Satz die Ziffer der passenden Beschreibung des Satzbauplans ein.**

Beschreibung der Satzbaupläne:

1 1 Hs, 1 Ns, 1 Hs; 2 Kommas
2 2 Hs; 1 Komma kann stehen
3 1 Hs, 2 Ns; 2 Kommas
4 2 Hs; 1 Komma muss stehen
5 1 Ns + 1 Hs; 1 Komma
6 1 Hs + 1 Ns; 1 Komma

Bedienungsanleitung „Sprache", Seriennummer 2000/14

A ☐ Wir gratulieren zum Erwerb Ihrer Muttersprache und wir wünschen viel Erfolg bei ihrer Verwendung!

B ☐ Ihre Sprache ist ein hochentwickeltes und vielseitiges Medium das Ihnen in allen Lebenssituationen nützliche Dienste leisten wird wenn Sie es richtig einzusetzen wissen.

C ☐ Damit Sie viel Freude daran haben sollten Sie folgende Sicherheitshinweise unbedingt beachten:

D ☐ Gehen Sie achtsam und überlegt mit Ihrer Sprache um denn ein unsachgemäßer Gebrauch kann zu schwerwiegenden Störungen in zwischenmenschlichen Beziehungen führen.

E ☐ Für eine optimale Nutzung Ihrer Sprache raten wir Ihnen zur Anschaffung eines Wörterbuchs das Ihnen besonders beim schriftlichen Gebrauch eine große Hilfe sein kann und wir empfehlen Ihnen den regelmäßigen Besuch von Sprachunterricht.

F ☐ Den Erwerb einer Zweitsprache sollten Sie erwägen wenn Sie grundsätzlich Gefallen am Gebrauch einer Sprache finden.

Stärken stärken: Das Komma bei Infinitiv- und Partizipialsätzen

Information	Das Komma bei Infinitivsätzen

Infinitivsätze **darf** man immer durch **Komma** vom Hauptsatz abtrennen. Ein Komma **muss** stehen,

- wenn der Infinitivsatz mit *um, anstatt, statt, außer, ohne, als* eingeleitet wird, z. B.:
  Sie schreibt, ohne nachzudenken.
- wenn der Infinitivsatz von einem Nomen oder einem hinweisenden Wort wie *dazu, daran, darauf* oder
  es im Hauptsatz abhängt, z. B.: *Benutzerhinweise dienen dazu , das Nachschlagen zu erleichtern.*

Bei einfachen Infinitiven *(zu + Infinitiv)* kann man das Komma weglassen, sofern dadurch kein Missverständnis entsteht, z. B.: *Es fällt mir leicht(,) zu schreiben.* Hinweis: Es empfiehlt sich, immer ein Komma zu setzen, weil es die Gliederung eines Satzes verdeutlicht und niemals falsch ist.

●○○ 1 a **Setze in den folgenden Sätzen fehlende Kommas.**
b **Verwende für jeden Satz das umrahmte Wort, um ihn in einen Infinitivsatz umzuformen.**
c **Unterstreiche in deinem Satz den Infinitivsatz und prüfe: Ist das Komma richtig gesetzt?**

KOMMAS
FEHLEN!

A Wenn du lange über der richtigen Schreibung eines Wortes grübeln musst solltest
du lieber gleich in einem Wörterbuch nachschlagen.

anstatt

Anstatt lange

_____

_____

B Allerdings musst du einige Nachschlagetechniken beherrschen damit du gezielt suchen kannst.

um

_____

_____

C Wahrscheinlich hast du schon oft in der alphabetischen Wörterliste eines Wörterbuchs
nachgeschlagen dich vorher aber nicht um die Benutzerhinweise gekümmert.

ohne

_____

_____

_____

D Wenn man alle Abkürzungen in den Einträgen zu einem Wort verstehen will muss man
sich in der Einführung ein wenig kundig gemacht haben.

um

_____

_____

_____

E Falls du an der Kommasetzung zweifelst bleibt dir nur übrig dass du
im Regelteil des Wörterbuchs nachschaust.

nichts anderes ... als

_____

_____

F Wenn du dir nie die Benutzerhinweise und den Regelteil in einem Wörterbuch
ansiehst findest du zu manchen Rechtschreibfragen womöglich keine Antwort.

ohne

_____

_____

●○ **2**   **a**   Unterstreiche in den folgenden Sätzen die Infinitivsätze.
　　　 b   Setze die fehlenden Kommas und markiere das hinweisende Wort im Hauptsatz.

Wandelnde Wörterbücher

In der Schule hast du die Möglichkeit interaktive Wörterbücher zu benutzen: Die Deutschlehrkräfte sind gerne dazu bereit dir auch die kompliziertesten Fragen zur Rechtschreibung zu beantworten. Für den Umgang mit ihnen ist es allerdings ratsam einige Benutzerhinweise zu beachten. Warte eine günstige Gelegenheit ab um deine Frage zu stellen. Bemühe dich darum dein Problem möglichst klar zu formulieren. Wenn dir die angebotene Lösung nicht wirklich hilft, ist es unbedenklich noch einmal nachzufragen. Bei orthografischen Fragen ist es eine gute Alternative sich die Hilfe schriftlich geben zu lassen. Denke daran dich nach erfolgreicher Hilfe freundlich bei deinem interaktiven Wörterbuch zu bedanken.

| **Information** | **Das Komma bei Partizipialsätzen** |

Partizipialsätze **darf** man immer durch ein **Komma** vom Hauptsatz trennen.
Ein Komma **muss** stehen,

- wenn durch ein hinweisendes Wort auf den Partizipialsatz Bezug genommen wird, z. B.:
  Der Redner vermittelte so *, ständig von einem Bein aufs andere wechselnd, einen unruhigen Eindruck.*
- wenn der Partizipialsatz eine nachgestellte Erläuterung ist, z. B.:
  Die Rede, vom Publikum mit Spannung erwartet, wurde eine Enttäuschung.

In allen anderen Fällen **kann** der Partizipialsatz vom Hauptsatz abgetrennt werden, um den Satz übersichtlicher und besser verständlich zu machen, z. B.: *Die einkehrende Ruhe abwartend(,) stand die Rednerin da.*

●●● **3**   **a**   Die folgenden Sätze enthalten Partizipialsätze: Unterstreiche diese und
　　　　　setze die fehlenden Kommas.
　　　 b   Formuliere die Sätze mit Hilfe von Infinitivsätzen um:
　　　　　Schreibe sie auf und setze die Kommas.

A   Klar und deutlich strukturiert vermittelt dieser Ratgeber in übersichtlicher
　　　Form die wichtigsten Strategien für eine gelungene Rede.

Dieser Ratgeber ist klar und deutlich strukturiert, um _____

_____

B   Ein guter Redner die Aufmerksamkeit seines Publikums nicht überfordernd umwirbt dieses durch die interessante und unterhaltsame Art seines Vortrags.

_____

_____

C   Ein trockenes Thema auflockernd kann man Zuhörer durch die Präsentation von Bildmaterial begeistern.

_____

D   Eine farblose Vortragsweise vermeidend bewahrt man das Publikum am besten vor Langeweile.

_____

Das Komma bei Appositionen und Erläuterungen

> **Information**   Die Kommasetzung bei Appositionen und nachgestellten Erläuterungen
>
> **1** Die **Apposition** besteht in der Regel aus einem Nomen oder einer Nomengruppe. Sie folgt ihrem Bezugs-wort (meist ein Nomen), steht im gleichen Kasus wie dieses und wird **durch Kommas abgetrennt,** z.B.:
> *Ein Beamer, ein Gerät zur Projektion von Bildschirmoberflächen, sollte in jedem Klassenraum stehen.*
>
> **2** Die **nachgestellte Erläuterung** wird oft mit Wörtern wie *nämlich, und zwar, vor allem, das heißt (d.h.),* *zum Beispiel (z.B.)* eingeleitet. Sie wird **durch Kommas abgetrennt,** z.B.:
> *Der mündliche Vortrag, vor allem freies Reden vor einer größeren Gruppe, muss trainiert werden.*

1 **a** Unterstreiche im folgenden Text die Appositionen. Umkreise das Bezugswort im Hauptsatz.
   b Setze die fehlenden Kommas.

Visualisierungsmedien, technische Hilfsmittel zur Unterstützung eines mündlichen Vortrags, dienen der Anschaulichkeit und der vereinfachenden Erklärung. Auf Flipcharts meist dreibeinigen Ständern mit einem sehr großen Papierblock können Ideen und Ergebnisse in einer Gruppenarbeit mit einem Filzstift spontan festgehalten werden. Vorbereitete Folien können mit dem Overheadprojektor einem auch im digitalen Zeit-alter noch häufig eingesetzten Medium gut lesbar präsentiert werden. Die digitalisierte Form der Tafel das so genannte Whiteboard ermöglicht es, vorgefertigte Grafiken oder Texte handschriftlich zu ergänzen und so speichern zu lassen. Das Handout ein Zettel mit gedruckten Informationen begleitet den Vortrag mit wichtigen Thesen und ergänzt ihn um Literaturhinweise. Plakate bieten so besser wahrnehmbar auch aus der Ferne großformatige Kombinationen aus Text, Bild und Grafik auf Papier oder Pappe.

2 Erweitere jeden der folgenden Sätze an den vorgegebenen Stellen: Wähle eine passende Erläuterung und schreibe den Satz damit auf. Beachte die Kommasetzung.

> **Erläuterungen**
>
> zum Beispiel Nikotin und Alkohol • vor allem eine angemessene Atemtechnik • und zwar eisernes • nämlich den Hals-Nasen-Ohren-Ärzten

A Zur Pflege der Stimme bekommt man bei Fachleuten ↓ nützliche Tipps.

_____

B Bei angegriffenen Stimmbändern gilt Schweigen ↓ als das wirkungsvollste Mittel.

_____

C Ein bewusster Umgang mit der Stimme ↓ hilft, Heiserkeit zu vermeiden.

_____

D Bestimmte chemische Stoffe ↓ greifen die Stimmbänder an.

_____

Teste dich!

Zeichensetzung

1 **a** Setze im folgenden Text die fehlenden Kommas. (11 P.)
b Was wird hier beschrieben?

KOMMAS FEHLEN!

Um Ihr **?** zu bedienen stehen Ihnen das Tastenfeld und das Display zur Verfügung. Einige Funktionen setzen voraus dass der Netzbetreiber diese unterstützt zum Beispiel Funktionen bei denen Informationen zur Rufnummer des Anrufers nötig sind. Das Display zeigt abhängig von den aktuellen Einstellungen unterschiedliche Informationen an unter anderem Datum und Uhrzeit. Über die Steuertaste haben Sie die Möglichkeit die Funktionen des **?** zu aktivieren. Anstatt direkt in den Hörer zu sprechen können Sie auch die Freisprechfunktion nutzen. Wenn eine Nummer gespeichert ist wird der zugehörige Name angezeigt sofern er vorher eingegeben wurde.

2 **a** Setze in den folgenden Sätzen die fehlenden Kommas. (8 P.)
b Trage für jeden Satz die Ziffer der passenden Beschreibung des Satzbauplans ein. (4 P.)

Beschreibungen der Satzbaupläne:

1 1 Hs mit eingeschobenem Ns + 1 Ns; 3 Kommas
2 1 Partizipialsatz + 1 Hs; 1 Komma
3 1 Hs mit nachgestellter Erläuterung; 2 Kommas
4 1 Ns + 1 Hs + 1 Infinitivsatz; 2 Kommas

A [ ] Die Daten werden vom Host-Kanal also dem die Programmliste übertragenden Fernsehsender mehrmals täglich gesendet.

B [ ] Nach geografischen Regionen ausgerichtet werden die Sender in der TV-Programmliste angezeigt.

C [ ] Ein Sender der in Ihrer Region nicht registriert ist wird selbst dann nicht in der TV-Programmliste angezeigt wenn sein Signal empfangen wird.

D [ ] Wenn Sie die Programmliste heruntergeladen haben müssen Sie die Daten regelmäßig abrufen um die Programmliste zu aktualisieren. — *Was wird hier beschrieben?*

3 Welche der folgenden Aussagen ist richtig, welche falsch?
Kreuze an. (4 P.)

	richtig	falsch
A Werden zwei Hauptsätze mit und bzw. oder verbunden, darf kein Komma gesetzt werden.	[ ]	[ ]
B Bei einfachen Infinitiven mit zu darf kein Komma gesetzt werden.	[ ]	[ ]
C Die Apposition steht im gleichen Kasus wie ihr Bezugswort und wird durch Kommas abgetrennt.	[ ]	[ ]
D Infinitiv- und Partizipialsätze durch Kommas vom Hauptsatz abzutrennen, ist niemals falsch.	[ ]	[ ]

Vergleiche deine Ergebnisse mit dem Lösungsheft. Für jede richtige Angabe bekommst du einen Punkt.

☺ 27–22 Punkte	☺ 21–14 Punkte	☹ 13–0 Punkte
Gut gemacht!	Gar nicht schlecht, aber lies dir die Informationskästen auf den Seiten 95 bis 98 noch einmal genau durch.	Arbeite die Seiten 95 bis 98 noch einmal genau durch.

Fit für Tests

So kannst du mit der folgenden Einheit arbeiten:

1 Der folgende Test (▶ S. 100–111) hilft dir zu erkennen, was du im Fach Deutsch schon alles gelernt hast: Was weiß ich? Was kann ich? Wo bin ich noch unsicher? Wo habe ich Lücken?
Du kannst mit dem Test verschiedene Bereiche prüfen:

– das **Verstehen von Sachtexten und literarischen Texten** (Aufgaben Teil A),
– das **Schreiben von informierenden und argumentierenden Texten** (Aufgaben Teil B),
– **Grammatik** (Aufgaben Teil C) und
– **Rechtschreibung** (Aufgaben Teil D).

Am Ende des Schuljahres kannst du herausfinden, ob du erfolgreich gelernt hast. In der Mitte des Schuljahres kannst du testen, wo du Schwächen hast und was du noch einmal üben musst.

2 In dem Test begegnen dir verschiedene **Aufgabenarten,** z. B.: in einer Auswahl an möglichen Antworten die richtige ankreuzen (Multiple Choice), Informationen passend zuordnen, Kurzantworten geben oder zu Materialien einen informativen Text schreiben und Stellung nehmen.

3 Lies die Texte und die **Aufgabenstellungen** immer sehr aufmerksam und überlege, bevor du z. B. vorschnell ankreuzt, ob du jeweils **genau verstanden** hast, was verlangt wird.

4 Du kannst deine Antworten mit Hilfe des Lösungsheftes selbst prüfen und anhand der erreichten Punktzahl deinen **Lernstand bewerten.**
Vielleicht kannst du den Test auch zusammen mit einer Partnerin/einem Partner schreiben. Abschließend könnt ihr eure Fehlerschwerpunkte feststellen und beraten, was noch einmal geübt werden sollte.

A Texte verstehen

Lies den informierenden Text über John und Hank Green und löse die Aufgaben auf den nächsten Seiten. Beachte: Bei Multiple-Choice-Aufgaben ist immer nur eine Lösung richtig.

Die Green-Brüder – Videoblogs und Literatur gegen den Mainstream

Es klingt zunächst wie ein modernes Internet-Märchen. Als die Brüder John und Hank Green 2007 ihren Video-Blog bei YouTube starten, sind sie zwei unter vielen Tausenden, die Medienerfolg mit selbst gefilmten Ratgebern, Aufführungen oder Performances suchen.

5 Mittlerweile gehört ihr Videokanal „vlogbrothers" zu den meistgesehenen auf YouTube. Mehr als eine Million Fans haben den Kanal abonniert. Jeden Tag verfolgen mehrere hunderttausend Jugendliche die Videobeiträge der Green-Brüder und ihrer Mitstreiter.

10 Der Internetruhm der beiden Mittdreißiger ist allerdings nicht vom Himmel gefallen. John Green veröffentlichte im Jahr 2005 den Jugendroman „Eine wie Alaska". Nachdem der Roman im selben Jahr einen

15 Preis der amerikanischen Bücherei-Vereinigung gewonnen hatte, zog er Jahr für Jahr eine wachsende Leserschaft an. 2008 war er sogar für den Deutschen Jugendliteraturpreis nominiert.

Die Brüder John Green (links) und Hank Green 2012 auf einer Video-Tagung in Kalifornien (USA)

Auch für Hank war der Start des YouTube-Kanals nur ein weiterer Schritt in seiner Medienkarriere. Der studierte Biochemiker betrieb seit 2005 einen der größten Blogs für Umweltthemen und entsprechende Technologie. Doch auch Hank hat eine künstlerische Seite: Er singt Folksongs zu eigener Gitarrenbegleitung und betreibt ein Musiklabel, welches speziell YouTube-Musiker vermarktet.

In ihren diversen Video-Kanälen geht es den Green-Brüdern um die etwas anderen amerikanischen Jugendlichen. Sie reden und schreiben über die Einsamkeit der Außenseiter, machen sich über die Sportbesessenheit der Amerikaner lustig und erklären Probleme aus Chemie und Physik, wie z. B. die größte Kraft im Universum. Es gibt keine Tipps zu Styling, In-Themen oder wie man sich beliebt macht. Stattdessen rufen die Greens ihre Anhänger auf, sich für ehrenamtliche Projekte zu engagieren. Dabei hat sich eine gewisse Arbeitsteilung ergeben: John videobloggt meist über Literatur, Philosophie, Gesellschaft und Politik, während Hank naturwissenschaftliche Fragestellungen beantwortet.

Wer sich über solche Themen Gedanken macht, gilt in Amerika als so genannter „Nerd". Dieser ursprünglich abwertende Begriff bezeichnet all jene, die nicht zu den Sportlichen, Adretten, Angepassten zählen, dafür aber gut in Mathe sind oder Gedichte schreiben. Nerds sind oft von Technik fasziniert, insbesondere von Computern und dem Internet. Und statt für Football brennen sie für Weltraum-Opern wie „Star-Wars" oder Fantasy-Epen wie „Herr der Ringe". Selbst in Hollywoodfilmen gehört der Nerd mittlerweile zu den Standardrollen.

Realistische Romane

John Green greift beim Schreiben auf selbst Erlebtes zurück. So ist „Eine wie Alaska" stark von Erlebnissen auf der Indian Springs School beeinflusst, einem Internat, welches er lange Jahre besuchte. Er erzählt die Geschichte des Außenseiters Miles Halter aus der Ich-Perspektive und beschreibt das tödliche Scheitern seiner ersten Liebe.

Nach dem Studium arbeitete Green für fünf Monate als Kaplan in einem Kinderkrankenhaus. Sein Werk „Das Schicksal ist ein mieser Verräter" von 2012 enthält viele Motive aus dieser Zeit und verarbeitet seine Begegnungen mit jugendlichen Krebspatienten.

Green beschreibt sehr realistisch schicksalhafte Lebenssituationen von Jugendlichen wie die erste Liebe, aber auch Gruppenkonflikte, Tod, Selbstmord und die Frage nach Schuld und Verantwortung. Dabei vermeidet er geschickt Klischees und Vorurteile. Dieser Ansatz unterscheidet seine Bücher nach Ansicht vieler Kritiker wohltuend von den aktuellen Genre-Bestsellern der Jugendliteratur, in denen Vampire, Werwölfe und andere Fantasygestalten durch vorhersehbare Geschichten jagen.

Und so überrascht es kaum, dass die Greens und ihre Fangemeinde sich den Titel „Nerdfighters" gegeben haben. Nerdfighters kämpfen natürlich nicht gegen Nerds. Stattdessen nehmen sie es mit all dem auf, was Hank in einem Videobeitrag einmal als „Worldsuck" bezeichnet hat – frei übersetzt: der Mist, der jeden Tag auf der Welt passiert.

Aufgabe 1   1 Punkt

Kreuze die richtige Antwort an. Der Videokanal der Brüder John und Hank Green gehört zu den ...

A ☐ nur von wenigen gesehenen auf YouTube.

B ☐ meistgesehenen TV-Beratungssendungen.

C ☐ meistgesehenen auf YouTube.

D ☐ nur von wenigen gesehenen Physik-Shows.   ☐ Punkt

Aufgabe 2   1 Punkt

Kreuze die richtige Antwort an. Die Green-Brüder sind ...

A ☐ ein Naturwissenschaftler und ein Kaplan.

B ☐ ein Biochemiker und ein Autor.

C ☐ ein YouTube-Musiker und ein Footballstar.

D ☐ ein Mathematikgenie und ein Schauspieler.   ☐ Punkt

Aufgabe 3 2 Punkte

Der Titel lautet „Die Green-Brüder – Videoblogs und Literatur gegen den Mainstream".

a In welchem Absatz des Textes (▶ S. 100 f.) wird erklärt, was damit gemeint ist? Nenne die Zeilen.

_____

b Erkläre mit eigenen Worten, an welche Zielgruppe sich die Brüder in ihrem Blog wenden.

_____

_____

_____ ☐ Punkte

Aufgabe 4 2 Punkte

Drei Schüler/-innen erklären, wie sie den Begriff „Nerdfighters" verstanden haben.
Welcher der drei Erklärungen kannst du zustimmen? Begründe mit Bezug auf den Text (▶ S. 100 f.).

A Max:
„Nerdfighters" sind Jugendliche, die in der Fantasiewelt von Computerspielen leben und mit dem echten Leben nichts zu tun haben wollen.

B Emma:
„Nerdfighters" sind technikbesessen. Von aktuellen Trends haben sie keine Ahnung. Deshalb kann man sich mit ihnen kaum über Wichtiges unterhalten.

C Leon:
„Nerdfighters" sind engagiert und interessieren sich für die wirklich wichtigen Dinge im Leben wie z. B. Philosophie und Naturwissenschaften.

_____

_____

_____ ☐ Punkte

Aufgabe 5 1 Punkt

Kreuze die richtige Antwort an. Die Information über „Realistische Romane" …

A ☐ erklärt, wie die Romane John Greens aufgebaut sind.

B ☐ erklärt, wie John Green lebt.

C ☐ erklärt, warum die Romane John Greens so beliebt sind.

D ☐ erklärt, welche Motive in John Greens Romanen verarbeitet sind. ☐ Punkt

Aufgabe 6 1 Punkt

Kreuze die richtige Antwort an. In John Greens Romanen geht es um …

A ☐ Vampire B ☐ Sportler C ☐ Außenseiter D ☐ Physiker ☐ Punkt

Aufgabe 7 — 1 Punkt

Kreuze die richtige Antwort an. „Klischee" (▶ Z. 71, Text S. 101) bedeutet …

A ☐ abgegriffene Vorstellung   B ☐ Kulisse   C ☐ Fälschung   D ☐ Karikatur   ☐ Punkt

Aufgabe 8 — 6 Punkte

Die Grafiken unten zeigen Ergebnisse einer Umfrage zur Mediennutzung unter allen Acht- und Neuntklässlern einer Realschule. Kreuze für jede der folgenden Aussagen an, ob sie richtig oder falsch ist.

	richtig	falsch
A Jungen lesen Historisches ungefähr so gern wie Abenteuergeschichten.	☐	☐
B Fantasy-Romane kommen insgesamt schlecht weg.	☐	☐
C Mädchen mögen lustige Jugendromane fast genauso gern wie Fantasy-Romane.	☐	☐
D Bei der „Art von Jugendromanen" liegen die Vorlieben nah beieinander.	☐	☐
E Jugendliche mögen Videokanäle lieber als Jugendromane.	☐	☐
F Es gibt keinen Videokanal, den Mädchen und Jungen gleichermaßen bevorzugen.	☐	☐

Welches Romangenre lest ihr am liebsten?

Balkendiagramm mit den Kategorien: historische Themen, Liebesgeschichten, Krimis, Abenteuer, Fantasy, Alltagsgeschichten. Skala 0 % bis 30 %. Legende: Jungen, Mädchen.

Welche Art von Jugendromanen gefällt euch am besten?

Balkendiagramm mit den Kategorien: spannende, tiefsinnige, lustige. Skala 0 % bis 60 %. Legende: Jungen, Mädchen.

Welche Videokanäle – außer Musik – seht ihr am häufigsten?

Balkendiagramm mit den Kategorien: Spiele, Sport, Styling, Comedy. Skala 0 % bis 60 %. Legende: Jungen, Mädchen.

☐ Punkte

Lies den Beginn des Romans „Eine wie Alaska" und löse die Aufgaben auf den nächsten Seiten.

John Green

Einhundertsechsunddreißig Tage vorher (2005)

Eine Woche bevor ich Florida verließ, um den Rest meiner Jugend in einem Internat in Alabama zu verbringen, ließ sich meine Mutter nicht davon abbringen, eine Abschiedsparty für mich zu geben. Von
5 gedämpften Erwartungen meinerseits zu sprechen, wäre heillos übertrieben. Zwar hatte sie mich mehr oder weniger gezwungen, alle meine „Schulfreunde" einzuladen, also den traurigen Haufen von Theatergruppenleuten und Englischstrebern, mit denen ich
10 notgedrungen in der muffigen Highschool-Cafeteria am Tisch saß, doch ich wusste, dass keiner von ihnen kommen würde. Meine Mutter aber ließ nicht locker, so sehr klammerte sie sich an die Wunschvorstellung, ich hätte meine wahre Beliebtheit all die
15 Jahre vor ihr geheim gehalten. Sie machte eine Riesenschüssel Artischocken-Dip, schmückte das Wohnzimmer mit grünen und gelben Girlanden, den Farben meiner neuen Schule, und kaufte zwei Dutzend Tischbomben, die sie auf dem Couchtisch
20 arrangierte.
Und als jener letzte Freitag kam und ich fast mit Packen fertig war, saß sie ab 16:56 Uhr mit Dad und mir auf der Wohnzimmercouch, um den Ansturm des Abschiedskomitees zu erwarten. Das Komitee
25 bestand aus zwei Personen: Marie Larson, einer schmächtigen Blondine mit rechteckiger Brille, und ihrem (nett gesagt) kräftigen Freund Will.
„Hallo, Miles", sagte Marie und setzte sich.
„Hallo", sagte ich.
30 „Wie waren die Sommerferien?", fragte Will.
„Ganz okay. Und bei euch?", sagte ich.
„Toll. Wir haben bei *Jesus Christ Superstar* gejobbt. Ich hab Bühnenbild gemacht. Marie Beleuchtung."
„Cool." Ich nickte wissend und damit waren unsere
35 gemeinsamen Themen abgehakt. Ich hätte mir wohl

eine Frage zu *Jesus Christ Superstar* ausdenken können, aber erstens hatte ich keine Ahnung, worum es ging, weil es mich, zweitens, nicht interessierte, und drittens war ich noch nie gut in Smalltalk gewesen.
40 Im Gegensatz zu meiner Mutter, die stundenlang über nichts reden kann. Sie schaffte es, die peinliche Angelegenheit unnötig in die Länge zu ziehen, indem sie sich nach Maries und Wills Probenplan erkundigte, nach dem Ablauf der Show und ob sie ein
45 Erfolg gewesen sei.
„Schätze schon", sagte Marie. „War ganz schön voll, schätze ich." Marie gehörte zu den Leuten, die ständig schätzten.
Schließlich sagte Will: „Also, wir wollten nur schnell
50 Tschüss sagen. Ich muss Marie bis sechs nach Hause bringen. Viel Spaß im Internat, Miles."
„Danke", antwortete ich erleichtert.
Das Einzige, was schlimmer ist als eine Party, zu der keiner kommt, ist eine Party, zu der keiner kommt
55 außer zwei durch und durch uninteressante Menschen.
Als sie weg waren, saß ich mit meinen Eltern auf der Couch und starrte auf den schwarzen Fernsehbildschirm. Ich hätte den Kasten am liebsten angeschal-
60 tet, doch ich wusste, ich ließ es besser bleiben. Meine Eltern sahen mich an, als erwarteten sie, dass ich gleich losheulen würde oder so was – als hätte ich nicht von vornherein gewusst, dass es genau so werden würde. Aber ich hatte es gewusst. Ich konnte
65 ihr Mitleid spüren, als sie ihre Chips in den Artischocken-Dip dippten, der für meine imaginären Freunde gedacht war, dabei hatten sie das Mitleid viel nötiger als ich: Ich war nicht enttäuscht. Meine Erwartungen hatten sich erfüllt.
70 „Ist das der Grund, warum du uns verlassen willst, Miles?", fragte Mom.
Ich dachte nach, ohne sie anzusehen. „Äh, nein", sagte ich schließlich.
„Weshalb denn dann?", fragte sie. Die Frage stellte
75 sie nicht zum ersten Mal. Mom war nicht begeistert von der Idee, dass ich aufs Internat wollte, und daraus machte sie auch kein Geheimnis.
„Ist es meinetwegen?", fragte Dad. Er war selbst in Culver Creek gewesen, dem Internat, das ich besu-
80 chen würde, genau wie seine beiden Brüder und deren Kinder. Ich glaube, ihm gefiel die Vorstellung, dass ich in seine Fußstapfen trat. Meine Onkel hatten mir von seinem Ruf erzählt – anscheinend hatte

er sich zu seiner Zeit in Culver Creek nicht nur als
85 guter Schüler, sondern auch als wilder Kerl hervorge-
tan. Das klang auf jeden Fall besser als das Leben,
das ich in Florida führte. Doch nein, ich wollte nicht
wegen meines Vaters weg. Nicht unbedingt.

„Bin gleich wieder da", sagte ich, dann ging ich rüber
90 ins Arbeitszimmer meines Vaters und holte die di-
cke Biografie von Rabelais[1]. Ich las gerne die Biografien von Schriftstellern, selbst wenn ich nie ein Buch
von ihnen gelesen hatte (wie im Fall von Rabelais).
Der Satz, den ich suchte, stand am Ende des Buchs,
95 ich hatte ihn mit Textmarker unterstrichen. („Kein
Textmarker in meinen Büchern", hatte Dad tausendmal gesagt. Aber wie sollte ich sonst je was wie-
derfinden?)

„Also, dieser Typ hier", sagte ich, als ich mit dem
100 Buch in der Hand in der Wohnzimmertür stand,
„François Rabelais. Er war Dichter. Und seine letzten
Worte waren: ‚Nun mache ich mich auf die Suche
nach dem großen Vielleicht.' Deswegen möchte ich
weg. Ich will nicht warten, bis ich tot bin, mit meiner
105 Suche nach dem großen Vielleicht."

Und das tröstete sie. Ich war dem großen Vielleicht
auf der Spur, und meine Eltern wussten so gut wie
ich, dass ich es bei Leuten wie Marie und Will nicht
finden würde. Und dann setzte ich mich wieder zu
Mom und Dad auf die Couch und mein Dad legte 110
den Arm um mich, und so blieben wir eine ganze
Weile sitzen, still und ganz nah beieinander, bis ich
das Gefühl hatte, es wäre okay, den Fernseher anzu-
machen, und dann aßen wir Artischocken-Dip zu
Abend und sahen uns einen Dokumentarfilm an. 115
Was Abschiedspartys angeht, hätte es mit Sicherheit
noch viel schlimmer laufen können.

---

1 Rabelais: François Rabelais, ca. 1494–1553, frz. Autor der Renaissance

Aufgabe 9   1 Punkt

Kreuze die richtige Antwort an. Der Ich-Erzähler schildert den Abschied von

A ☐ seinen Eltern und Geschwistern.   B ☐ seinen besten Freunden.

C ☐ seiner alten Schule.   D ☐ seinem Leben als Außenseiter.   ☐ Punkt

Aufgabe 10   7 Punkte

Kreuze für jede der folgenden Aussagen an, ob sie richtig oder falsch ist.   richtig falsch

A Der Ich-Erzähler ist bei seinen Mitschülern sehr beliebt. .... ☐ ☐

B Er freut sich auf seine Abschiedsparty. .... ☐ ☐

C Er hat zwei gute Freunde. .... ☐ ☐

D Seine Mutter bemitleidet ihn. .... ☐ ☐

E Seine Mutter hat große Erwartungen an die Party. .... ☐ ☐

F Sein Vater versteht seine Situation besser als seine Mutter. .... ☐ ☐

G Die Situation endet mit einem Familienstreit. .... ☐ ☐   ☐ Punkte

Aufgabe 11   1 Punkt

Kreuze die richtige Antwort an. Der Ich-Erzähler ...

A ☐ ist von seinen Eltern enttäuscht.   B ☐ ist von der Party nicht enttäuscht.

C ☐ ist über die wenigen Gäste enttäuscht. D ☐ ist von der Party enttäuscht.   ☐ Punkt

Aufgabe 12

2 Punkte

Der Ich-Erzähler findet seine Gäste langweilig und sieht auf sie herab.
Gib zwei Textstellen an, die diese Aussage belegen.

Z. _____ –Z. _____ : _____

Z. _____ –Z. _____ : _____ ☐ Punkte

Aufgabe 13

1 Punkt

Kreuze an, was mit folgendem Satz gemeint ist: „Von gedämpften Erwartungen meinerseits zu sprechen, wäre heillos übertrieben." (▶ Z. 4–6)

A ☐ Die Erwartungen sind äußerst gering. B ☐ Erwartungen zu haben ist nutzlos.

C ☐ Die Erwartungen sind übertrieben hoch. D ☐ Die Erwartungen sind normal. ☐ Punkt

Aufgabe 14

1 Punkt

Im letzten Satz äußert sich der Ich-Erzähler zu Abschiedspartys. Erkläre mit eigenen Worten:
Wie sähe es aus seiner Sicht aus, wenn es „noch viel schlimmer" gelaufen wäre?

_____

_____ ☐ Punkt

Aufgabe 15

1 Punkt

Kreuze die richtige Antwort an. Die „Suche nach dem großen Vielleicht" (▶ Z. 102 f.) bedeutet …

A ☐ die Suche nach einer neuen Schule. B ☐ die Suche nach echten Freunden.

C ☐ die Suche nach neuen Möglichkeiten. D ☐ die Suche nach Geborgenheit. ☐ Punkt

Aufgabe 16

3 Punkte

In einer Diskussion über den Stil, in dem „Eine wie Alaska" geschrieben ist, äußern zwei Schüler dies:
Nora: „Der Erzähler schildert selbst traurige Situationen mit bissigem Witz."
Max: „Der Roman ist in einem eher kalten, nüchternen Ton verfasst."
Was ist deine Meinung? Begründe mit Bezug auf zwei passende Textstellen.

_____

_____

_____

_____

_____

_____ ☐ Punkte

Lies die beiden folgenden Texte.

Klappentext des Jugendromans „Eine wie Alaska"

Miles hat die Schule gewechselt. Auf dem Internat verknallt er sich in die schöne Alaska. Sie ist das Zentrum ihres Sonnensystems, der magische Anziehungspunkt des Internats. Wer um sie kreist, ist glücklich und verletzlich gleichermaßen, gut gelaunt und immer nah am Schulverweis. Alaska mag Lyrik,
5 nächtliche Diskussionen über philosophische Absurditäten[1], heimliche Glimmstängel im Wald und die echte wahre Liebe. Miles ist fasziniert und überfordert zugleich. Dass hinter dieser verrückten, aufgekratzten Schale etwas Weiches und Verletzliches steckt, ist offensichtlich. Wer ist Alaska wirklich?
Elegant und mit Humor, voller Selbstironie und sehr charmant erzählt Green
10 die zu Tränen rührende Geschichte von Miles, in dessen Leben die Liebe wie eine Bombe einschlägt.

1 philosophische Absurditäten: widersprüchliches Denken

Rezension der Jury „Luchs" (Die ZEIT und Radio Bremen): John Green „Eine wie Alaska" (erschienen 2005)

Ist das erste Kapitel eines Romans mit *Einhundertsechsunddreißig Tage vorher* überschrieben, blättert man unwillkürlich[1] zum letzten und fühlt sich in der Vermutung bestätigt, dass dafür
5 nur die Überschrift *Einhundertsechsunddreißig Tage danach* infrage kommt. Und ebenso klar ist, dass irgendwo in der Mitte *Der letzte Tag* – wovon auch immer – angekündigt wird. Wir wissen eine Menge über die Dramaturgie[2] des Romans und den seltsamen Na-
10 men der Hauptperson verrät uns der Titel – *Eine wie Alaska*. Und doch deutet noch kaum etwas darauf hin, welch faszinierende, mitreißend erzählte Geschichte uns erwartet.
Es ist der 16-jährige Miles, von dem wir sie erfahren.
15 Frustriert von der muffigen Atmosphäre der Highschool seines Heimatortes in Florida und um der liebevollen Überbehütung durch seine Eltern zu entkommen, beschließt er, den Rest seiner Schulzeit in Culver Creek, einem bekannten Internat in Alabama, zu ver-
20 bringen. Als Begründung und Trost zitiert er seinen Eltern die letzten Worte von Rabelais: „Nun mache ich mich auf die Suche nach dem großen Vielleicht."
Es sind nicht die Werke berühmter Dichter, die ihn interessieren, es sind ihre Biografien und dabei vor allem
25 ihre letzten Worte. Davon hat er schon eine ganze Sammlung, ein seltsames Hobby für einen ansonsten eher allzu normalen 16-Jährigen. Doch wie sich bald herausstellt, ist es genau diese Leidenschaft, die ihm die Aufmerksamkeit der interessantesten Typen von
30 Culver Creek verschafft.
Dazu gehört sein cooler Zimmergenosse Chip, wegen seiner geringen Körpergröße „Colonel" genannt, Sti-

pendiat[3] seit drei Jahren, der ihn sogleich unter seine Fittiche nimmt und ihm den Spitznamen „Pummel"
35 verpasst: „Weil du 'ne Bohnenstange bist. Das nennt man Ironie, Pummel. Schon mal davon gehört?"
Er nimmt ihn mit zu „Alaska", deren Stimme und Erscheinung – „das heißeste Wesen, das die Welt je gesehen hatte" – samt den riesigen Bücherstapeln, die
40 ihr Zimmer beherrschen, den armen Miles gänzlich aus der Fassung bringen. Auch sie hat letzte Worte parat, speziell für Miles, um seine Verwirrung auf die Spitze zu treiben: „Wie komme ich bloß aus diesem Labyrinth heraus?" Sie stammen von Simón Bolívar[4] und
45 Alaska gibt sie Miles als Rätsel mit auf den Weg.
Jugendliche wie Colonel und Alaska samt Takumi aus Japan, dem Dritten im Bunde, sind Miles in seiner provinziellen[5] Welt bisher nicht begegnet. Wissbegierig und belesen, diskutierfreudig und hochintelligent, gehören
50 sie zu den besten Schülern des Internats. Doch sie nutzen ihre Intelligenz auch dazu, die strengen Regeln der Schule zu umgehen und ihre eigenen Methoden zu entwickeln, verbotenerweise zu rauchen, zu trinken und Partys zu feiern. „Keine Drogen. Kein Alkohol. Keine
55 Zigaretten", hatte Miles' Vater zum Abschied gemahnt, aus seiner eigenen Zeit im Internat wohl wissend, dass sein Sohn all dies kennen lernen und überleben wird.

1 unwillkürlich: spontan

2 Dramaturgie: Struktur der Handlung

3 Stipendiat: jemand, der finanzielle Unterstützung für Schule/ Studium bekommt

4 Simón Bolívar: 1783–1830, südamerikanischer Unabhängigkeitskämpfer gegen die spanischen Kolonialherren

5 provinziell: ländlich, rückständig

Aufgabe 17 — 4 Punkte

Verbinde durch Linien: Welche Beschreibungen passen zu welcher der beiden Textsorten auf Seite 107?

Beschreibung

Textsorte

A	eine Romanbesprechung aus einer Zeitung
B	eine knappe Inhaltsangabe, die aber einiges offenlässt
C	ein Meinungstext mit einer subjektiven Einschätzung des Romans
D	ein Text, der zum Kauf des Buches reizen soll

Klappentext

Rezension

☐ Punkte

Aufgabe 18 — 1 Punkt

Kreuze die falsche Antwort an. Den beiden Texten zufolge handelt der Roman von ...

A ☐ Jugendlichen mit Schulverweisen. B ☐ einer besonderen Liebesgeschichte.

C ☐ außergewöhnlichen Jugendlichen. D ☐ den Rätseln des Lebens.

☐ Punkt

B Einen informativen und einen argumentativen Text schreiben

Stelle dir vor, dass ihr im Deutschunterricht selbst über die nächste Klassenlektüre entscheiden dürft. Jeder kann über einen Jugendroman informieren und ihn empfehlen. Der Roman soll folgende Bedingungen erfüllen:

- Er soll zum Thema „Erwachsenwerden" passen. Damit sind z. B. die Loslösung vom Elternhaus, die Suche nach Herausforderungen, die ersten Erfahrungen im Umgang mit der Liebe, aber auch andere starke Gefühle, wie z. B. das Gefühl von Einsamkeit gemeint.
- Er soll Schülerinnen und Schüler der Klasse 8 interessieren und sie zum Nachdenken anregen.

Aufgabe 19 — 18 Punkte

Informiere deine Klasse schriftlich über den Roman „Eine wie Alaska" von John Green.
Schreibe in dein Heft und nutze die Informationen der Texte auf den Seiten 100 f., 104 f. und 107.

Beachte beim **Schreiben des Informationstextes** Folgendes:
- Nenne in der Einleitung **Titel, Autor, Erscheinungsjahr** und **Thema** des Jugendromans.
- Informiere über **wichtige Aspekte des Romaninhalts.**
- Beschreibe die **Hauptfiguren.**
- Erkläre, worum es im Romananfang geht und warum er zum Weiterlesen reizt.
- Schreibe **sachlich** und verwende als Tempus das **Präsens.**

☐ Punkte

Aufgabe 20 — 18 Punkte

Stelle dir vor, du möchtest deine Mitschüler/-innen überzeugen, den Jugendroman „Eine wie Alaska" als Klassenlektüre zu wählen. Schreibe die Empfehlung in dein Heft, indem du
- deine Meinung zum Roman und auch über den Autor darlegst,
- mit Argumenten begründest, warum der Jugendroman zum Thema „Erwachsenwerden" passt,
- mit Argumenten begründest, warum er für deine Mitschüler/-innen interessant sein könnte.

☐ Punkte

C Grammatik

Aufgabe 21
16 Punkte

In der Übersicht wird die US-amerikanische Fantasy-Autorin Stephenie Meyer vorgestellt.

a Bestimme für jeden Satz:
  A Hauptsatz, B Satzreihe oder C Satzgefüge.
  Trage den richtigen Buchstaben in die linke Spalte ein.

Satz   Nebensatzart

1 | A | Die amerikanische Schriftstellerin Stephenie Meyer wurde am
         24. Dezember 1973 geboren.

2 | | Als sie vier Jahre alt war, zog sie mit ihrer Familie nach Phoenix im | |
         amerikanischen Bundesstaat Arizona.

3 | | Dort gefiel es ihr so gut, dass sie bis heute noch dort lebt. | |

4 | | Nach der Highschool studierte sie an einer Universität im | |
         Bundesstaat Utah, die religiös ausgerichtet ist.

5 | | Meyer ist Mitglied der Mormonen-Kirche, und das hat laut
         eigener Aussage Einfluss auf ihr Leben und Schreiben.

6 | | Die Schriftstellerin ist seit 1994 mit ihrem Jugendfreund Christian
         verheiratet, mit ihm hat sie drei Söhne.

7 | | Stephenie Meyer wurde durch ihre „Bis(s)"-Jugendbuchreihe über
         die Beziehung zwischen Bella Swan und Edward Cullen bekannt.

8 | | Im ersten Band, „Twilight", dessen deutscher Titel „Bis(s) zum | |
         Morgengrauen" lautet, verliebt sich die Highschool-Schülerin
         Bella unsterblich in den Vampir Edward.

9 | | Meyer wählte den Namen Bella für ihre Heldin, weil sie ihre | |
         Tochter immer so nennen wollte.

10 | | Der Jugendroman wurde schnell ein internationaler Bestseller, | |
         nachdem er am 5. Oktober 2005 erschienen war.

b In der Übersicht oben sind einige Nebensätze unterstrichen. Gib an, um welche Art Nebensatz es sich jeweils
  handelt, indem du den richtigen Buchstaben in die rechte Spalte einträgst.
  D Relativsatz (Attribut) E Temporalsatz (Zeit) F Kausalsatz (Grund)
  G Konsekutivsatz (Folge) | | Punkte

Aufgabe 22
2 Punkte

Forme die folgenden Hauptsätze in Satzgefüge um.
Hinweis: Es müssen alle Informationen enthalten bleiben.

A Bella wuchs in Phoenix auf. Bella zieht in die Kleinstadt Forks.

_____

B In Forks geschieht meist nicht sehr viel. In Forks ist das Leben recht langweilig.

_____

_____ | | Punkte

Aufgabe 23

1 Punkt

Füge die drei Sätze zu einem Hauptsatz zusammen.
Tipp: Verwende die Präposition „durch".

Forks ist eine verschlafene Kleinstadt. Forks bekommt für Bella einen
besonderen Zauber. Das liegt an Edward.

_____

_____ ☐ Punkt

Aufgabe 24

6 Punkte

Formuliere jedes der folgenden Satzpaare zu einem Satzgefüge um.
Notiere zuerst vor jedem der folgenden Verbindungswörter das Satzpaar, zu dem es passt.

☐ dass   ☐ weshalb   ☐ weil

A Bella denkt über Edward nach. Warum lebt er in einem Ort ohne Sonne?
B Sie wird es bald erfahren. Edward ist ein Vampir.
C Er interessiert sich für Bella. Er will ihr Blut trinken.

A _____

B _____

C _____ ☐ Punkte

Aufgabe 25

2 Punkte

a Untersuche den Satz nach dem Feldermodell: Markiere die Satzklammer. Beschrifte Vorfeld, Mittelfeld und Nachfeld.
b Forme den Satz in eine Satzreihe um. Ersetze das Dativobjekt im zweiten Satz durch ein Personalpronomen.

Bella kann vor Edward nicht fliehen, weil sie Edward verfallen ist.

☐ Punkt

Aufgabe 26

1 Punkte

Forme den Satz ins Passiv um, um das Geschehen zu betonen.

Der Vampir rettet Bella aus gefährlichen Situationen.

_____ ☐ Punkt

Aufgabe 27

3 Punkte

Setze den Konjunktiv II ein, um Edwards Wünsche zu betonen.

A Ich _____ | lesen | zu gern ihre Gedanken.

B Am liebsten _____ | gehen | ich ihr aus dem Weg.

C Ich wünsche mir, meine Familie _____ | nehmen | Bella freundlich auf. ☐ Punkte

D Rechtschreibung

Aufgabe 28 — 7 Punkte

Der Filmclub der Goethe-Realschule startet einen Videoblog mit „Filmgesprächen".
Der erste Entwurf für einen Werbeflyer enthält noch einige Fehler.
Unterstreiche im Text die falsch geschriebenen Wörter und notiere die Verbesserung in der Randspalte.

Stellt eure Lieblingsvampirfilme vor!

VORSICHT FEHLER!

Fans von „Twilight" aufgepasst: Ihr seid gutbewandert im Genre _____

Vampirfilm? Dann macht schnellst möglich bei uns mit! _____

Der Filmclub will auf YouTube etwas großes starten – einen eigenen _____

Videokanal. In jeder Folge unterhalten wir uns über einen Film aus _____

der Gruselkiste. Mit dem Klasiker „Nosferatu – Eine Symphonie des _____

Grauens" aus dem Jahr 1922 macht Emma Richter aus der 8a den _____

Anfang. Es folgen Meilensteine der blut rünstigen Filmgeschichte, _____

jedoch in loser Folge. Wer Interese hat und zudem gut im freien _____

sprechen ist, meldet sich bitte bald. _____ ☐ Punkte

Aufgabe 29 — 3 Punkte

In den folgenden Filmporträts sind verschiedene Rechtschreibfehler unterstrichen.
Schreibe für jeden Text auf, welcher Rechtschreibfehler am häufigsten vorkommt (Fehlerschwerpunkt).

A Der Stummfilm „Nosferatu – Eine Symphonie des Grauens" von Friedrich Wilhelm Murnau _erzehlt_ die Geschichte des Grafen Orlok, eines Vampirs aus den Karpaten, der sich in die schöne Ellen _verliept_ und ihre Heimatstadt Wisborg in _ungehäure_ Angst und _Schräcken_ versetzt. Der Film gilt als einer der ersten _Hororfilme_. Seine _demonische_ Hauptfigur hat viele Nachfolger in späteren Vampirfilmen gefunden.

Fehlerschwerpunkt: _____

B Der schrullige _Profesor_ Abronsius geht mit seinem ängstlichen Gehilfen Alfred in „Tanz der Vampire" auf Vampirjagd, um dieser besonderen Spezies auf den _grund_ zu gehen. In Transsilvanien begegnen sie Graf Krolock. Der Blutsauger hat die schöne Wirtstochter Sarah auf sein _Schloß_ entführt. Hier erleben die beiden Vampirjäger den _aljährlichen_ Tanz der Vampire. Dieser _amüssante_ Klassiker aus dem Jahr 1967 ist ein echter Kultfilm und sorgt bis _Heute_ für _Spass_ und Unterhaltung.

Fehlerschwerpunkt: _____

C In der _Fernseserie_ „Buffy – Im Bann der Dämonen" geht es um die mit magischen Kräften ausgestattete Vampirjägerin Buffy. Mit _iren_ Freunden nimmt sie es mit _gefärlichen_ Vampiren und Dämonen auf. Neben dem Kampf gegen die dunklen Mächte geht es in der _Sehrie_ aber auch um den _Altag_ und die Probleme ganz normaler _Jugentlicher_. Die Kultserie läuft seit 1997.

Fehlerschwerpunkt: _____ ☐ Punkte

Autoren- und Quellenverzeichnis

S. 5: Eine Affenliebe. Die Zeit, 20.08.2014. Aus: http://www.zeit.de/2011/34/Forschung-Jane-Goodall (Stand: 04.07.2017) – **S. 6:** Jane Goodalls Biografie, Roots & Shoots. Aus: http://www.janegoodall.de (Stand: 04.07.2017) – **S. 24:** Schmidt, Jan: Die fliegende Intensivstation. Aus: http://www.kreiszeitung.de/lokales/bremen/1402-die-fliegende-intesivstation-rettungshubschrauber-629764 (Stand: 21.02.2012; gekürzt) – **S. 26:** Stuflesser, Wolfgang und Nicole Markwald: Der Fluch des ewigen Sonnenscheins. Aus: http://www.deutschlandfunk.de/jahrhundertduerre-in-kalifornien-der-fluch-des-ewigen.724.de.html?dram:article_id=295358 (Stand: 04.07.2017; gekürzt und geändert) – **S. 32:** Meredith Haaf, Christiane Zerwes, Janko Röttgers, Tina Hüttl, Marc Winkelmann: Aktion „Wasser sparen!". Originaltitel: Ein Blick auf den Umgang mit Wasser rund um die Welt. Aus: http: http://www.fluter.de/pegelstaende (Heft 23/2007; Stand: 04.07.2017) – **S. 33:** Hemingway, Ernest: Ein Tag Warten. Aus: Der Sieger geht leer aus. Aus dem Englischen von Annemarie Horschitz-Horst. Rowohlt Verlag. Reinbek bei Hamburg 1990 – **S. 39:** Fröhlich, Pea: Der Busfahrer. Aus: Zwei Frauen auf dem Weg zum Bäcker. DuMOnt Buchverlag. Köln 1987 – **S. 40:** Unheilig (Der Graf): Lichter der Groß-stadt (Ausschnitt). Aus: http://www.songtexte.com/songtext/unheilig/lichter-der-stadt-5382d34d.html [Stand: 17.06.2014]. Copyright: Fansation M. TOMBUELT & O. REIMANN Gbr, Universal Music Publishing Gmbh. Lyrics powered by www.musiXmatch.com – **S. 41:** Morgenstern, Christian: Berlin. Aus: Werke und Briefe. 9 Bd. Hg. unter der Leitung von Reinhard Habel. Bd 1: Lyrik 1887–1905. Hg. von Martin Kißig. Urachhaus, Stuttgart 1988, S. 459 – **S. 44:** Kaléko, Mascha: Sehnsucht nach dem Anderswo. Aus: In meinen Träumen läutet es Sturm. Gedichte und Epigramme aus dem Nachlass. Deutscher Taschenbuchverlag, München 1997 – **S. 45:** Schiller, Friedrich: Wilhelm Tell. Aus: Sämtliche Werke. Hg. von G. Fricke, H. Göpfert und H. Stubenrauch. Carl Hanser Verlag, München 1958 – **S. 85:** Haus Safari – Museum für Kuriositäten in Lindlar. Aus: Monika Salchert: 111 Museen in NRW, die man gesehen haben muss. Emons-Verlag, Köln 2013, S. 130 – **S. 104:** Green, John: Einhundertsechsunddreißig Tage vorher. Aus: Eine wie Alaska. Übersetzt von Sophie Zeitz. dtv (Reihe Hanser), München 2009, S. 7–10 – **S. 107:** Green, John: Eine wie Alaska (Klappentext). dtv (Reihe Hanser), München 2009 – **S. 107:** Rezension der Jury „Luchs". http://www.zeit.de/2007/12/Kj-Green/komplett-ansicht (Stand: 04.07.2017; gekürzt)

Bildquellenverzeichnis

S. 4, 7: picture alliance/WILDLIFE – **S. 6:** mauritius images/United Archives – **S. 14:** picture alliance – **S. 22 oben:** © Byelikova Oksana – Fotolia.com, **unten:** Shutterstock/vvvita – **S. 23:** picture alliance/dpa – **S. 25 links oben:** Colourbox.com, **rechts oben:** © Oksana Kuzmina – Fotolia.com, **links unten:** Shutterstock/Jacob Lund – **rechts unten:** Colourbox.com – **S. 26:** © scharfsinn26 – Fotolia.com – **S. 60, 68:** picture alliance/dpa – **S. 27:** Glow Images /Christian Heeb – **S. 31:** Shutterstock/Jeff Smith-Perspectives – **S. 40:** © apfelweile – Fotolia.com – **S. 52:** © jamenpercy – Fotolia.com – **S. 54:** © inurbanspace – Fotolia.com – **S. 56:** © Andreas P – Fotolia.com – **S. 57:** © @nt – Fotolia.com – **S. 58:** © waidmannsheil – Fotolia.com – **S. 65:** © PIXATERRA – Fotolia.com – **S. 77:** © santia3 – Fotolia.com – **S. 78:** © kropic – Fotolia.com – **S. 80:** picture alliance/photoshot – **S. 95:** © lassedesignen – Fotolia.com – **S. 100:** ddp images – **S. 102 links:** © jogyx – Fotolia.com, **Mitte:** © goldencow_images_ – Fotolia.com, **rechts:** © fotodesign-jegg.de – Fotolia.com – **S. 107:** Cover John Green, Eine wie Alaska: Deutscher Taschenbuch Verlag, München 2009

Impressum

Teile einiger Kapitel dieses Heftes wurden erarbeitet von Cordula Grunow, Angela Mielke, Deborah Mohr, Vera Potthast, Irmgard Schick, Sandra Simberger und Andrea Wagener.

Redaktion: Birgit Wernz, Heike Tietz

Coverfoto: Shutterstock/Osadchaya Olga

Illustrationen:
Uta Bettzieche, Leipzig (S. 60–63, 67–73, 97–98); Nils Fliegner, Hamburg (S. 50–58, 83–86);
Jutta Melsheimer und Kai Hofmann, Berlin (S. 24, 28, 29, 33, 44); Peter Menne, Potsdam (S. 11, 74–79, 92–93);
Christoph Mett, Münster (S. 14–20); Sulu Trüstedt, Berlin (S. 4, 7, 41, 43, 104–109)

Gesamtgestaltung und technische Umsetzung: werkstatt für gebrauchsgrafik, Berlin

www.cornelsen.de

Ausgabe ohne interaktive Übungen
1. Auflage, 5. Druck 2025
ISBN 978-3-06-067468-8

Ausgabe mit interaktiven Übungen
1. Auflage, 1. Druck 2017
ISBN 978-3-06-067469-5

PEFC-zertifiziert
Dieses Produkt stammt aus nachhaltig bewirtschafteten Wäldern und kontrollierten Quellen
PEFC
PEFC/18-31-166   www.pefc.de